Les Grandes Scandaleuses

Philippe Valode

Les Grandes Scandaleuses

FIRST HISTOIRE

ISBN : 978-2-7540-5656-4
Dépôt légal : janvier 2015
Achevé d'imprimé : décembre 2014
Imprimé en France

Direction éditoriale : Marie-Anne Jost-Kotik
Édition : Caroline Bollaert-Lepeu et Élodie Le Joubioux-Miossec
Correction : Delphine Bourgoin
Mise en page : Stéphane Angot
Couverture : Atelier Didier Thimonier
Production : Emmanuelle Clément

Éditions First, un département d'Édi8
12, avenue d'Italie
75013 Paris – France
Tél. : 01-44-16-09-00
Fax : 01-44-16-09-01
E-mail : firstinfo@efirst.com
Internet : www.editionsfirst.fr

Sommaire

Introduction

Les grandes scandaleuses, celles dont les actes et les propos provoquent l'indignation, incitent à pécher et ébranlent la foi, mais aussi celles qui se scandalisent, qui dénoncent par un tapage médiatique une situation qu'elles rejettent. À l'évidence, il en est plus de quatorze dans notre histoire, et le choix effectué est réducteur. Mais il est assumé par l'auteur, qui s'est penché sur la vie scandaleuse de personnages féminins illustres, parfois méconnus. Des femmes qui ont fait la France et dont la vie a bien souvent été transformée par des biographes partisans. Des femmes qui sont toujours allées au bout de leurs convictions et dont le point commun est une volonté farouche d'indépendance, en des temps où leur statut de femme limitait leurs possibilités.

Car il existe beaucoup de points communs entre Diane de Poitiers, Anne d'Autriche, Ninon de Lenclos, Marion de Lorme, Mme de Maintenon, Mme du Barry, Hortense Schneider, la Castiglione, Mme Steinheil, Marie Curie, Colette, Marie Marvingt, les sœurs Mitford et Coco Chanel.

Diane de Poitiers, maîtresse en titre du roi Henri II après l'avoir élevé, véritable reine de France, sait pourtant pousser le roi dans le lit de la reine officielle, Catherine de Médicis, pour que perdure la monarchie.

Anne d'Autriche, jolie reine délaissée par un Louis XIII relevant d'un traitement psychiatrique, est bien proche de se perdre dans les bras de Buckingham avant de renseigner la cour d'Espagne, adversaire de la France. Et c'est la même femme qui maintient haut le prestige du trône durant les Frondes, sauvant ainsi le règne de Louis XIV.

Ninon de Lenclos, courtisane de légende, libertine du Grand Siècle, possède une liste fort longue d'amants. Sans doute, la rumeur la concernant est-elle un peu excessive. Elle sait tenir salon et amasser une jolie fortune provenant de ses galants. Excellente musicienne, c'est une femme de liberté et la première des figures contestataires qui se multiplieront sous le règne de Louis XIV.

Quant à Marion de Lorme, mieux née que Ninon, surnommée la reine du Marais, le quartier dernier cri du Paris du XVIIe siècle, elle est surtout connue pour avoir séduit tant Richelieu que Cinq-Mars, le favori de Louis XIII. Vivant de ses nombreux amants, elle sait établir les nouvelles règles de l'amour raffiné, des codes adoptés dans la haute société, qu'elle fréquente et exploite à la fois.

Mme de Maintenon sait sortir du néant, où la vie l'a jetée. Son parcours est des plus rudes et exige une personnalité hors pair. Elle passe des mains d'un poète totalement infirme, Scarron, à la garde des enfants de la favorite en titre du Roi-Soleil, avant que la lumière ne daigne enfin se poser sur celle qui saura, dès lors, emprunter l'allée du roi…

Mme du Barry est assurément une prostituée de luxe. Une fois trouvé le chemin du lit du roi Louis XV, elle sait s'y maintenir et obtenir la fidélité totale du souverain. Un comble pour une fille de rien !

Hortense Schneider est une bête de scène, la complice et l'héroïne du grand Offenbach. Elle collectionne les amants, têtes couronnées comprises, et triomphe sur toutes les scènes de l'opéra-bouffe avec *La Vie parisienne, Barbe-Bleue, La Grande-Duchesse de Gérolstein*…

La Castiglione sacrifie sa vertu à l'unité italienne. Poussée par Cavour et par le roi Victor-Emmanuel II, son amant, elle parvient à devenir la maîtresse d'un Napoléon III, qui finira par intervenir en Italie.

Marie Curie, la petite Polonaise arrivée sans diplôme en France, devient, après sa rencontre avec Pierre Curie puis son mariage, l'un des plus grands savants du siècle, la seule à recevoir deux fois le prix Nobel. Mais elle sait aussi arracher Paul Langevin, un homme marié, à ses équations, provoquant un beau scandale…

Quant à Colette, grande tribade devant l'éternel, elle n'en épouse pas moins trois maris. Et cette disciple de Lesbos n'hésite nullement à exposer dans ses livres ses propres turpitudes. Aucune autre, avant elle, ne mérite plus cette distinction de grande scandaleuse. Et à qui chacun pardonne dès lors qu'il se plonge dans l'une de ses œuvres au style inimitable et goûteux.

Marie Marvingt est la femme de toutes les performances : elle aime tout, pratique tout, remporte tout. Aviatrice, aérostière, pilote d'hélicoptère, skieuse exceptionnelle, alpiniste remarquable, escrimeuse, nageuse, cycliste, elle gagne les courses sans avoir l'air de forcer son talent. Sans doute est-elle, avec plusieurs dizaines de décorations, la femme la plus honorée au monde. Et elle sait également s'engager dans la Grande Guerre en s'habillant en homme puis lancer l'avion sanitaire pour sauver les blessés.

Diana et Unity Mitford sont aussi excentriques que peuvent l'être les filles d'un Lord anglais à l'esprit indépendant. Elles aiment Hitler et vont le rencontrer en Allemagne avant d'en devenir des proches dans les années trente. Mais lorsque le dictateur décide d'attaquer l'Angleterre, Unity ne le supporte pas… et choisit les grands moyens.

Enfin, Coco Chanel, parvenue au sommet de la mode grâce à deux hommes qui l'ont entretenue, sait créer une immense affaire et devenir le premier couturier et parfumeur de France. Une conduite contestable durant l'Occupation jette à bas tout l'édifice sans entamer cependant sa fortune. Elle tente, quittant la Suisse où elle s'est réfugiée, de revenir au sommet en 1954…

Femmes de conviction, femmes indépendantes, femmes de volonté, femmes que rien ne trouble, pas même la pleine conscience d'aller à l'encontre des bonnes mœurs, des habitudes et des conventions de leurs époques respectives, nos grandes scandaleuses vont leur chemin, sûres que l'histoire retiendra leur exemple et peut-être même leur nom…

Diane de Poitiers, la « reine de cœur »

La veuve de Louis de Brézé, grand sénéchal de Normandie

La fille de Jean de Poitiers, Diane, d'abord dame d'honneur de la reine Claude de France (la première épouse du roi François Ier), s'unit à Louis de Brézé, sénéchal de Normandie, en 1515.

Épouse du grand vieillard qu'est le sénéchal de Normandie, Diane de Poitiers est l'une des personnes les plus respectées de la cour du roi François. Son mari descend certes de Charles VII et d'Agnès Sorel, mais elle ne lui concède en rien, son père Jean, comte de Saint-Vallier, étant également un très grand seigneur. Mère de deux filles, elle fait partie, à partir de 1526, des dames d'honneur de la reine Louise de Savoie, la toute-puissante mère de François Ier. Elle est très liée au plus proche ami de son époux, le futur connétable Anne de Montmorency, qui vient souvent leur rendre visite dans leur château d'Anet, près de Dreux. Elle a su également s'imposer dans la suite d'Éléonore de Habsbourg, sœur de Charles Quint et seconde épouse de François Ier depuis juillet 1530. Scellant la paix des Dames, cette alliance a permis la libération des deux dauphins de France contre le versement de deux millions d'écus d'or et la cession de la Flandre et de l'Artois.

En effet, François et Henri, servant d'otages après la libération de leur père en 1526, ont été incarcérés pendant quatre ans dans des conditions matérielles de plus en plus dures, le roi de France ne respectant pas les clauses du traité de Madrid signé avec Charles Quint : en maltraitant les dauphins, l'empereur Charles Quint accentuait la pression sur François Ier.

Diane vient d'atteindre la trentaine lorsque les deux dauphins, François et Henri, reviennent à la cour. Le jeune Henri, futur Henri II, né en 1519, n'est âgé que de onze ans. Il a beaucoup souffert, au plan psychologique mais aussi dans sa chair, de l'enfermement imposé par l'empereur Charles Quint.

Diane n'a guère tardé à attirer les regards du jeune Henri, second dans la succession au trône. C'est lors du mariage d'Éléonore avec son père qu'il a décidé de la conquérir. Pendant des joutes qui se déroulent durant une semaine entière, Henri combat en portant les couleurs de Diane. Il a pu l'admirer tout à loisir lorsque, accompagnée de la future connétable de Montmorency et de Mme l'Amirale Chabot de Brion, elle est venue présenter, juste avant l'Évangile, le pain, le vin et la cire à la prestigieuse mariée.

Une bien jolie veuve

Sans doute, les portraitistes du XVIe siècle idéalisent-ils leur modèle. Mais il existe des représentations fort réalistes qui montrent Diane, toujours largement dénudée, grande, la poitrine généreuse mais ferme, le corps bien fait. Ainsi en est-il de celui de François Clouet ou encore du tableau exposé au musée des beaux-arts de Bâle (peint par un anonyme) montrant Diane à sa toilette. Quant aux portraits, le plus admirable est sans doute celui du Primatice, que l'on peut encore admirer au château d'Anet. Avec son long nez fin, ses lèvres minces, ses yeux très intenses et froids, Diane de Poitiers apparaît toujours en éveil. Elle entretient sa belle chevelure d'un blond tirant sur le châtain par des colorations savantes tout comme son corps superbe par des exercices sportifs. À la chasse, splendide amazone, elle est toujours en tête de la cavalcade. Et, au bal, le soir, nul ne la sent épuisée par l'effort physique. Raffinée, attentive, elle sait consoler avec un instinct maternel affirmé qui ne la quitte jamais.

Le roi François Ier a bien observé la mélancolie de son second fils et son attirance pour Mme de Brézé. Il engage Diane à policer le très jeune homme, certes vigoureux mais encore bien fruste au plan intellectuel. Très vite, elle devient son professeur adulé des bonnes manières, des mœurs politiques, de la vie de cour, des lectures indispensables… Et elle prépare Henri à son destin de roi. Une première difficulté survient : le mariage que le roi envisage pour le futur Henri II avec Catherine de Médicis, l'héritière de la famille prestigieuse qui tient la papauté et le cœur de l'Italie. Diane l'en entretient longuement, lui démontrant tout l'avantage d'une telle alliance. Henri accueille la perspective avec enthousiasme. Ainsi la France peut-elle espérer trouver un allié décisif en Italie contre ces Habsbourg qui l'enserrent en leurs griffes, au sud comme à l'est. Diane, elle-même, est enchantée du projet, qui ne peut que renforcer son influence. Fille de Madeleine de la Tour d'Auvergne, Catherine n'est-elle pas sa cousine issue de germain ? Au milieu de l'année 1631, le pape donne son accord au mariage, dotant sa jeune nièce Catherine d'une somme de cent mille écus. Cependant, à Anet, le vieux Brézé s'éteint au mois de juillet. Voilà Diane veuve à trente et un ans. Elle sait, en femme d'expérience, rendre l'hommage qui convient à un sénéchal de Normandie et l'enterrer en la chapelle de la Vierge, qui s'élève en l'abside de la cathédrale de Rouen. Et elle fait graver sur le tombeau de Louis de Brézé, dont la statue en pied la domine, veuve éplorée, en prières devant le gisant de son époux, des vers latins dont la traduction est à peu près celle-ci :

Pour Louis de Brézé, ce tombeau a été construit
Par Diane de Poitiers, affligée de la mort de son époux.
Elle te fut inséparable et très fidèle épouse.
Autant elle le fut dans le lit conjugal
Autant elle le sera dans la tombe.

À présent libre, la jeune femme prend le deuil, recevant la visite du roi François et du dauphin Henri, venus lui présenter leurs condoléances. La mort de Louise de Savoie la rappelle à la cour. N'est-elle point l'une des plus proches de la reine mère ?

Ayant épousé Catherine de Médicis en 1533, Henri n'en poursuit pas moins sa quête amoureuse de la belle Diane. Il est vrai que l'alliance espérée avec l'Italie centrale s'est brutalement évanouie avec la mort subite du pape. Le mariage avec une Médicis se révèle donc un pur gâchis, hors la dot !

Henri héritier du trône, Diane vice-dauphine

À la mort de son frère aîné François, en 1536, Henri devient le seul héritier du trône. En 1537, alors qu'il combat en Italie, Henri conçoit un enfant à l'issue d'une brève idylle avec Filippa Duci, la fille d'un écuyer piémontais. Diane ne lui en fait nullement le reproche, se montrant, au contraire, solidaire du premier exploit amoureux du jeune homme. Cependant, en 1538, dans la plénitude de ses trente-huit ans, Diane ne peut résister plus longtemps au dauphin. Elle se donne enfin à ce jeune homme de dix-neuf ans plein de vigueur et d'envie. Ayant vécu de façon irréprochable depuis son veuvage, elle s'offre ainsi à Henri, lui accordant la faveur suprême de son corps superbe. La voilà maîtresse absolue du cœur du jeune homme. C'est alors qu'un second bonheur survient : la jeune Filippa accouche d'une fille, que l'on s'empresse de nommer Diane, comme il se doit. Ainsi devient-il évident que le dauphin n'est en rien responsable de la stérilité de son couple, laquelle dure depuis cinq ans. Dotée, Filippa est envoyée au couvent alors que Diane de Poitiers se voit confier la charge de l'enfant. C'est désormais un ménage à trois qui s'impose à la cour du roi François Ier : celui formé par Henri, Diane et Catherine.

Fin 1539, une première réconciliation intervient entre le roi François Ier et l'empereur Charles Quint, qui vient sceller à Paris la paix retrouvée. Cependant, la duchesse d'Étampes, maîtresse du roi François Ier, s'efforce d'humilier et d'abaisser ses rivales. Accusant la dauphine d'être inféconde, elle s'efforce d'obtenir sa répudiation au profit de Louise de Guise. La manœuvre échoue, rapprochant Catherine de Médicis de Diane de Poitiers. Cette dernière craint en effet de perdre toute influence en cas de nouveau mariage du dauphin, alors que Catherine, sa cousine, n'a encore jamais rien tenté contre elle.

En 1540, alors que son Henri est malade et contagieux, Diane le soigne avec un dévouement admirable. Et elle exige du roi qu'il couche désormais dans le même appartement que la reine, espérant qu'il honorera plus fréquemment Catherine et qu'un héritier en naîtra. C'est dire si Diane est dévouée et attentive à l'avenir de la monarchie, bien que son clan soit affaibli par la disgrâce d'Anne de Montmorency en 1541. Aussi Henri est-il plein de reconnaissance envers sa dame, la seule qui compte dans son cœur. Durant l'été 1541, il le montre, portant haut les couleurs noir et blanc de Diane lors des joutes données pour le mariage du duc de Clèves. Il demeurera d'ailleurs fidèle à Diane de Poitiers jusqu'à son dernier jour.

Le roi François Ier apprécie infiniment Diane, mais il ne délaisse nullement Catherine de Médicis, dont il goûte la gaîté et estime la culture et l'intelligence. À Diane, il accorde bien souvent des grâces particulières, notamment en sauvegardant ses apanages, qui devraient faire retour à la monarchie. Quant à Henri, toujours très amoureux de celle qui l'a formé depuis 1531, il sait l'associer à sa gloire sans jamais étaler leur relation.

Le premier enfant de Catherine

Enfin, le 19 janvier 1544, onze années après son mariage, la dauphine Catherine de Médicis accouche d'un fils, François. Elle en concevra neuf autres…

Un nouveau traité de paix est signé avec Charles Quint à Crépy-en-Valonnais, en septembre 1544. Mais la guerre reprend vite. Henri s'efforce alors d'écarter du commandement suprême l'amiral d'Annebaut, le protégé de la duchesse d'Étampes, qu'il juge incapable. Celle-ci, folle de colère, obtient de François Ier l'exil de la Grande Sénéchale, Diane de Poitiers, à qui elle attribue cette décision hostile. Vivant désormais en son château d'Anet, Diane n'est guère soutenue par la dauphine, à qui elle a pourtant constamment prodigué de précieux conseils d'hygiène et de santé. Mais la jalousie existe désormais entre les deux cousines, Catherine de Médicis voyant sans déplaisir s'éloigner celle que le roi aime plus qu'elle-même. Cependant, Diane est vite rappelée à la cour, les protestations d'Henri ayant fini par user la résistance du roi François Ier.

La mort du roi François Ier et le triomphe de Diane

Le 31 mars 1547, François Ier meurt, victime de la syphilis. Le géant, âgé de cinquante-trois ans, n'est plus que l'ombre de lui-même, affligé d'horribles douleurs qui lui interdisent tout déplacement autrement qu'en litière. De ses sept enfants, seuls deux survivent : Henri II et Marguerite, duchesse de Savoie et de Berry.

La déconfiture de la duchesse d'Étampes est immédiate. Diane lui arrache, à son profit, ses terres de Limours et de Beynes, et lui fait rendre les joyaux de la couronne qu'elle tient de François Ier. Son époux, si gravement délaissé, la fait emprisonner. Elle parvient tout juste à sauver sa vie…

Diane de Poitiers triomphe sans discrétion, se faisant attribuer par le nouveau roi outre les domaines de Mme d'Étampes, des bijoux, des revenus seigneuriaux, des sommes d'argent, puis le château de Chenonceau.

Désormais, le roi passe près de la moitié de son temps avec la favorite. Ils chassent ensemble. Elle le conseille également longuement dans le domaine politique. Lors du voyage du roi et de la cour à Lyon, en 1548, Diane est moins honorée par les édiles locaux que la reine. Pour compenser cette injustice, Henri II lui accorde le titre de duchesse de Valentinois. La voilà presque l'égale des princesses de sang qui seules la précèdent dans la hiérarchie de l'époque.

À partir de 1550 et surtout de 1552, la relation entre Henri II et Diane évolue vers une tendresse réciproque. Lors des campagnes militaires contre l'Empire, il lui écrit de nombreuses lettres amoureuses. Et le trio qu'ils formaient autrefois avec Anne de Montmorency se reconstitue. Henri et Diane en viennent même à écrire ensemble à leur fidèle ami.

Diane en ses châteaux

À Fontainebleau, le château préféré de son père, Henri II commande de nouvelles peintures à Niccolo dell'Abate. L'artiste multiplie les représentations de Diane en déesse tantôt terrestre, tantôt céleste, voire infernale.

Ayant acquis de façon irréfragable le château de Chenonceau en 1555, Diane de Poitiers met en valeur son domaine, y plantant en particulier plusieurs hectares de vignes et de jardins, un potager, et exploitant même des terroirs agricoles. Et elle fait réaliser par le grand Philibert de L'Orme, un pont enjambant le Cher qui relie le château au manoir des Bohier. Le roi est toujours aussi bien disposé en faveur de sa favorite, admirant l'idéal féminin qu'elle incarne avec tant d'élégance. Ne lui a-t-elle pas tout appris, à lui le révolté et le grossier, tout droit sorti des prisons espagnoles en 1531 ? Il autorise le prélèvement de cinquante gros chênes dans la forêt de Montrichard afin de construire une protection pour isoler les piles, puis réaliser les formes permettant la construction des arches sur le Cher. On sait que Diane ne pourra achever les travaux, la mort brutale du roi l'obligeant à céder Chenonceau à Catherine de Médicis, devenue sa grande rivale. Ainsi, ironie de l'histoire, commencé par la docte maîtresse du roi, le pont surmonté de Chenonceau sera achevé par sa veuve.

C'est naturellement à son château familial d'Anet que Diane consacre l'essentiel de ses moyens. Dès le début des années 1540, Diane fait appel aux services de Philibert de L'Orme pour édifier un nouveau château. La favorite ayant accepté de faire d'Anet une demeure royale, Henri II dégage les moyens financiers nécessaires.

Un corps principal (détruit au XIXe siècle) est achevé en 1551, puis des ailes latérales, enfin une chapelle et un portique d'entrée en 1552. Le château est achevé en quatre années. Diane a fait réaliser un porche d'honneur donnant sur la cour du même nom, en forme d'arc de triomphe à trois ouvertures. Au-dessus de l'arche centrale et principale, Diane place un bronze de Benvenuto Cellini représentant une nymphe allongée auprès d'un cerf. Une allusion à elle-même et au goût d'Henri II pour la chasse…

Dans la cour, une grande fontaine représente la déesse Diane dans le plus simple appareil enlaçant un grand cerf. Autre allusion au couple formé avec Henri II.

Un vaste domaine entoure le château et, comme à Chenonceau, Diane veille à son exploitation. Elle ne sert à sa table que les produits provenant de ses domaines, bœufs et moutons compris.

Enfin la paix

Après le désastre subi par le connétable de Montmorency face aux Espagnols devant Saint-Quentin en 1557, puis la chute de la cité malgré la défense héroïque de l'amiral de Coligny, Henri II parvient à reprendre Calais aux Anglais grâce aux efforts du duc François de Guise. En avril 1559, un accord est conclu avec Philippe II, le fils de Charles Quint, monté sur le trône espagnol. Il y est convenu que la France conserve Calais et les Trois-Évêchés (Metz, Toul et Verdun). En revanche, elle abandonne toute ambition en Italie. L'Espagne libère les militaires de haut rang capturés à Saint-Quentin, et deux grands mariages sont convenus : celui de Philippe II avec Élisabeth, la fille d'Henri II, et celui d'Emmanuel-Philibert de Savoie avec Marguerite, la sœur du roi. Le premier mariage se déroule le 22 juin 1559 par procuration à Notre-Dame de Paris, alors que les fiançailles d'Élisabeth et d'Emmanuel-Philibert, célébrées le 28 juin, doivent être suivies d'un mariage prévu à l'issue d'une semaine de divertissements et de joutes s'achevant le 2 juillet.

Le fatal 30 juin 1559

Diane et Catherine sont aux premières loges dans la tribune royale pour assister aux tournois en la rue Saint-Antoine, qui a été dépavée pour l'occasion. Malgré le rêve funeste de la reine qui aurait vu son mari la tête ensanglantée, Henri II décide de rompre des lances, portant les couleurs de Diane contre le duc de Guise, le duc de Nemours et le duc de Ferrare. En dépit de la chaleur de l'après-midi, le roi s'entête et exige d'affronter chacun de ses adversaires comme prévu. L'ayant emporté face à Guise et Nemours, Henri II combat en fin d'après-midi contre le comte Gabriel de Montgomery qui s'est présenté. Il est battu lors de la première passe et exige une revanche. Chacun tente de le dissuader d'une seconde passe alors qu'il est épuisé. La reine elle-même conjure son époux de n'en rien faire. Mais Henri II est obstiné, et Montgomery ne peut se soustraire à un ordre royal. La charge des deux hommes est si violente que les deux lances se brisent. Soudain, Henri chancelle avant de tomber à terre. Un morceau de lance sort de sa visière. Avec précaution, le casque est enlevé. Plusieurs morceaux de bois de quelques centimètres (le plus grand en fait bien dix) se sont fichés dans l'œil gauche, dans le front et la tempe du roi. Son visage est couvert de sang. On le nettoie avec de l'eau, du vinaigre, de l'essence de rose. Dans les tribunes, la reine s'est évanouie, tout comme le dauphin, alors que les dames de compagnie hurlent d'effroi. Malgré le désordre, Gabriel de Montgomery s'approche d'Henri II, exigeant qu'on lui coupe la main et la tête. Le roi l'entend et murmure aussitôt : *Ne vous souciez, vous n'avez besoin de pardon, vous avez obéi à votre roi comme un bon chevalier…*

Le roi est bien vite transporté au palais des Tournelles. Allongé sur son lit, il s'efforce de prier. Ambroise Paré est immédiatement appelé. Cependant, le premier médecin du roi, Chapelain, nettoie la plaie et s'efforce d'extraire les éclats de bois, cinq au total. Paré avoue son impuissance, tout comme le surlendemain, Vésale, le médecin personnel de Philippe II, que l'on a fait venir à la hâte de Bruxelles. Pris d'une forte fièvre dans la nuit, le roi est veillé par son épouse, le duc de Savoie, le cardinal de Lorraine, puis par le duc de Guise et Alphonse d'Este. Seule Diane n'est pas venue : elle craint un éclat de colère de la reine et n'entend point être chassée comme une servante. Elle ne reverra jamais Henri II.

Le lendemain, le roi semble se porter mieux. La fièvre a disparu, il boit un peu. Il ne parle que de Montgomery, interdisant qu'on le poursuive. Le 3 et le 4 juillet, le roi s'est, semble-t-il, rétabli et écoute avec plaisir de la musique. Il fait vœu de pèlerinage s'il guérit, se préoccupe de la reprise des festivités. Mais le soir du 4, la fièvre reprend. Un abcès se forme, causant d'atroces douleurs. Bientôt, il ne peut plus ni parler ni voir. L'agonie dure jusqu'au 10 juillet. Vers une heure de l'après-midi, Henri II, âgé de quarante ans, expire.

Les Guise s'emparent alors du pouvoir, ne réservant qu'un rôle effacé à la veuve du roi défunt. Diane est aussitôt écartée.

Diane doit restituer Chenonceau

Catherine de Médicis ne tire pas vengeance de sa position, mais elle élimine sans coup férir sa rivale de cousine. Diane doit restituer Chenonceau, que l'argent royal a agrandi, mais elle peut préserver Anet.

Naturellement, elle ne saurait conserver les bijoux de la couronne. La reine n'est pas si méchante femme : elle fait don du château de Chaumont à Diane, à titre de compensation. Mais celle-ci ne devra plus jamais paraître à la cour.

Ainsi Diane de Poitiers se réfugie-t-elle à Anet, où elle meurt en avril 1566. Elle est enterrée en sa chapelle. Sa statue prie à genoux sur un grand sarcophage. Un monogramme indique dans le caveau qu'elle fut la plus grande auprès du roi Henri, un H surgissant de deux D entrelacés.

Marion de Lorme, la courtisane de la place Royale

Fruit de riches familles bourgeoises

Née le 3 octobre 1613 sous la régence de Marie de Médicis, Marie (prénom qui deviendra bien vite Marion) appartient à la meilleure bourgeoisie du pays. Celle de robe et de finance dont l'ascension récente accompagne la montée du pouvoir absolutiste de la monarchie française. Un milieu où l'argent est le seul maître et le désir d'anoblissement l'objectif ultime. Un milieu où les solidarités familiales sont essentielles, au point que Marion de Lorme, devenue l'une des deux courtisanes les plus célèbres de France (avec Ninon de Lenclos), ne sera jamais rejetée parce qu'elle aura toujours su en respecter l'esprit de corps. En se donnant aux plus grands seigneurs, elle fortifie le poids économique des de Lorme, les mettant en relation avec cette noblesse d'épée qui feint de les ignorer. Elle ira même, pour sortir son frère Étienne de prison où ses dettes l'ont jeté, jusqu'à s'offrir au président de Mesme, pourtant vieux et repoussant, précise Tallemant des Réaux dans ses *Historiettes,* notre principale source documentaire. Pour la remercier, non seulement le président fait libérer son frère, mais il la couvre de cadeaux, certes fort vulgaires mais bien concrets, des poulardes et autres chapons…

Son père, Jean de Lon, a acquis une charge anoblissante, celle de trésorier de France. Le voilà seigneur de Lorme, baron de Blaye et d'autres terres en Champagne, telle celle de Villevenard, toutes situées à proximité de Châlons-sur-Marne. En 1606, devenu veuf, Jean de Lon épouse Marie Châtelain, appartenant à une famille très fortunée de la finance parisienne. Son grand-père Donon a été trésorier du roi, et l'on trouve parmi ses aïeux des gens de justice, des financiers et un contrôleur général des Bâtiments de France. Ainsi les Donon ont-ils su acquérir, lors des remembrements dans la capitale, de nombreux terrains dans le quartier du Marais. Et notamment sur la place Royale (l'actuelle place des Vosges) édifiée sur l'ordre d'Henri IV et achevée deux années après sa mort, en 1612. La famille de Lorme vit au château de Baye, un édifice médiéval datant de 1150, construit sous le roi Louis VII. Mais elle réside également à Paris, où le père exerce ses activités et où elle possède une vaste et belle maison située à l'angle de la rue des Francs-Bourgeois et de l'actuelle rue Elzévir (alors dénommée rue de Diane). C'est en sa maison du Marais que Marie Châtelain donne naissance à douze enfants entre 1605 et 1623 : Élisabeth, Marguerite, Henri, Étienne, Marion, Catherine, Marguerite (la seconde), Louise, Anne, Henri (le second), Madeleine et Jean. Marion est donc la cinquième enfant et la troisième fille de la famille. Après chaque naissance, Marie va se reposer et reprendre des forces en sa propriété de Baye qu'elle quitte, par ailleurs, chaque hiver, en raison de la froidure de la Champagne. Comme il est habituel en cette époque où la mortinatalité est très élevée, Marion est baptisée le lendemain de sa naissance, en l'absence de son père, par son grand-oncle, Jacques Donon, alors aumônier du roi et chanoine de la Sainte-Chapelle du Vivier en Brie.

Une jeune fille belle et charmante

Marion reçoit une éducation soignée, celle que l'on donne au XVIIe siècle à une jeune fille de la bourgeoisie fortunée de la capitale récemment anoblie. Vivant en compagnie de nombreux frères et sœurs, mais surtout de parents rigoureux, elle montre un véritable attachement à la religion. Certes, elle est contrainte de se rendre aux offices quotidiens du château de Baye, mais elle trouve plaisir à aller entendre la messe dans les églises de Champagne, s'y rendant à cheval. Et les curés ne respectant guère les horaires annoncés, elle finit par leur distribuer à tous de petites pendules qui, nous affirme Henri Pigaillem dans un ouvrage consacré à notre courtisane, portent encore aujourd'hui le nom de Marion de Lorme.

Elle reçoit des cours de maintien, de musique (elle se montre particulièrement douée au téorbe, un grand luth), d'équitation, de danse, de tapisserie, mais aussi d'histoire et de littérature, et même des notions de mathématiques. Elle tresse également des paniers d'osier, nous apprend le poète Guillaume Colleret, pour les paysannes du domaine, trop occupées par les travaux des champs.

Marion n'est pas naïve : elle a vu ses frères fréquenter le collège et parfaire leur éducation en Italie, et elle sait l'inconduite de deux de ses sœurs, Élisabeth et Marguerite. De son incomparable beauté, on ne peut juger qu'à partir de représentations, fort rares, conservées d'elle. Une gravure datant du règne du roi Louis XVI réalisée par Le Bert, d'après un dessin de Philippe de Champaigne, semble constituer le portrait le plus fidèle. À l'âge de dix-huit ou dix-neuf ans, cette femme indépendante, qui a toujours refusé une entrée dans les ordres, s'oppose également à un mariage conclu par sa famille. Jean de Lorme ne s'avoue nullement battu et décide d'occuper sa fille en lui faisant enseigner l'art de la calligraphie.

D'Alais de Beaulieu à Vallée des Barreaux

Et c'est un franc coquin que le maître de céans retient comme professeur : un beau jeune homme, Jean-Baptiste Alais de Beaulieu qui, malheureux en ménage, tombe bientôt amoureux de son élève. Cet Alais de Beaulieu est également poète et romancier à ses heures perdues, et grand admirateur des vers de Théophile de Viau. De foi protestante, de Viau est un libertin d'esprit et de mœurs. Ayant publié ses *Œuvres* en 1621, il est condamné au bûcher, et finalement banni. Lui sont reprochées des pièces satiriques par trop licencieuses. Pourtant, l'homme, qui rejette les règles classiques de Malherbe, est un poète très sensible devant la nature et d'une grande modernité, que les romantiques réhabiliteront au XIXe siècle. Mais au XVIIe siècle, il est haï par le clergé catholique tant en raison de sa religion réformée que de son goût pour l'homosexualité et de son attirance perverse envers les femmes.

Ainsi, Alais, après avoir proposé à Marion la lecture d'un roman pastoral de sa composition, *La Solitude amoureuse,* lui propose des textes de plus en plus audacieux, jusqu'à ceux de Théophile de Viau. Il espère ainsi susciter chez elle des élans dont il pourrait bénéficier. Puis il lui présente Jacques Vallée des Barreaux, un ami du poète de Viau. Vallée des Barreaux est le fils d'un trésorier d'Henri III et lui-même siège au parlement de Paris. Jean de Lorme, bien naïf, flatté, l'accueille chaleureusement au château de Baye. Intelligent, ami des meilleurs comme Pascal et Descartes, très cultivé, des Barreaux n'est pas seulement un grand amateur de femmes mais également l'amant de de Viau. Et il traîne une détestable réputation de pilier de cabaret, appartenant à une bande de joyeux drilles qui passe ses journées et ses soirées à boire, à blasphémer, à honorer les filles mais aussi à rimailler. Celui que l'on surnomme avec quelque ironie « la veuve de Théophile », depuis la mort de de Viau en 1626, fait ainsi son entrée dans la famille de Lorme en 1632.

Âgé de trente-trois ans, Jacques Vallée des Barreaux séduit rapidement la jeune Marion de Lorme. Mais lui-même se trouve pris dans le piège de l'amour. Le voilà fou de Marion, dont la virginité n'a guère résisté à sa puissance de séduction. Hélas, de retour à Baye, Élisabeth et Marguerite, parisiennes accomplies et redoutables coquines, mettent au parfum leurs parents de la détestable réputation de Jacques Vallée des Barreaux ! Jean de Lorme le chasse aussitôt de sa maison, tout comme l'entremetteur, le calligraphe amoureux, Alais de Beaulieu. Mais Marion et Jacques sont véritablement épris l'un de l'autre. Ils correspondent. Jacques cesse même de mener une vie de libertin et provoque par sa fidélité soudaine la moquerie de ses anciens complices parisiens, les poètes précieux, mondains ou lyriques tels Vincent Voiture, Guillaume Colletet, François Maynard, Jean Mairet, Gilles Ménage et Jean-François Sarasin. Marion ne s'avoue pas vaincue. Après un séjour à Paris au cours duquel elle affirme à son père la fin de sa passion pour Vallée des Barreaux, elle s'en retourne à Baye. Et fait venir son amant qu'elle cache dans une resserre à bois, dont il sort la nuit pour partager son lit. Découverts, les deux amants sont de nouveau séparés. Marion s'enfuit alors à Paris et partage la maison de des Barreaux, située faubourg Saint-Victor et surnommée « l'île de Chypre » parce qu'elle est située au milieu d'un grand jardin. Installée chez son amant, Marion, peu informée des méthodes contraceptives, se retrouve plusieurs fois de suite enceinte. Tallemant des Réaux précise : *Elle était lascive et concevait facilement.* Elle avorte avec de la poudre d'antimoine aux effets redoutables. La jeune femme interrompra six grossesses durant sa courte vie publique (1633 à 1650) avant d'être victime d'une septième tentative. Elle est, chaque fois, suivie tant par le médecin Claude Quillet (celui du maréchal d'Estrées) que par Guy Patin, doyen de la faculté de médecine de

Paris et homme de lettres, remarquable épistolier. Son corps supporte avec difficulté les produits abortifs, qui provoquent presque toujours de fortes hémorragies. Elle se remet avec des bains, des lavements d'opiacés, des régimes alimentaires, des toniques comme la cannelle et la sabine (du genièvre)...

Cependant, tout fier de sa belle Marion, Vallée des Barreaux s'affiche avec elle notamment sur la toute récente place Royale que fréquentent tant les courtisanes que celles qui tiennent salon (comme Ninon de Lenclos), les grands écrivains qui les animent et les grands seigneurs à la recherche d'aventures galantes ou de distractions littéraires. Marion elle-même finit par se lasser de son Jacques. Sans doute son manque de ressources financières lui pèse-t-il plus que son ivrognerie et ses blasphèmes. Elle ne veut en aucun cas se marier, avec Jacques ou avec un autre, bien qu'elle puisse prétendre recevoir de son père une dot fort alléchante de l'ordre de quarante mille livres. Elle entend s'élever encore dans le monde, jouir de la vie et de son corps, et demeurer une femme indépendante. Elle estime que ses amants doivent l'entretenir et lui assurer le meilleur niveau de vie. Car, il ne faut pas l'oublier, Marion appartient à la noblesse de robe et peut, si elle le souhaite, épouser pour le moins un conseiller au parlement. Richelieu, comme Cinq-Mars, ne s'y trompe pas...

En 1639, elle séduit tout à la fois Richelieu et Cinq-Mars

En 1639, après la longue agonie de son père Jean de Lorme, Marion s'installe place Royale avec sa mère. Elle a vingt-six ans et le désir d'assumer une carrière galante qui la rende à jamais inoubliable.

C'est par le sommet de l'État que Marion débute. Présentée au jeune Henri d'Effiat, marquis de Cinq-Mars, favori du roi, héritier en 1638 de la charge de grand-maître de la garde-robe du roi assumée par le marquis de La Force, elle succombe rapidement à son charme. Elle fait ainsi son entrée dans les salons les plus raffinés de la capitale. Cependant, le cardinal Richelieu s'inquiète de l'orgueil et de la fatuité du marquis qu'il a placé auprès du roi pour l'espionner. C'est lui, le cardinal, qui a autrefois permis l'ascension de cet orphelin de douze ans. Or, Cinq-Mars, désormais âgé de dix-huit ans, devient de moins en moins malléable. Ayant appris la liaison d'Henri d'Effiat avec Marion de Lorme, la maîtresse du peu recommandable des Barreaux, Richelieu s'inquiète des réactions d'un roi jaloux de l'exclusivité de sa relation avec le marquis de Cinq-Mars. Une relation peut-être homosexuelle, qui saurait le dire ? Le cardinal, dont on murmure qu'il entretient des relations coupables avec sa nièce, Mme d'Aiguillon, mais également avec Mme de Fruges et Mme de Chaulnes, rencontre alors Marion. Plusieurs entrevues ont lieu, et nul ne sait s'il devient son amant. Assurément, affirme Tallemant des Réaux dans un texte que l'on ne peut résister à citer *in extenso* :

Il ne payait guère mieux les demoiselles que les tableaux. Marion de Lorme alla deux fois chez lui. À la première visite, il la reçut en habit de satin grin-de-lin, agrémenté d'or et d'argent, botté et avec des plumes. Elle a dit que cette barbe en pointe et ces cheveux au-dessus de l'oreille faisaient le plus charmant effet du monde. Il la baisa due volte [c'est-à-dire deux fois]. *Après ces deux visites, il lui fit présenter cent pistoles par des Bournais, son valet de chambre qui avait fait le maquerellage. Elle les jeta et se moqua du cardinal.*

La nouvelle des visites nocturnes de Marion au cardinal se répand comme une traînée de poudre dans Paris. Ne voulant à aucun prix devenir un enjeu politique, elle s'en tire par une pirouette, déclarant : *Un cardinal, c'est bien peu de chose quand il n'a plus son chapeau rouge et sa robe d'écarlate.* Richelieu n'en voudra pas à la belle.

C'est désormais vers Cinq-Mars que Marion dirige ses feux. Car le jeune homme préfère, à l'évidence, les caresses de Marion à celles du roi. Après avoir été l'amant de Louise-Marie de Gonzague, princesse de Mantoue et future reine de Pologne, dont la lignée est beaucoup trop élevée pour lui (Richelieu a empêché l'idylle de se poursuivre), il est tombé amoureux d'une des plus jolies filles de la cour de France, Mlle de Chémerault. Et l'abandonne au profit de Marion, sans doute parce qu'il a constaté qu'elle le surveillait pour le compte du cardinal. En 1639, Louis XIII, qui ne peut plus se passer de sa présence, offre à Cinq-Mars la charge de Premier écuyer. D'Effiat la refuse avec hauteur réclamant celle de Grand écuyer. Il l'obtient après que le vieux Bellegarde s'est enfin décidé à céder son titre, le 15 novembre 1639. Le voilà « Monsieur le Grand ». Aussitôt, Marion se voit affublée partout du sobriquet de « Madame la Grande ».

De plus en plus, on parle mariage entre eux, sans oser, cependant, franchir ce cap. La maréchale d'Effiat, Marie de Fourey, mère de Cinq-Mars, entend la rumeur. Elle engage aussitôt une action contre la déjà célèbre courtisane. Elle l'accuse de rapt, de séduction, d'avoir contracté un mariage clandestin prohibé… Richelieu interdit aux deux jeunes gens de se voir. La maréchale trouve également une oreille royale attentive. Et une ordonnance royale interdit tous les mariages clandestins.

Cependant, Effiat continue de se rendre chez Marion de Lorme. La fureur du roi est telle que Richelieu doit intervenir pour faire signer un document conjoint aux deux hommes, dont nous possédons le texte : *Nous, ci-dessous signés, certifions à qui il appartient être très contents l'un de l'autre, et n'avoir jamais été en si parfaite intelligence que nous sommes à présent. En foi de quoi nous avons signé le présent certificat. Fait à Saint-Germain, ce 26 novembre 1639.*

Il est peu probable que Cinq-Mars ait contracté un mariage secret. Tallemant des Réaux n'y croit pas et estime que d'Effiat a simplement voulu décourager les entreprises royales à son égard. Il écrit : *Mme d'Effiat lui ayant fait si grand affront que de croire qu'il voulût épouser Marion de Lorme et d'avoir eu des défenses du Parlement, il sortit de chez elle et alla loger avec Ruvigny, vers la Culture-*

Sainte-Catherine. Presque toutes les nuits, il allait donner la sérénade à Marion.

En 1640, les opérations militaires séparent les deux amants, mais elles cessent à l'approche de l'hiver, et leur passion est toujours aussi intense au retour du jeune homme. Par ses espions, le valet de chambre du roi, La Chesnaye, et un autre, Saint-Aoust, Richelieu est tenu au courant de l'évolution des relations entre Louis XIII et Cinq-Mars. Le roi est toujours aussi furieux des sorties nocturnes de son favori qui rejoint, dès qu'il le peut, la couche de sa maîtresse, place Royale. Il ordonne que Marion quitte Paris chaque fois qu'il entre dans sa capitale. Rien n'y fait : elle s'installe à la campagne dans un lieu discret et secret, et Cinq-Mars vient l'y rejoindre. Tout Paris suit avec passion l'évolution des relations entre Cinq-Mars et Marion. Victime de l'arbitraire royal, elle devient une « star », et les grands se la disputent, manifestant ainsi leur indépendance. Certes, Cinq-Mars ne peut la présenter à la cour, mais il la fait accepter dans les plus prestigieuses réceptions, comme celle donnée, en 1641, pour le mariage du duc d'Enghien, le futur Grand Condé, vainqueur de Rocroi, avec Marie-Clémence de Maillé-Brézé.

Cinq-Mars trahit la France

Marion a cessé toute relation amoureuse avec des Barreaux, qu'elle reçoit de temps à autre sans jamais se donner. Pour sa part, gonflé d'orgueil, Cinq-Mars ne maîtrise plus ses ambitions. Il entend abattre Richelieu, voire remplacer Louis XIII par son frère, Gaston d'Orléans. Un complot, rassemblant les plus grands du royaume est organisé autour.de Monsieur, regroupant Maurice de la Tour d'Auvergne duc de Bouillon, le duc de Guise Henri de Lorraine et le duc de Vendôme. François de Thou, ami de Cinq-Mars, s'y trouve bien involontairement mêlé. Lorsqu'il apprend la trahison de Cinq-Mars, il se refuse à l'abandonner et l'accompagne, par devoir, jusqu'à sa fin funeste. Cinq-Mars a pris la décision de s'allier avec l'Espagne, signant, le 13 mars 1642, un traité à Madrid avec le ministre Olivarès, par l'intermédiaire du marquis de Fontrailles. Cinq-Mars se voit même confier le commandement d'une armée espagnole. Cependant, le roi Louis XIII investit Perpignan vers la fin du mois de mars 1642. Alors que Richelieu est parvenu à se procurer une copie du traité secret de Madrid par l'intermédiaire, semble-t-il, de la reine Anne d'Autriche. Son espion, Chavigny, le porte au roi. Lequel ne peut, malgré tout son désir, sauver son Grand écuyer. Le crime qu'il a commis mérite la mort. Cinq-Mars est arrêté le 13 juin. Abandonné de tous, le fougueux marquis est condamné à la peine capitale. Seule son ancienne maîtresse Louise-Marie de Gonzague tente de sauver le jeune homme. Marion pense déjà à la suite après cette lourde déception. Elle sait parfaitement que la roche Tarpéienne n'est jamais éloignée du Capitole. D'autant que, même durant sa liaison avec Cinq-Mars, Marion n'a nullement cessé de recevoir des galants, notamment lors des longues périodes de campagnes militaires. Ainsi est-elle devenue l'aimée de Pierre-Isaac Arnauld, seigneur de Corbeville, maître de camp du régiment des carabiniers, une charge qu'il a acquise fort cher. Arnauld fréquentait le salon de la marquise de Rambouillet lorsqu'il a entendu parler de Marion…

Cependant, jeté en prison au château de Pierre-Size à Lyon, Cinq-Mars est condamné à avoir la tête tranchée avec François de Thou. Le roi pardonne à son frère, un habitué des conspirations. Le 12 septembre 1642, les deux hommes, faisant preuve d'un courage remarquable, sont décolletés par un bourreau requis pour l'occasion. Boucher de son état, il les massacre, achevant sa tâche au couteau.

Richelieu ne survit guère à Cinq-Mars, qui fut son affidé avant de devenir son irréductible ennemi. Ni d'ailleurs Louis XIII, qui meurt le 14 mai 1643, trente-trois ans, jour pour jour, après son père Henri IV.

La reine du Marais

Cependant, Marion, qu'on la traite de courtisane, d'hétaïre ou de femme galante, est devenue la reine du Marais. Sa très grande beauté et sa volupté en font la femme la plus recherchée de Paris. Elle se donne aux grands seigneurs qui l'entretiennent et la rémunèrent. Elle n'est nullement une simple prostituée tarifant ses faveurs, s'en distinguant par de bonnes manières et la fréquentation des meilleurs esprits du temps. Elle reçoit en son salon de la place Royale, où sa mère demeure également. Ses hôtes ne le cèdent en rien à ceux des hôtels rivaux, certes plus littéraires, comme l'hôtel de Catherine de Vivonne, l'incomparable Arthénice, marquise de Rambouillet, ou comme celui de son amie Ninon de Lenclos, sans oublier ceux de Mme de Sablé, de Mme de Suze et bien sûr celui de Mlle Madeleine de Scudéry. On y rencontre, certes, peu de femmes, à l'exception de sa chère Ninon, de Mme de Charny, de Françoise d'Aubigné, épouse Scarron et future Mme de Maintenon, de la marquise de Sablé... Et la préciosité en est absente. Mais s'y pressent bien des écrivains comme Saint-Évremond, Vincent Voiture, Jean-Louis Guez seigneur de Balzac, Honoré d'Urfé, Claude Favre seigneur de Vaugelas, Valentin Conrart, François Le Métel seigneur de Boisrobert, l'évêque Antoine Godeau, Jean Ogier de Gombauld, Paul Scarron, Jean Chapelain, François Hédelin abbé d'Aubignac, peut-être même Cyrano de Bergerac, voire Corneille et bien entendu les Arnauld, Antoine le Grand et son frère Robert... Elle y reçoit aussi des peintres comme Simon Vouet, Abraham Bosse, élève de Jacques Callot, et bien sûr des militaires comme le duc d'Enghien, les Coligny, les Gramont, les Chavagnac, les Chabot, les Roquelaure, les Albret...

Le salon de Marion est merveilleusement agencé, avec un goût très sûr. Elle y donne des soupers exquis, des concerts recherchés, lorsqu'elle ne joue pas elle-même du luth. Mais plus que chez la marquise de Rambouillet, où les grands seigneurs viennent rechercher du brio intellectuel, l'on se presse chez Marion à la recherche d'un ardent libertinage. Les mœurs irréprochables de

Catherine de Vivonne interdisent, en effet, toute galanterie autre qu'allusive. Et l'on ne pratique pas non plus chez Marion les échanges philosophiques que Ninon de Lenclos sait entretenir par sa brillante et spirituelle intelligence. Il y a plus de gaîté chez Marion de Lorme. Elle est vive, amusante, éclate d'un rire charmant, a le sens de la répartie et, surtout, sait aller au bout des choses avec ses amants. La soirée s'achève toujours pour l'heureux élu de son cœur dans un corps à corps des plus délectables.

Paul de Gondi, le cardinal de Retz, le reconnaît en ses *Correspondances : Marion de Lorme était moins qu'une prostituée,* ce qui veut dire dans la langue de l'époque qu'elle ne l'était point. D'ailleurs, Tallemant des Réaux précise que Marion n'a sans doute eu *de l'inclination que pour sept ou huit hommes et non davantage, et que les autres galants ne sont que de passage.*

Après la mort de Cinq-Mars, Marion le remplace aisément par de grands seigneurs qui savent l'entretenir. C'est le comte de Miossens qui, le premier, la console. Futur maréchal d'Albret, ancien amant de Ninon de Lenclos, il s'est fait entretenir par Mme de Rohan au point de pouvoir acquérir une compagnie puis une charge d'enseigne de gendarme qui a décidé de sa carrière militaire. Marion ne saurait tolérer longtemps de régaler son homme : sa constante pratique est à l'opposé. Elle ne se fait pas rémunérer mais exige de ses galants qu'ils paient parfumeurs, couturiers, traiteurs, musiciens, bijoutiers, fleuristes, serviteurs… Et la Grande

Effeuilleuse dépense de plus en plus. Aussi le marquis de Rouville remplace-t-il rapidement Miossens, avant que ne lui succède, semble-t-il, Gaspard de Coligny.

François de Rouville, le beau-frère du célèbre Bussy-Rabutin, est conseiller au parlement. C'est un militaire courageux mais également un grand libertin. Autant Miossens était pingre, autant de Rouville est généreux avec Marion de Lorme. Pour conserver sa nouvelle maîtresse, il va jusqu'à se battre en duel avec Henri de Senneterre, duc de La Ferté, maréchal de France, devenu un rival, et y gagne… une blessure au poignet. Car La Ferté-Senneterre, le vainqueur, est un redoutable bretteur. Il entend entraîner Marion en Lorraine. Celle-ci refuse cet enterrement de première classe.

À l'automne 1643, elle s'éprend du nouvel espoir du camp protestant, Gaspard de Coligny. Après la Saint-Barthélemy où son grand-père l'amiral a été exécuté en 1572, puis l'assassinat d'Henri IV en 1610, il porte les ultimes espoirs des huguenots. Il s'est lié d'une profonde amitié avec François de Chavagnac. Tous deux sont amoureux de Marion et entendent satisfaire ensemble la même maîtresse. Marion y consent, acceptant de faire avec chacun d'eux ce que l'on peut faire étant deux. Mais elle y met une condition : leur conversion à la religion catholique. Que peut, dès lors, reprocher à Marion de Lorme une monarchie qui n'a vraiment jamais abandonné l'idée de briser le courant protestant ? Richelieu ayant détruit la dernière forteresse protestante, La Rochelle, Marion de Lorme parachève son œuvre en offrant sa vertu. Les deux hommes, ayant obtenu satisfaction, sont contraints de passer à l'acte. Après avoir reçu l'absolution, ils abjurent en privé puis se font baptiser fin décembre 1643 à l'église Saint-Benoît. Bientôt délaissé par son Polynice, Gaspard de Coligny passe une bonne partie de l'année 1644 dans les bras de Marion. Chacun se lasse de l'autre. Gaspard va se consoler avec la belle Ninon de Lenclos alors que Marion trouve son réconfort dans les bras puissants de François de Brissac, duc de Cossé, digne successeur d'une famille comptant, en ce milieu de XVIIe siècle, pas moins de trois maréchaux de France.

Avec cette conversion explosive, Marion accroît encore sa renommée. Et, dans Paris, chacun fredonne alors, moqueur :

De vos amants, divine Marion,
Ne vous mêlez de la religion :
Qu'ils soient papistes ou qu'ils soient huguenots,
S'ils baisent bien,
Qu'importe de Coëtquen [sans doute Malo Ier, capitaine des gardes de Richelieu]
Ou bien d'Andelot [Coligny]

Cependant, Philibert, chevalier et comte de Gramont, a accompagné de Brissac dans le salon de Marion. Il en tombe amoureux et, faisant preuve d'une féroce jalousie, va jusqu'à s'installer dans une maison proche de celle de Marion pour espionner ses visiteurs. Mais Marion s'agace de ce comportement, préférant de Brissac, qui dépense une fortune pour elle. Mme de Brissac, voyant ses biens menacés, intente un procès en séparation à son mari et obtient, semble-t-il, gain de cause.

Cependant, Marion se rend à plusieurs reprises à Spa, près de Liège, dont les eaux sont recommandées pour les rhumatisants. Elle y retrouve le malheureux poète Scarron, les membres tout déformés, mais aussi Saint-Évremond, qui n'hésite pas à écrire :

Passons à Marion, chef-d'œuvre de beauté,
Le plus grand après vous, qui n'ait jamais été.
Je prenais mes eaux avec elle ;
Et souvent je passais le soir.

Quant à Quillet, son médecin, présent sur place, *il était fort familier avec elle, disant que c'était le plus beau corps qu'on pût voir. Il lui a baisé cent fois ce que vous savez mais c'était tout,* affirme Tallemant des Réaux. Sans doute n'est-il pas suffisamment fortuné pour pouvoir entretenir Marion.

Comme on le voit, les eaux sont assez divertissantes.

Enfin d'Émery vint

C'est alors que surgit dans la vie de Marion un homme très riche, féal de Mazarin et nommé par lui contrôleur général des Finances en 1644, puis surintendant des Finances trois ans plus tard, Michel Particelli d'Émery. Particelli n'est pas un tendre : pas question pour Marion de tenter d'autres expériences amoureuses. Il la veut pour lui seul. Dès lors, il la couvre de présents : collier de perles, grands vases de Chine… La voilà surnommée non plus Madame la Grande comme au temps de Cinq-Mars, mais Madame la Surintendante. Associée par d'Émery à ses affaires, elle gagne des sommes rondelettes et les convertit sagement en bijoux. Elle habite désormais un bel hôtel rue Croix-des-Petits-Champs. Cependant, lorsque d'Émery est contraint de s'exiler en raison des développements de la Fronde, Marion demeure seule. En effet, en octobre 1648, alors que d'Émery s'est rendu très impopulaire en instituant de nouveaux impôts, Anne d'Autriche doit accepter la réforme de la Chambre Saint-Louis, qui limite les pouvoirs de la monarchie, et renvoyer d'Émery. Heureusement, ce dernier est rappelé en 1649, conservant la surintendance jusqu'en 1650, année de sa mort. Mais il cherche désormais une seconde maîtresse, jetant son dévolu sur Mme de Bazinière, ancienne maîtresse de Cinq-Mars, du temps qu'elle s'appelait encore Mlle Françoise de Chémerault.

Tout comme Marion avait dû faire face à des perquisitions pendant l'année 1649 lors de l'exil de d'Émery, sa mort déchaîne de nouvelles actions contre les biens qu'il a plus ou moins honnêtement accumulés.

Marion s'efforce de combler les trous : elle a trouvé de nouveaux amants, comme l'intendant Housset, Jacques Amelt, le premier président de la Cour des aides ou encore Charles de Chevry, président en la Chambre des comptes… et a retrouvé François de Brissac, qui lui demeure attaché.

Triste fin de partie

Cependant, le pays cherche à redresser ses finances. Les comptes laissés par d'Émery font apparaître d'énormes dépenses injustifiées, les cadeaux offerts à sa maîtresse, Marion de Lorme. Et le nouveau surintendant s'efforce d'en récupérer une partie sur la famille de Lorme. Elle est contrainte de quitter l'hôtel de la place Royale, où elle s'était réfugiée pour payer ses arriérés d'impôt. Il faut même hypothéquer la baronnie de Baye. Madame de Lorme loue alors une maison rue de Thorigny. Marion s'y installe pour poursuivre son commerce, en compagnie de trois frères et sœur. Elle reçoit désormais dans une vaste chambre décorée de huit grandes tapisseries, où sont disposées plusieurs tables et de nombreuses chaises. Un lit à damas rouge trône en la vaste pièce. Mais ses ressources s'épuisent rapidement, et il lui faut négocier ses derniers bijoux. Tallemant des Réaux, témoin de cette descente aux enfers, assure que *sa grande dépense et le désordre des affaires de sa famille l'obligèrent à mettre en gage le collier que d'Émery lui avait donné. Housset, trésorier des parties casuelles, aujourd'hui intendant des Finances, retira ce collier puis le retint ; il était amoureux d'elle…*

Aussi Marion cherche-t-elle à rebondir. Elle accueille désormais frondeuses et frondeurs en son salon. Mazarin l'apprend et lui attribue la paternité des libelles et des pamphlets qui fleurissent contre lui. Il décide de la faire enfermer à la Bastille. Pourtant, Marion, se souvenant de l'opportun conseil d'Émery de ne point faire de politique, a cessé de recevoir les agitateurs.

Elle se contente de consacrer ses efforts au maintien de sa beauté et à une passion nouvelle, le sentiment religieux. Peut-être cette grande pécheresse sent-elle la nécessité de se repentir de ses amours vénales ?

Cependant, elle se trouve de nouveau enceinte, preuve qu'elle ne maîtrise pas totalement ses sens, à l'été 1650. À moins qu'il ne s'agisse d'un enfant laissé en héritage par d'Émery et qu'elle ne souhaite en aucun cas conserver ?

Elle se décide de nouveau – il s'agit du septième avortement – à absorber une dose d'antimoine. Le 30 juin 1650, après de grandes douleurs et plus de dix confessions successives, elle s'éteint rue de Thorigny alors que les mousquetaires du cardinal se sont mis en route pour l'arrêter. Du moins, c'est ainsi que l'on rapporte à l'époque son ultime journée.

Laissons le *Journal* de Dubuisson-Aubenay clore l'histoire presque édifiante de cette grande scandaleuse : *Mort de la demoiselle Marion de Lorme, sur les six heures du soir, après avoir été saignée, son sang toujours fort beau. Elle est morte fort chrétiennement. Elle a été remise en un lit de parade, parée et vue de tout le monde le lendemain, comme si c'eût été une princesse. Elle avait une couronne de fleur d'oranger sur la tête et était peu ou point changée de visage. Sur la fin du jour qu'elle eut été de cette sorte exposée, la populace s'indigna, à cause qu'elle avait eu réputation de faire l'amour avec diverses gens et particulièrement avec le sieur d'Émery, surintendant des Finances, qui lui aurait beaucoup donné. Les parents surent cela et ôtèrent le corps de là, fermant la porte à la populace.*

C'est le 2 juillet 1650 que son enterrement est célébré en l'église Saint-Paul…

Anne d'Autriche,
de la roche Tarpéienne
au Capitole

Une si jolie princesse

Tous nos lecteurs connaissent l'illustre tableau de Rubens représentant la scène du 9 novembre 1615, l'échange des deux princesses célébrant le succès de la politique pro-habsbourgeoise de la reine mère Marie de Médicis. Sur une passerelle de bois dressée entre les deux rives de la Bidassoa, viennent l'une vers l'autre et se croisent l'infante espagnole Anne d'Autriche, fille de Philippe III d'Espagne et de Marguerite d'Autriche, et la seconde fille née d'Henri IV et de Marie de Médicis, Élisabeth de France. La première est âgée de quinze ans alors que la seconde n'avoue qu'à peine treize ans. La seconde va rejoindre le prince des Asturies, futur Philippe IV, avec qui elle a été mariée par procuration à Bordeaux. La première, mariée à Madrid par procuration avec le roi de France Louis XIII, dirige ses pas vers Bordeaux, où son nouvel époux l'attend.

Assurément, l'infante est l'une des plus jolies princesses d'Europe. Mme de Motteville, dame d'honneur de la reine, la décrit ainsi dans ses *Mémoires*, vers 1629, alors qu'elle approche de la trentaine : *Ses cheveux* [autrefois très blonds] *étaient devenus de couleur un peu plus brune et elle avait une grande quantité. Elle n'avait pas le teint délicat, ayant même le défaut d'avoir le nez gros et de mettre, à la mode espagnole, trop de rouge. Mais elle était blanche et jamais il n'y a eu une si belle peau que la sienne. Ses yeux étaient parfaitement beaux : la douceur et la majesté s'y rencontraient ensemble ; leur couleur mêlée de vert rendait leurs regards plus vifs… Sa bouche était petite et vermeille, les sourires en étaient admirables, et ses lèvres n'avaient de la maison d'Autriche que ce qu'il en fallait pour la rendre plus belle que plusieurs autres qui prétendaient être les plus parfaites. Elle avait le tour du visage beau et le front parfait. Ses mains et ses bras avaient beauté surprenante, et toute l'Europe en a ouï publier les louanges : leur blancheur sans exagération égalait celle de la neige…*

Un prince si maladroit

À l'issue de la bénédiction nuptiale célébrée le 25 novembre 1615 en la cathédrale Saint-André, vient le moment de la consommation du mariage. C'est en présence de sa mère que Louis XIII rejoint au lit son épouse. Marie de Médicis ferme elle-même les rideaux du baldaquin. Deux heures plus tard, le roi retrouve sa chambre, assurant avoir honoré sa belle Espagnole par deux fois. En fait, il n'est pas même parvenu à la déflorer, retirant de l'expérience une véritable aversion pour les choses de l'amour. Au point qu'il attend quatre années pour y revenir… Timide et impubère, le jeune roi n'est nullement préparé à fréquenter une si jeune femme. D'autant que sa mère, soucieuse de maintenir tout son pouvoir de régente, agit pour préserver son ascendant sur le roi. Et s'efforce de séparer Louis et Anne, évitant ainsi d'avoir à supporter la préséance de la reine, une rivale qui diminuerait son influence sur son fils. Un mariage bien partagé et la naissance d'un héritier auraient, à l'évidence, accéléré l'entrée de Louis XIII dans l'âge adulte et menacé la toute-puissance de la régente. Aussi dénigre-t-elle sa bru, se réjouissant de la quasi-rupture de leurs relations. Ils ne se retrouvent que pour les cérémonies protocolaires. Jamais ils ne prennent leurs repas ensemble, menant au Louvre une existence totalement cloisonnée.

Cependant, après l'assassinat de Concini ordonné par le roi lui-même, le nouveau favori, le duc Charles d'Albert de Luynes, pousse le roi à la consommation de son mariage. Il comprend que l'entourage espagnol de la reine – duègnes, médecins, confesseurs, demoiselles d'honneur, dames de compagnie – effraie le roi et l'inhibe. La décision est prise de renvoyer tout ce beau monde en Espagne, après l'avoir couvert de présents. En janvier 1619, alors que l'on marie Mlle de Vendôme, fille naturelle d'Henri IV, avec le duc d'Elbeuf, celle-ci, à la demande de de Luynes, consent à laisser le roi assister à leurs premiers ébats. À ce spectacle, le roi semble plein d'entrain, et la nouvelle duchesse d'Elbeuf l'encourage à faire de même avec la reine.

C'est le 25 janvier que de Luynes, poussant Louis XIII dans le lit de la reine malgré ses cris et ses pleurs, le contraint à l'honorer. Sans doute y trouve-t-il son plaisir puisqu'il demeure jusqu'au matin dans le lit conjugal et, y prenant goût, y retourne le lendemain et les nuits suivantes. C'est un Louis XIII soulagé et une Anne d'Autriche épanouie qui vivent alors des mois idylliques. Et si son époux lui impose ses dames de compagnie – la surintendante Marie de Rohan-Montbazon, la dame d'atour Mlle Vernet, la duchesse de Luynes, la duchesse d'Elbeuf, la princesse de Conti – elle ne tarde pas à les métamorphoser en de dévouées amies. Le roi, dont la chasse demeure la principale distraction, n'en montre pas moins des égards nouveaux envers son épouse, laquelle n'attend toujours point d'enfant.

La première faute de la reine

En 1522, le roi se réconcilie avec sa mère, qu'il a écartée cinq ans auparavant après l'élimination du couple infernal Concini-Galigaï, et la réintègre au Conseil. Aussitôt, Marie de Médicis s'efforce d'évincer la reine Anne, s'attachant à provoquer de nouveau la mésintelligence au sein du couple. Le roi lui-même aurait avoué *qu'il n'osait lui montrer de la tendresse de peur de déplaire à la reine mère et au cardinal* [Richelieu], *dont les conseils et les services lui étaient plus nécessaires que de se plaire avec sa femme.* Et Mme de Motteville ajoute que *le cardinal avait travaillé avec tant de soin à la détruire dans son esprit qu'il n'était plus capable d'aucun sentiment de tendresse pour elle, qu'il n'était pas accoutumé de bien traiter.*

Véritable cas pathologique, le roi Louis XIII, bourré de complexes, commence dès cette époque à manifester des penchants homosexuels, ce qui ne peut guère réjouir la reine Anne d'Autriche…

Pourtant, elle se montre gaie, aimant se divertir, s'habiller avec raffinement, assister à des représentations théâtrales, lire des poésies galantes, échanger des propos spirituels.

En mars 1622, enfin, la reine est enceinte de manière certaine. Mais le 14 au soir, revenant du bal de la princesse de Condé, vers minuit, accompagnée de Mlle de Verneuil et de Marie de Rohan-Montbazon, la reine se met à courir tant son humeur est excellente. Le Louvre n'est pas ou fort mal éclairé ; elle chute lourdement. Deux jours plus tard, elle fait une fausse couche. Furieux le roi réagit avec sa brutalité habituelle : il congédie les deux dames de compagnie et se montre sévère avec la reine, espaçant encore ses relations avec celle qu'il n'aime plus. La question dynastique se pose désormais avec acuité, la santé du roi étant mauvaise. C'est désormais Gaston, le duc d'Anjou, et frère de Louis XIII, qui semble pouvoir espérer lui succéder. Cependant, Marie de Rohan-Montbazon, s'étant remariée avec Claude de Lorraine, duc de Chevreuse, après la mort de de Luynes, revient à la cour la tête haute…

L'invraisemblable affaire du duc de Buckingham

Depuis Henri IV, l'idée d'un mariage royal franco-anglais a progressé. Et les Français imaginent même pouvoir ramener le royaume britannique dans le giron de l'Église catholique. Le roi Stuart Jacques Ier, complice de la manœuvre, envoie Henry Rich, Lord Kensington, tout récemment nommé comte de Holland, à la cour de France pour sonder les esprits. Celui-ci, à peine parvenu au Louvre, tombe éperdument amoureux de la nouvelle duchesse de Chevreuse, tout en menant à bien sa mission. Un accord est conclu pour marier Henriette-Marie, la fille d'Henri IV et de Marie de Médicis, au prince de Galles, futur Charles Ier, héritier du trône. Et il est convenu que le favori du roi, Buckingham, viendra à Paris épouser la princesse française par procuration. C'est alors que Lord Holland et Marie, nouvelle duchesse de Chevreuse, élaborent un plan rocambolesque destiné, nous dit le cardinal de Retz, à nouer *une liaison d'intérêts mais aussi de galanterie entre la reine et le duc de Buckingham.* Délaissée par son époux, la reine Anne semble constituer une proie fragilisée. Et Marie de Rohan espère ainsi prendre sa revanche sur ce Louis XIII qui a cherché, en vain il est vrai, à l'éloigner de la cour. C'est entrer sur un terrain hautement dangereux et pervers. Durant les mois qui précèdent l'arrivée en France de Buckingham, Marie ne cesse, devant la reine, d'évoquer le duc, de le présenter de manière charmante, de le décrire en chevalier idéal, de l'assurer de la passion éprouvée par le favori du roi anglais envers elle, qu'il a aperçue lors d'un bal à la cour de France deux ans auparavant. Lord Holland entretient, de son côté, Buckingham du sentiment éprouvé par Anne d'Autriche. Aussi est-ce en conquérant assuré de vaincre qu'il débarque en France, en mai 1625. Anne d'Autriche, sachant qu'elle avait plu, ne voit guère d'incommodité à nouer une telle relation courtoise. Après tout, Buckingham n'est-il pas le seul homme à avoir l'audace d'attaquer son cœur ?

Après la célébration du mariage, le 11 mai 1625, Buckingham, retardé par les cérémonies de funérailles de Jacques Ier, s'en vient en France chercher l'épouse du nouveau roi d'Angleterre, Charles Ier. Parvenu à Paris le 24 mai et accompagné d'une suite extrêmement nombreuse, il s'installe naturellement à l'hôtel de Chevreuse. Véritable athlète, il est, affirme l'austère Mme de Motteville, *bien fait, beau de visage, il a l'âme grande. Il est magnifique, libéral et favori d'un grand roi. Il a tous ses trésors à dépenser et toutes les pierreries de la couronne d'Angleterre pour se parer. Il ne faut pas s'étonner si avec tant d'aimables qualités, il eut de si hautes pensées, de si nobles mais si dangereux et blâmables désirs.*

Lors de la visite officielle au roi, à la reine et au cardinal, La Rochefoucauld nous affirme que *la reine lui parut encore plus aimable que son imagination ne la lui avait pu représenter ; et il parut à la reine l'homme du monde le plus digne de l'aimer. Ils employèrent la première audience de cérémonie à parler d'affaires qui les touchaient plus vivement que celles des deux couronnes et ils ne furent occupés que des intérêts de leur passion.*

Durant neuf jours, alors que le roi Louis XIII, malade, est contraint de garder le lit, Anne et le duc parviennent à se parler à plusieurs reprises. Certes, il n'est pas facile d'approcher la reine, toujours entourée de sa suite. Aussi devisent-ils devant toute la cour, Buckingham osant, à voix basse, des déclarations d'amour de plus en plus appuyées. Ce jeu ne passe guère inaperçu et compromet la reine. Mais rien d'irréparable n'est commis jusqu'au 15 juin. Les cortèges de la reine et de Buckingham raccompagnant Henriette-Marie jusqu'à la mer se sont rejoints à Amiens. En cette douce soirée d'été, à l'abri d'une palissade, le duc ose enlacer la reine, cherchant à l'embrasser alors qu'elle se promène en sa compagnie dans le jardin de la maison où elle loge. Ce sont Lord Holland et la duchesse de Chevreuse qui ont ménagé cette flânerie solitaire que suivent, de loin, les protecteurs habituels de la reine de France. Anne d'Autriche pousse un cri de surprise face aux entreprises trop brutales du duc. Suivantes et suivants accourent et l'on possède ainsi cinq récits différents d'un incident aussitôt porté à la connaissance du roi. Tous concordent et expriment le vif mécontentement de la reine, y compris celui de Tallemant des Réaux, qui va plus loin et prétend que *le galant culbuta la reine et lui écorcha les cuisses avec ses chausses en broderie, mais ce fut en vain, car elle appela tant de fois que la dame d'atour, qui faisait la sourde oreille, fut contrainte de venir au secours...* À l'évidence, en appelant à l'aide, la reine a voulu éviter de voir son honneur terni.

Cependant, Buckingham ne peut se réduire à en rester là. Parvenu à Montreuil-sur-Mer, il prétexte un message reçu de Charles Ier pour revenir à Amiens. Après avoir rencontré Marie de Médicis, il s'en vient vers la chambre de la reine, où elle repose après avoir été saignée. Là, il se met à genoux, baise ses draps, lui saisit les mains, manifestant la plus grande passion, versant des torrents de larmes. L'intervention de la vieille comtesse de Lannoy qui cherche à le faire lever, puis les propos de glace de la reine finissent par avoir raison de son obstination bruyante. Il sort, saute sur son cheval, rembarque à Boulogne. Il ne reverra plus jamais la reine Anne.

Mais l'affaire est bien loin d'être achevée. Revenu en Angleterre, Buckingham, qui continue d'affirmer publiquement son amour pour la reine, constate qu'au cours d'une danse, Lady Carlisle, espionne – et par ailleurs son ancienne maîtresse –, lui a dérobé deux des six ferrets de diamant offerts par Anne d'Autriche. Or, il s'agit d'un cadeau du roi Louis XIII à son épouse. Il y a là de quoi compromettre la reine. Selon La Rochefoucauld, le duc fait bloquer tous les ports anglais, puis ordonne d'exécuter une copie des deux ferrets et les envoie à la reine de France. Cette histoire de ferrets est-elle vraie ? Cela est une autre histoire ! Seul La Rochefoucauld en parle… et Alexandre Dumas.

Cependant, Buckingham ne renonce pas à revoir Anne. À chacune de ses demandes, Louis XIII oppose un refus absolu. C'est donc par les armes qu'il entend désormais l'emporter. En 1627, Buckingham débarque avec quatre-vingt-dix navires et dix mille hommes sur l'île de Ré. Il a transformé le salon de son navire-amiral en chapelle dédiée à Anne d'Autriche : son portrait y trône entouré de cierges. Le maréchal Troiras le tient en échec : il doit rembarquer. D'autres flottes anglaises, notamment celle de l'amiral Denbigh, le beau-frère de Buckingham, sont plus tard repoussées devant La Rochelle, qui finit par tomber, en 1628, aux mains du cardinal de Richelieu.

Anne, en cette fin juin 1625, doit affronter les colères royales, bien que Marie de Médicis ait tenté, en vain, d'amoindrir l'incident d'Amiens pour éviter une crise diplomatique. Anne perd ainsi le respect de Louis XIII. La voilà privée de son entourage, jugé complice, surveillée comme une espionne, menacée même de répudiation car elle n'a pas su donner un héritier au trône. Richelieu lui est ouvertement hostile. Alors qu'elle devrait se tenir coite, elle va pourtant accumuler les attitudes les plus légères, voire les plus imprudentes.

Le mariage de Gaston, frère du roi, une véritable menace

Marie de Médicis souhaite marier son second fils, Gaston, à sa cousine Marie de Montpensier, fort riche héritière. Le roi n'ose s'opposer à sa mère malgré tout le déplaisir qu'il ressent de voir cette Montpensier, liée aux Guise, devenir sa belle-sœur. Tout comme Anne d'Autriche, il comprend parfaitement la manœuvre de sa mère : tenter de donner un héritier à la couronne, puisque lui-même s'en révèle incapable. Anne d'Autriche a plus de caractère que son époux : elle décide de s'opposer par tous les moyens au projet de Marie de Médicis, qui l'humilie. Elle trouve une alliée en Mme de Chevreuse, enfin revenue d'Angleterre. Manipulant le nouveau maréchal d'Ornano, ancien précepteur adoré de Gaston d'Orléans, elle lui fait comprendre que jamais le cardinal et la reine mère n'accepteront l'élévation de son ancien élève au conseil royal et que seule Anne d'Autriche peut appuyer son ascension. En cas de mort rapide du roi (il mourra finalement en 1643), c'est une union entre Gaston et Anne d'Autriche qu'il faut favoriser. Gaston, bien circonvenu par d'Ornano et beaucoup d'autres, refuse d'épouser sa promise. Et un véritable complot s'ébauche, trouvant même des relais en Angleterre, contre le projet matrimonial de la reine mère. Manipulé par la duchesse de Chevreuse, le comte de Chalais, qui espionnait les conjurés pour le compte de Richelieu, est proprement retourné : le voilà décidé à entraîner Gaston en province et à déclencher une révolte nationale.

Mais Louis XIII brise le complot avec la dernière sévérité. La veille de leur fuite commune, le roi frappe un grand coup, faisant arrêter son frère et Chalais. Gaston avoue tout ce qu'on lui dicte, charge Chalais et se résigne à épouser Mlle de Montpensier. Malgré les supplications d'Annc d'Autrichc, par trois fois agenouillée devant lui, il refuse de revenir sur sa décision. Le cardinal et Louis XIII font exécuter Chalais après avoir créé une Chambre criminelle à leur entière dévotion.

Puis vient le tour d'Anne d'Autriche. Interrogée en présence du roi, de la reine mère et du cardinal, assise sur un simple siège pliant, elle se voit accusée d'être l'âme du complot et d'avoir voulu épouser Monsieur frère du roi après la mort de Louis XIII. Elle proteste avant, nous rapporte Mme de Motteville, de s'emporter, reprochant à la reine mère *toutes les persécutions qu'elle et le cardinal lui faisaient, avec la hauteur d'une princesse de sa naissance qui était faussement accusée.* Marie de Médicis est contrainte de l'apaiser, l'assure de son affection, l'engage à vivre en bonne harmonie avec son fils. Calmée, Anne promet d'adopter une attitude plus positive.

Ainsi s'achève ce que l'on a improprement appelé la conspiration de Chalais, un complot aristocratique très hostile au cardinal et à Louis XIII. Le roi fut toujours persuadé que l'on se disposait à l'assassiner ou à le déclarer inapte à régner en raison de sa santé défaillante, pour hâter sa disparition et permettre le mariage de son frère avec sa femme. Cela est si vrai qu'Anne d'Autriche, elle-même, près du lit de mort de son époux, en mai 1643, le suppliera de croire qu'elle n'avait jamais voulu attenter à ses jours.

L'affaire du mariage de Monsieur, s'achève, ô ironie, par un décès, celui de la jeune mariée, Marie de Montpensier, des suites de l'accouchement d'une fille, la future Grande Mademoiselle…

Louis XIII, un personnage « mal dans sa peau »

Voilà bien longtemps que le roi Louis XIII n'aime plus sa femme. Après sa fausse couche provoquée par une imprudence qu'il estime inexcusable, plusieurs fausses espérances ont découragé le roi, comme le rappelle Jean-Christian Petitfils : *en 1625, 1626, 1630, 1631, retards de règles, nausées ou vomissements ont fait naître de nouvelles espérances, vite déçues.* Le roi, totalement affligé, supporte difficilement sa solitude, ne fréquentant que bien rarement le lit conjugal. Le pape s'étant opposé à tout divorce, il cherche compensation. D'abord avec une jeune périgourdine, Marie de Hautefort, puis avec Louise Angélique Motier de La Fayette, qui finit par se cloîtrer dans le monastère des Filles de la Visitation. Il semble bien que le roi, partagé entre son double goût pour les hommes et pour les femmes, hanté par le péché qu'il aurait ainsi commis en trahissant la reine, n'ait point consommé avec les deux donzelles, fort jeunes toutes deux, dont il est tombé amoureux.

L'affaire de la correspondance espagnole ou la trahison de la reine

Cependant, isolée à la cour de France, privée de tout son environnement espagnol, ayant perdu sa meilleure amie alors exilée, la duchesse de Chevreuse, Anne d'Autriche tente de préserver son seul plaisir : ses échanges épistolaires avec sa famille. Se sachant surveillée, elle se rend au Val-de-Grâce, où elle a elle-même installé des bénédictines pour correspondre en toute discrétion. Malgré l'entrée de la France dans la guerre de Trente Ans contre l'Espagne, elle poursuit sa correspondance. Tant avec ses deux frères, le roi Philippe IV et le Cardinal-Infant, qu'avec le Premier ministre Olivarès et le marquis de Mirabel, ambassadeur d'Espagne à Bruxelles. Elle écrit également de nombreuses lettres à sa chère duchesse de Chevreuse.

Ayant acquis la complicité de la sœur supérieure, Louise de Millery, dont le frère est gouverneur de Besançon, alors ville libre impériale, elle utilise les services de son portemanteau, Pierre de La Porte. Il s'occupe tant du chiffrage que du déchiffrage des écrits, de l'utilisation de l'encre sympathique révélée au jus de citron, de la circulation des plis au moyen de multiples boîtes à lettres. La reine communique aux Espagnols des informations confidentielles et se rend ainsi coupable d'intelligence avec l'ennemi. Informé, en 1637, le cardinal de Richelieu passe à l'offensive.

Il est parvenu à intercepter des courriers et a fait embastiller Pierre de La Porte. Lequel, interrogé, nie tout. Quant à la mère supérieure, elle refuse également de dire un traître mot, alors que la perquisition au Val-de-Grâce ne débouche sur aucun résultat. Face aux insinuations du chancelier Pierre Séguier venu l'interroger sur ordre, Anne d'Autriche résiste. Victime d'un malaise face aux violences quasi physiques du chancelier, elle se retire et se fait saigner.

Puis elle accepte de recevoir Richelieu, qui lui indique que le roi ne pardonnera que pour autant qu'elle dise toute la vérité. Elle finit par avouer en partie, notamment le schéma de transfert des courriers secrets par l'ambassade d'Angleterre à Paris puis vers celle de Londres à Bruxelles avant transmission à l'ambassade espagnole locale dirigée par le marquis de Mirabel.

Anne d'Autriche doit s'humilier à répéter ses confessions devant le roi tant par oral que par écrit. Elle doit établir une véritable liste de ses manquements et de ses correspondances et promettre de ne jamais retourner à pareilles fautes. Elle a ainsi évité le pire, car selon les *Mémoires* de de La Porte, elle a pu le prévenir de se taire n'ayant elle-même rien avoué hors le contenu des lettres interceptées par Richelieu. C'est une alliée de la reine, Marie de Hautefort, déguisée en chambrière, qui parvient à pénétrer à la Bastille pour y visiter un prisonnier très hostile à Richelieu, le commandeur de Jars. Ce dernier fait passer par un trou le message reçu à de La Porte lui indiquant exactement ce que la reine a avoué. Ainsi n'en dit-il pas plus lors des interrogatoires.

La reine n'en est pas moins prisonnière de son époux, devant vivre, comme elle s'y est engagée, en bonne entente et *sans avoir d'autres intérêts que de sa personne et de son État.*

L'enfant du miracle sauve la reine

Cependant, Monsieur frère du roi, Gaston, s'est remarié avec Marguerite de Lorraine, sans pour autant avoir un héritier mâle. Alors que la reine, ayant parfaitement compris que seule une maternité peut encore la sauver, s'efforce d'invoquer le Ciel en appelant sur elle les prières de communautés monastiques, puis en se rendant elle-même en cure avec Louis XIII à Forges-les-Eaux, station bien connue pour la qualité de ses eaux ferrugineuses revigorantes, enfin en allant en pèlerinage à Breuil sur le tombeau de saint Fiacre de Meaux.

Mais ce sont assurément les injonctions de sœur Louise Angélique de La Fayette (que le roi, toujours amoureux, va voir au monastère) et du cardinal de Richelieu (soucieux d'assurer la pérennité de la monarchie) qui vont convaincre Louis XIII de retrouver le chemin du lit espagnol.

Nos lecteurs connaissent la légende de l'enfant du miracle popularisée par le père Griffet. Le 5 décembre 1637, ayant quitté Versailles pour Saint-Maur, le roi s'arrête, selon son habitude, au couvent de la Visitation pour s'y entretenir avec sœur Louise Angélique. Un orage d'une violence inouïe ayant éclaté, Louis XIII décide de se rendre au plus près, au Louvre, là où demeure Anne d'Autriche. Ils soupent ensemble puis se mettent au lit. Neuf mois plus tard, le 5 septembre 1638, naît le petit Louis XIV, l'enfant du miracle. Anne est alors âgée de trente-sept ans. Il semble bien cependant que l'enfant ait été conçu plutôt fin novembre, durant le séjour commun de quelques semaines que le roi et la reine ont effectué au château de Saint-Germain.

C'est le 30 janvier 1638 que la France entière apprend par *La Gazette* de Théophraste Renaudot la bonne nouvelle de la grossesse de la reine, alors enceinte d'environ huit semaines. Le 6 septembre 1638, le même journal annonce cette fois la naissance, précisant qu'elle a eu lieu dans la chambre du roi, symbole de l'amour retrouvé, et que la sage-femme, dame Péronne, a présenté au roi un nouveau-né dont la taille est exceptionnelle.

Si Anne d'Autriche est radieuse, Louis XIII et Richelieu, tout en lui manifestant une plus grande déférence, refusent tant de l'admettre au Conseil que de lui confier l'éducation de l'enfant. Elle reporte pourtant sur cette créature, véritable don de Dieu, toute son affection et son amour. Deux ans plus tard, elle donne au roi un second fils, Philippe.

Devenue circonspecte, elle se garde bien de participer au moindre complot contre Richelieu, devenant au contraire son allié. Avec beaucoup de réalisme, elle attend désormais la mort tant du roi que du cardinal, que leurs maladies respectives ont beaucoup affaiblis.

La régente en ses œuvres

Voyant venir sa mort, le 20 avril 1643, Louis XIII fait lire, devant un parterre restreint de hauts dignitaires de l'État et en présence de la reine et de ses deux fils, les dispositions testamentaires qu'il a arrêtées. Bien sûr, après les régences des deux reines Médicis, il ne peut empêcher celle d'Anne d'Autriche ni lui retirer l'éducation des deux princes. Mais il limite son pouvoir en créant un conseil inamovible de six membres pour l'assister, composé de Gaston, son frère, du prince de Condé, du cardinal Mazarin, du chancelier Séguier, de Claude Bouthillier et du marquis de Chavigny. Le vieux roi espère ainsi éviter le retour à l'alliance espagnole et la remise en cause de l'État de droit péniblement reconstruit par Richelieu.

À peine le roi a-t-il définitivement fermé les yeux, le 14 mai 1643, qu'Anne d'Autriche fait casser par le parlement son testament. La voilà métamorphosée : elle n'aspire plus qu'à défendre les droits de son fils premier-né. Ayant renvoyé tous les ministres de son époux, elle n'en retient qu'un, celui que Richelieu a recommandé, Mazarin.

La Régence commence sous les auspices les plus heureux avec l'éblouissante victoire du Grand Condé à Rocroi, le 19 mai 1643, cinq jours après la mort du roi. Les Espagnols de don Francisco de Melo sont proprement étrillés, perdant huit mille hommes et sept mille prisonniers. Les pertes françaises ne dépassent pas deux mille tués. Le 3 août suivant, Turenne et Condé, associés, l'emportent à Nördlingen, puis s'emparent de Dunkerque. Le 20 août 1638, Condé remporte un nouveau succès de grande ampleur à Lens, infligeant huit mille morts et blessés aux Espagnols, qui demandent la paix. Par le traité de Westphalie, en octobre 1648, la régente engrange les dividendes des victoires militaires. La France s'agrandit de l'Alsace, de Brisach, de Colmar, de Philipsbourg, de la forteresse de Pignerol.

Paradoxalement, la monarchie ne s'en trouve pas confortée, du moins à l'intérieur. Mais la reine Anne va se révéler admirable dans l'adversité qui s'annonce, celle des Frondes, avec un caractère plus ferme que celui de Mazarin, bien souvent porté vers la négociation, la dissimulation, la corruption…

La guerre de Trente Ans ayant entraîné une forte progression des dépenses militaires, il faut emprunter et lever des impôts nouveaux. Les décisions du surintendant des Finances, Particelli d'Émery, déclenchent la fureur de l'opinion, surtout celle des nantis, taxés et frappés par une réduction des rentes. Mais l'augmentation des octrois touche tout le monde. Le temps de la minorité du roi paraît favorable tant à la noblesse qu'aux parlementaires et titulaires d'offices pour exiger le renvoi de Mazarin et un partage du pouvoir politique.

C'est la suppression de la paulette, c'est-à-dire de la vénalité des charges, qui déclenche en avril 1648 le soulèvement des parlementaires. Les parlementaires cherchent alors à mettre en tutelle la monarchie au travers d'une charte (dite de la Chambre Saint-Louis – c'est le lieu où ils se réunissent) de vingt-sept articles installant en France l'*habeas corpus* (le droit de ne pas être emprisonné sans jugement) et le contrôle préalable des levées fiscales. Mazarin et la régente doivent finir par l'accepter, le 31 juillet.

Mais cherchant à profiter de la victoire de Lens, Anne d'Autriche, faisant preuve d'une étonnante détermination, certes approuvée par Mazarin, fait arrêter les meneurs de la Fronde parlementaire. Devant l'émeute ainsi déclenchée dans la capitale, il faut consentir à libérer le conseiller Broussel et ses amis, le 28 août.

Cernée au Louvre, jugeant le petit roi en danger en sa capitale, la régente décide de se replier à Rueil, où elle dispose de régiments sûrs. Elle déstabilise ainsi les parlementaires qui, dépourvus de monarque, n'ont plus désormais d'interlocuteur. Une négociation s'engage. Le 31 octobre, acceptant une seconde fois les réformes de la Chambre Saint-Louis, Anne d'Autriche regagne Paris.

La relation très proche d'Anne d'Autriche et de Mazarin

Mazarin est un bel homme, plus jeune d'une année que la reine, avouant alors quarante-sept ans. Avec ses yeux bruns très ardents, sa belle chevelure brune, ses longues moustaches, sa barbe en pointe et ses traits réguliers, il est fort séduisant. Et si son physique agréable n'a pu que charmer la reine mère, sa vive intelligence a achevé de la séduire tout à fait. Quel merveilleux changement en comparaison de son vieux barbon valétudinaire de mari, désormais disparu !

Chacun sait quelles épreuves Anne d'Autriche et Mazarin traversent ensemble de 1648 à 1652, c'est-à-dire durant cinq années de feu marquées par deux exils de Mazarin, le premier en 1651 et le second en 1652. Si Mazarin est l'homme qui conduit la politique du pays, la régente est toujours associée aux décisions et parfaitement informée. À plusieurs reprises, elle fait preuve d'une détermination qui, parfois, manque à Mazarin, personnage de nature plus souple.

Les historiens semblent estimer que l'inclination évidente entre Anne d'Autriche et Mazarin est toujours demeurée platonique mais, à la vérité, aucun n'en est tout à fait certain. Fin 1652, Mazarin écrivant à la reine mère emploie, pour définir leur relation, le mot « amitié » : *Il n'y a rien de si touchant que la manière avec laquelle vous m'assurez de votre amitié, et sans ce que vous mandez là-dessus, il y a longtemps que j'aurais entièrement désespéré de ma fortune.* Qu'en est-il vraiment de cette amitié ?

Les arguments en faveur d'une relation purement amicale sont solides. La reine ne saurait déroger, surtout une Espagnole strictement élevée et consciente de sa haute noblesse, en entretenant des relations amoureuses avec le fils d'un petit majordome du prince Colonna, Giulio Mazzarino, natif de Pescina dans les Abruzzes. Et peut-on vraiment imaginer qu'Anne d'Autriche, profondément chrétienne, puisse entretenir hors mariage des relations avec un homme qui la sert ? Elle se confesse sans cesse, communie, visite les couvents, assiste à la messe… Difficile de penser qu'elle le ferait en état de péché mortel, sans cesse renouvelé… Enfin, il faut bien constater que si les rumeurs et les libelles vont bon train, à l'époque, sur les relations entre la reine mère et son cardinal, aucun des mémorialistes crédibles du XVIIe siècle (La Rochefoucauld, le cardinal de Retz, de La Porte, Mme de Motteville, la duchesse de Montpensier) n'y fait la moindre allusion. Enfin, la correspondance officielle entre le ministre et sa reine ne comporte que des marques de tendresse et d'amitié.

Mais il existe une correspondance codée (par des chiffres) en laquelle les envolées passionnelles existent, sans compter les lettres autographes, c'est-à-dire écrites de la main même d'Anne d'Autriche. Benedetta Craveri assure dans son ouvrage *Reines et favorites* que la lettre écrite le 22 janvier 1652 par la reine au cardinal, où elle affirme *s'ennuyer fort et supporter ce retardement* [de son retour] *avec beaucoup d'impatience et si 16* [Mazarin] *savait tout ce que 15* [la reine] *souffre sur ce sujet, être assurée qu'il en serait très touché...* porte un sceau inhabituel. Il est formé de neuf lettres entrelacées signifiant *Hoc Est Emblema* Anne (d') Autriche (et de) Iulius Cardinal Mazarin (HEEAAICMM). Le double M est un commandement d'aimer, adressé à Mazarin. Autour de ces neuf lettres figurent quatre S barrés d'un trait unique aisés à interpréter : ils suggèrent les quatre vertus indispensables à l'amour dans la tradition espagnole : *Sobio, Solo, Solicito, Secreto.*

Difficile d'avoir une véritable conviction, sauf à penser qu'en ces redoutables journées de Fronde où le trône vacilla, le cardinal et sa reine aient pu avoir des comportements amoureux d'exception liés à leur solitude face à l'extrême adversité.

À la Fronde parlementaire succède la Fronde des princes

De la Fronde, nous traiterons brièvement. Après avoir capitulé devant les exigences des parlementaires, le 22 octobre 1648, Anne d'Autriche doit faire face à un nouveau bouillonnement, celui de la noblesse de sang, désireuse à son tour de partager le pouvoir. Ainsi s'agitent, aux premières loges, le prince de Conti frère de Condé, la duchesse de Longueville sœur de Condé, Gondi le futur cardinal de Retz, le duc de La Rochefoucauld, les duchesses de Chevreuse, de Montpensier, le duc de Bouillon frère de Turenne…

Une seconde fois, la régente, avec un courage remarquable, quitte Paris pour ne pas en demeurer prisonnière. Elle réussit à se rendre, par un froid mordant, dans la nuit du 5 au 6 janvier 1649, au château de Saint-Germain-en-Laye où rien n'est prêt. Le petit roi Louis doit coucher dans la paille… Et elle fait appel aux forces armées de Condé, qui triomphent des Parisiens révoltés. Alors que la noblesse cherche des alliances à l'étranger, les parlementaires s'y refusent et viennent traiter avec la reine. C'est la paix de Rueil qui entérine la nouvelle charte, le 30 mars 1949.

Si la Fronde des gens de robe s'achève, celle des nobles s'amplifie. De retour à Paris, le 18 août 1949, avec la reine, le cardinal tente de diviser le camp de la noblesse. Un accord secret permet de se concilier Gondi et ses partisans. Mais l'ambition de Condé de remplacer Mazarin est rejetée par la régente. Mazarin décide alors de faire arrêter Condé. Dès lors, la révolte de la noblesse prend de l'ampleur. Ayant pris, à l'âge de douze ans, la tête des forces royales, le roi Louis ramène l'ordre tant en Normandie qu'en Guyenne, en 1650. Après la défaite de l'armée des nobles commandée par Turenne, le

15 décembre 1650 à Rethel, la monarchie paraît triompher. Anne d'Autriche en oublie la promesse faite à Gondi du cardinalat : ce dernier rejoint alors la Fronde des princes.

Il faut alors libérer Condé, Conti et la duchesse de Longueville, puis écarter Mazarin, avec lequel les grands refusent de négocier. L'agitation ne s'éteint guère. Et Condé, évacuant Paris, rejoint son gouvernement de Guyenne, avant de s'allier à l'Espagne et de soulever le sud-ouest du pays. En décembre 1651, Mazarin rejoint la régente et le roi à Poitiers avant que les troupes royales ne reprennent l'Anjou et que Turenne, désormais rallié, ne l'emporte sur Condé, à Bléneau, en avril 1652. Cependant, Condé remonte sur Paris avant d'être attaqué par Turenne, d'abord à Charenton puis à la porte Saint-Antoine. C'est là, le 2 juillet, qu'il est sauvé d'extrême justesse par la Grande Mademoiselle, qui fait tirer les canons de la Bastille sur les troupes de Turenne, lui permettant de trouver refuge dans Paris. Très vite, les troupes de Condé, pillant et massacrant, se rendent détestables dans la capitale. La bourgeoisie parisienne prend alors contact avec Anne d'Autriche : il lui est promis allégeance contre renvoi de Mazarin. Détesté, Condé doit quitter Paris tandis que Mazarin vient s'installer près de Sedan. Anne d'Autriche et son fils peuvent alors faire une entrée triomphale dans Paris, le 21 octobre 1652. Une amnistie générale est proclamée. Et le 9 février 1653, le roi Louis vient en personne accueillir Mazarin aux portes de Paris. La monarchie a pleinement triomphé.

Le triomphe du cardinal avec le mariage espagnol

Débute désormais le temps d'apprentissage du roi auprès de Mazarin. Il lui enseigne son métier durant huit longues années, de 1653 à 1661. Cependant, Anne d'Autriche, qui s'est retirée de toute gestion politique, continue d'élever son fils dans le respect des principes intangibles qui font un grand roi : ne jamais chercher à plaire, utiliser son bon sens, demeurer pragmatique, travailler ses dossiers... Et surtout, en souvenir des Frondes, elle l'incite à dominer les noblesses de robe et de sang, et à donner à son règne un caractère majestueux.

Elle ne voit plus guère le cardinal, totalement absorbé par sa double tâche de gouvernant et de formateur.

Après la victoire de Turenne sur un Condé placé à la tête d'une armée espagnole, le 14 juin 1658, aux Dunes, puis la prise de Dunkerque, la paix est enfin à portée de main. Et Anne d'Autriche peut ainsi favoriser le renversement d'alliance auquel elle rêve depuis si longtemps. Le 7 novembre 1659, le traité des Pyrénées permet à la France d'annexer le Roussillon, la Cerdagne, l'Artois et bien des places de Flandre, du Hainaut et du Luxembourg. Le 9 juin 1660, le mariage de l'infante Marie-Thérèse d'Autriche et de Louis XIV, à Saint-Jean-de-Luz, couronne l'édifice.

« Le plus grand de nos rois »

Après le mort de Mazarin, le 9 mars 1661, Louis XIV assume la totalité du pouvoir. Fouquet, le surintendant peu scrupuleux des Finances, en est la première victime. Désormais retirée, Anne d'Autriche meurt en 1666 de ce qui est vraisemblablement un cancer du sein. Son fils, Louis, vient longuement la veiller. Quand elle s'éteint, c'est très naturellement que lui vient une déclaration admirative, la qualifiant *de plus grand de nos rois.*

Ainsi s'achève la vie d'une princesse qui osa beaucoup, refusant toujours de s'humilier même au prix de son bonheur. Des scandales, elle les affronta tous, en triomphant toujours. Elle fut, en synthèse, une femme d'État extrêmement originale par sa fermeté d'âme. *Je maintiendrai* aurait pu être sa devise.

Ninon de Lenclos, la galante philosophe

Des parents peu respectables

Née en 1623, Anne de Lenclos, plus tard surnommée Ninon, ne semble guère choyée par le destin. Son père, Henri de Lenclos, seigneur de La Douardière, s'affirme gentilhomme mais il ne l'est guère. Sans doute s'agit-il d'un soldat bien que Tallemant des Réaux, son contemporain, le présente *comme un suivant de M. d'Elbeuf qui jouait fort bien du luth.* Effectivement, Henri a deux protecteurs : Charles de Lorraine, duc d'Elbeuf, et le sieur de Saint-Luc, gouverneur du Brouage et vice-amiral de France. Tous deux sont les parrains de ses deux premiers enfants. Henri de Lenclos tente de renforcer sa noble origine en prétendant avoir épousé une Abra de Raconis, de la famille de l'évêque de Lavaur, ancien favori de Richelieu. Mais son épouse, Marie-Barbe de La Marche, ne s'avère que la belle-sœur du frère aîné dudit évêque… Habitant Paris en la paroisse Saint-Jean-en Grève, le père de Ninon est devenu écuyer. C'est un rude bretteur et un libertin qui ne s'occupe guère de sa progéniture. Et c'est légende de prétendre qu'il l'aurait instruite, lui faisant lire, en particulier, tout Montaigne. En vérité, alors qu'elle approche d'une dizaine d'années, elle joue déjà fort bien du luth, comme son père, et se révèle une merveilleuse danseuse. Elle devient, également, une excellente interprète au clavecin.

Le 9 novembre 1632, Anne Maugin, couturière de son état, porte plainte devant l'un des baillis de Paris contre Henri de Lenclos. La veille, ce dernier l'a agressée et gravement blessée, en particulier aux mains (dont elle a un besoin vital pour l'exercice de son métier). Il a cherché ainsi à la punir de son témoignage défavorable dans l'affaire d'adultère dans laquelle il se trouve impliqué. Devenu l'amant de Lucrèce de Gouges, il a dû faire face aux réactions du mari, Jean de Riberolles, secrétaire du gouverneur du Périgord, qui lui a intenté un procès. Niant toute relation coupable avec Lucrèce, accusant, après l'avoir battue, Anne Maugin d'être la maîtresse de Riberolles, l'infâme Henri de Lenclos ne convainc guère les juges. Pas plus que Lucrèce, qui n'a pas hésité à accuser son époux de l'avoir prostituée. Cependant, le 26 décembre de la même année, faisant preuve d'une invraisemblable violence révélant sa vraie nature, le père de Ninon assassine Louis du Maine, baron de Chabans, l'accusant d'avoir influencé les juges qui l'ont condamné pour adultère. Il s'enfuit aussitôt de France, alors que la Chambre criminelle de la capitale lance contre lui un mandat d'arrestation dès 1633.

Marie-Barbe de la Marche, la mère de Ninon, n'est guère plus respectable que le père. Des Réaux nous précise que *durant l'absence de son père, cette fille* [Ninon] *devint grandette et, comme elle avait l'esprit vif, jouait bien du luth et dansait admirablement, surtout la sarabande, les dames du voisinage* [c'est-à-dire tant celles qui tiennent salon que les galantes et prostituées de luxe du Marais] *l'avaient souvent avec elles.*

S'étant réinstallée de façon plus modeste rue des Trois-Pavillons, Marie-Barbe de la Marche tente de survivre. Vers 1641, alors que Ninon a dix-huit ans, elle cède à un jeune homme désargenté, Charles-Claude de Beaumont, vicomte de Chaumusy, sieur de Saint-Étienne, qui l'a séduite. Elle l'abandonne aussitôt. Ainsi, la jeune Ninon montre-t-elle, dès son plus jeune âge, sa volonté de transgression tant des codes de l'amour que des pratiques de la religion. N'étant plus vierge, Ninon ne peut guère prétendre au mariage qu'espérait sa mère avec Jean Coulon, conseiller au parlement. Dès lors, Marie-Barbe passe un accord avec ce Coulon qui désire la jeune fille et la lui vend contre une pension mensuelle considérable de cinq cents livres. Il la lui servira de 1641 à 1650. À titre de comparaison, il est indispensable, rappelle Roger Duchêne, le plus sûr biographe de Ninon de Lenclos, de se souvenir qu'un maître d'école reçoit cinquante livres par mois, le grand Racine une pension royale annuelle de six cents livres par an et son rival Corneille deux mille livres par an, soit encore trois fois moins que ce que gagne la jeune Ninon. Coulon est un débauché qui ne tarde pas à initier Ninon à toutes les dépravations de la vie sexuelle.

Premières amours

À l'évidence, la belle Ninon n'a pas encore rencontré l'amour. Elle s'imagine le trouver, dès 1642, dans les bras de Gaspard Châtillon d'Andelot, ce dont témoignent tant Tallemant que son futur grand ami, Saint-Évremond. C'est elle qui a, cette fois, pris l'initiative de la relation.

Elle ne se départira plus de cette attitude, la complétant par une seconde, tout aussi autoritaire pour les ruptures. Elle l'exprime de façon charmante, affirmant *qu'elle sera plutôt d'humeur à quitter qu'à être quittée.* À la mort de sa mère, en 1643, elle a déjà une belle maturité et conduit sa vie avec beaucoup de réalisme. Le poète Scarron, une autre de ses relations amicales, la célèbre dans son *Recueil de quelques vers burlesques* :

O belle et charmante Ninon,
À laquelle jamais on ne répondra non
Tant est grande l'autorité
Que s'acquiert en tous lieux une jeune personne
Quand, avec de l'esprit, elle a de la beauté

Il vante son intelligence, Ninon ayant bien compris qu'il faut associer plaisir physique, galanteries et dialogues, indispensables préalables aux jouissances partagées.

Femme de tête, Ninon est décidée à monnayer ses charmes et à constituer un pécule qui la mettrait pour toujours à l'abri d'un besoin dont elle a connu, dans son adolescence, les affres. Aussi s'efforce-t-elle de classer ses amants (qui tous appartiennent à la riche noblesse d'épée ou de robe) en trois catégories : ceux qui paieront et auxquels elle se donnera par devoir, ceux qu'elle choisira par caprice amoureux, enfin ceux qu'elle plumera sans leur céder son corps. Coulon fait naturellement partie de la première catégorie et Châtillon d'Andelot de la deuxième. Sans doute peut-on s'étonner de voir tant de cynisme étalé de la sorte aux yeux de tous. D'autant qu'il s'accompagne de transgressions manifestes au mariage chrétien, la plupart de ses amants étant mariés. Il est vrai que ces temps de Frondes des nobles et des parlementaires désorganisent l'État et affaiblissent les contraintes.

Ninon commence par conforter sa situation financière en plaçant au même rang que Coulon le riche comte d'Aubijoux (lieutenant du roi en Languedoc et gouverneur de Montpellier), à partir sans doute de l'année 1643. La voilà dotée de deux protecteurs telle une courtisane quasi professionnelle. À la différence près, note Saint-Simon, qu'elle fait preuve d'un esprit distingué. Ainsi, dès les années 1645, Ninon s'est-elle constitué une belle épargne, après avoir converti une partie de ses revenus en rentes et en placements de bon père de famille.

Après le règne de Châtillon viennent ceux de Miossens, futur maréchal d'Albret, et de Condé, double et glorieux vainqueur à Rocroi et à Nördlingen.

Le voyage de Lyon

C'est en 1648 que Ninon quitte Paris pour Lyon, de façon très inattendue. Même Tallemant des Réaux ignore pourquoi et rapporte les propos de Ninon : *Elle disait que c'était à dessein de se retirer ; en effet, elle se mit dans un couvent.* Elle se rend dans la capitale des Gaules déguisée en homme, manifestement pour éviter d'être repérée. Certains avancent qu'elle cherche ainsi à rejoindre un nouvel amant, le marquis de Villars, d'autres qu'elle entend retrouver son père réfugié en Savoie, les derniers prétendant qu'elle est enceinte et souhaite ainsi à cacher son ventre arrondi. Toutes ces hypothèses ne sont guère crédibles. La seule qui résolve convenablement cette énigme est que Ninon cherche à fuir les désordres de la Fronde. Et notamment les foudres d'Anne d'Autriche qui condamne ses excès : ne pervertit-elle pas les grands seigneurs, ne s'affiche-t-elle pas avec ses souteneurs, n'invite-t-elle pas dans son lit les libertins les plus notoires ? Au couvent, à Lyon, elle se trouve à l'abri de toute atteinte. Son arrestation, finalement décidée par le pouvoir en 1656, prouve qu'elle n'est pas, en 1648, victime d'un délire de persécution… Elle rencontre à Lyon Alphonse de Richelieu, le frère du grand ministre Armand Jean Duplessis. En poste depuis vingt ans, âgé de soixante-dix ans, le cardinal Alphonse, nous dit Tallemant, *devint un peu amoureux de sa belle humeur et fit quelque folie pour elle.* On ne sait jusqu'à quelles extrémités ce cardinal enflammé par une courtisane se laisse porter.

Ayant ainsi pénétré, grâce à son grand cardinal, le milieu de la haute société lyonnaise pourtant si fermé, elle en profite pour conquérir le cœur de Marc-Antoine Perrachon, un futur secrétaire et conseiller du roi Louis XIV. Ce dernier, enrichi dans les affaires (son frère, Pierre, est fermier des gabelles, l'impôt sur le sel), vient prendre sa place parmi les martyrs de la belle, c'est-à-dire ceux qui la comblent de biens sans avoir droit de la toucher. Sans doute est-il, d'ailleurs, la première de ses victimes. Ainsi Ninon entend-elle démontrer qu'elle est une femme libérée, voire apte à choisir parmi tous ceux qui la courtisent et l'entretiennent les élus de son cœur auxquels elle accepte de se donner. D'une certaine façon, elle tente, pure illusion, de dissocier son métier de courtisane offerte au mieux disant de celui de femme recevant la bonne société de son temps en son salon. Tallemant, observateur perspicace, écrit, lorsqu'elle revient à Paris en 1649, *qu'elle s'est mise dans la tête de ne s'abandonner qu'à ceux qui lui donnaient dans la vue.*

Elle commence par ajouter un compère à Perrachon en la personne de Léon Fourreau, sans doute un courtier en viande, qui paie toutes ses foucades. Peut-être faut-il également ranger dans la catégorie des martyrs quelques grands seigneurs auxquels elle refuse de céder (du moins dans un premier temps !) comme Charles de Brancas, Charles-François de Ris, voire le lieutenant civil Michel Moreau. Des Réaux tient bien sa chronique, précisant à propos de Fourreau *qu'il n'en a quasi rien eu* et ajoutant à propos de Moreau qu'il *payait mais on ne sait pas s'il couchait avec elle.*

C'est en cette année 1649 que Ninon vient s'installer faubourg Saint-Germain, quittant le Marais.

L'affaire Sévigné

Ninon ne renonce pas à ses caprices et se tourne au contraire vers de beaux jeunes gens pleins d'avenir de la noblesse. C'est elle qui décide de les conquérir et d'en faire ses amants. Et c'est elle, également, qui prend l'initiative de rompre avec eux. Ainsi passe-t-elle, de son point de vue, du statut de fille vénale à celui de coquette.

Trois font l'affaire, chacun guère plus de trois mois : Antoine de Rambouillet, marquis de la Sablière, Henri-François de Vassé et Henri de Sévigné.

Le marquis de Sévigné est la victime la plus célèbre des caprices de Ninon de Lenclos. Époux depuis 1644 de la célèbre marquise qui n'a pas encore commencé sa brillante carrière épistolaire (débutée en 1671), il lui a fait deux enfants, Charles et une fille, la future Mme de Grignan. Le mariage n'est pas heureux, Henri dilapidant la fortune familiale. En 1651, cet homme, plutôt fidèle, tombe amoureux de Ninon. Découvrant les plaisirs de l'amour que son épouse ne lui a sans doute pas totalement révélés, l'amoureux transi des plaisirs de la chair est pourtant rapidement renvoyé. Tallemant le raconte à sa façon : *Ninon, quand elle fut lasse, le lui dit et mit Rambouillet en sa place pour trois autres mois.* Ne le lui avait-elle pas annoncé, sur un ton badin et précis, au début de leur relation : *Je crois que je t'aimerai trois mois.* Toutefois, Bussy-Rabutin, le cousin de Mme de Sévigné, estime que Ninon et Henri partagèrent une grande passion. Ce que Tallemant ne contredit pas : *Elle eut Sévigné tout marié qu'il était, trois mois environ, sans qu'il lui en ait rien coûté qu'une bague de peu de valeur.*

Henri de Sévigné parvient à se consoler avec Mme de Gondran, mais il a un rival, le chevalier d'Albret. Ils se battent en duel. Henri s'effondre, touché à mort. Sa veuve, née Marie de Rabutin-Chantal, s'acharne, avec succès, à sauver ce qu'il reste de sa fortune pendant trois années, allant jusqu'à gérer sur place ses terres des Rochers, près de Vitré.

Plus que les précieuses, telles Mlle de Scudéry et Mlle de Gournay, qui défendent la chasteté mais point le mariage, Ninon de Lenclos aspire à ressembler aux grandes héroïnes de la Fronde, comme Mme la duchesse de Longueville sœur du Grand Condé, Catherine de la Louppe comtesse d'Olonne, Mme la duchesse de Chevreuse née de Rohan-Montbazon et la Grande Mademoiselle fille de Gaston d'Orléans. Comme elles, elle choisit et affiche ses amants…

Ce qui ne l'empêche nullement de recevoir bien des jeunes gens avec qui elle ne consomme pas mais qu'elle forme aux joutes et aux préparatifs de l'amour. En leur apprenant les jolies manières de faire l'amour, tant avec des mots qu'avec des caresses préparatoires, elle permet aux gens de qualité de s'unir sans brutalité. Ce que Saint-Simon résume parfaitement ainsi : *Tout se passait chez elle avec un respect et une décence extérieure que les plus hautes princesses soutiennent rarement avec des faiblesses.*

La formation de Ninon

L'on a rappelé que son père lui aurait fait lire Montaigne (Tallemant nous assure *qu'elle ne lut que*

Montaigne) mais sans doute s'est-elle plus largement formée par la suite, en particulier au contact de ses amants. Sans doute d'Aubijoux tient-il une place à part car ce grand seigneur possède une vaste culture. Il lit et peut citer les grands classiques latins et grecs, apprécie la poésie tant française qu'italienne et s'exprime en une langue classique parfaite. Il faut également prendre en compte l'influence de Charles-François de Ris, auteur de pièces galantes, contempteur de la culture classique et défenseur d'une morale personnelle à l'opposé de la dévotion religieuse. Sans doute Alexandre d'Elbène, qui fut l'un de ses galants (plus tardifs) et avait de l'esprit et de la culture, et assurément son ami François Le Métel, seigneur de Boisrobert, l'un des fondateurs de l'Académie française, ont-ils joué un rôle non négligeable dans l'éducation intellectuelle de Ninon. On n'oubliera pas l'ascendant de Saint-Évremond, moraliste, critique, épistolier, ancien militaire et libertin avéré. À partir de 1652, Villarceaux parachève l'instruction de Ninon.

À n'en pas douter, Ninon de Lenclos est une autodidacte. Mais, dans les années 1650, alors qu'elle atteint la trentaine, sa culture, enrichie par tous ces contacts, a pris de la consistance. Est-elle vraiment devenue une femme des Lumières ? Sans doute sa pensée n'est-elle pas aussi brillante que celle de Mme de Rambouillet ou de Mme de Sablé. Mais elle pousse le libertinage au sommet de son art.

La grande passion pour Villarceaux

Amorcée en 1651, une grande passion naît puis se renforce entre Ninon de Lenclos et Louis de Mornay, marquis de Villarceaux, capitaine-lieutenant des chevau-légers de Gaston d'Orléans, un homme fort riche et fort débauché. Proche de Louis XIV, il est capitaine de sa meute pour courir le lièvre et le renard. Mais ce bel homme de trente-trois ans sait également composer de fort élégantes poésies galantes. Saisi par la passion, Villarceaux ne peut supporter de partager Ninon : il l'enlève. Il est vrai qu'en cet été 1652, elle est enceinte et doit donc cacher le fruit de son péché. N'attend-elle pas un enfant d'un homme marié et en vue ? Le marquis ne peut imposer à son épouse, Denise de La Fontaine d'Esche, une telle promiscuité en son château de Villarceaux dans le Vexin normand. Aussi l'installe-t-elle chez un voisin, dans le château de Valliquierville, à Rueil, distant d'une vingtaine de kilomètres de Villarceaux. Durant l'été, Ninon accouche d'un fils, François de Bonrepau, chevalier de La Boissière, futur capitaine de vaisseau, nommé plus tard commissaire général de la marine du Ponant (l'escadre de l'Atlantique), un poste de tout premier plan. Reconnu par Villarceaux, éduqué par sa mère, il connaît donc une carrière de marin, commandant déjà un navire à Toulon l'année de la mort de Ninon, en 1705. Son père l'a légitimé avant de mourir en 1690. Sans doute Ninon a-t-elle eu un second enfant avec Villarceaux, mort en bas âge, comme le quart ou le tiers des bébés de l'époque. Quant aux maternités de Ninon, Tallemant prétend qu'elle en aurait eu quatre au total. Les deux premiers avant les enfants de Villarceaux, soit un fils de Miossens, maréchal d'Albret, et un autre du chevalier de Méret.

La liaison amoureuse de Ninon et de Villarceaux dure jusqu'en 1656, même si Ninon est de retour à Paris dès la fin de l'année 1652.

En 1653, la publication des *Poésies choisies* de Luillier dépeint Ninon comme une intellectuelle, une musicienne, une âme voluptueuse, une séductrice. Rien qui égratigne son image alors que son salon est à la mode et qu'elle tente, désespérément, de faire oublier qu'il y a vraiment beaucoup d'hommes autour d'elle.

En 1654, elle s'installe dans une maison de la rue de Richelieu. Villarceaux loue lui-même un logement juste en face, nous précise Tallemant, et il la surveille. Cette constance envers elle, l'amour que Villarceaux porte à leur fils, sa générosité financière, tout concourt à créer un véritable sentiment chez Ninon. Pour la première fois, elle aime un homme qui s'est durablement attaché à elle. C'est d'ailleurs en cette année 1654 qu'elle conçoit un second enfant de lui : ils séjournent de nouveau à la campagne. En signe de fidélité, elle sacrifie sa chevelure et la lui fait porter. Le message est clair : en sacrifiant sa beauté, elle lui signifie qu'elle lui appartient tout entière. Tallemant, définitivement dépassé par cette Ninon qu'il observe depuis si longtemps et fort déçu, se résout à écrire ces quelques mots de dépit : *Elle vieillit, elle devient constante.*

Cependant, Ninon se lasse, d'autant que la jalousie de Villarceaux l'indispose de plus en plus. Elle accepte alors les hommages de son ancien amant, Miossens, maréchal d'Albret. Début 1656, elle lui cède, brûlant selon le vers même de Saint-Évremond, *d'une flamme légère, vive et brillante et toujours passagère. Être inconstante aussi longtemps qu'on peut, car un temps vient qui ne l'est pas qui veut,* ajoutait le poète, sans doute en pensant à Ninon.

Jetée en prison comme une fille de mauvaise vie

C'est en mars 1656 que Ninon subit l'épreuve la plus rude de sa vie. Anne d'Autriche, encouragée par la maréchale de Gramont et Mme de Vendôme, affirme Tallemant, fait enfermer Ninon de Lenclos au couvent des Madelonnettes, rue des Fontaines, au quartier Saint-Martin, un endroit où l'on se débarrasse des filles de mauvaise vie. Victime de la politique d'ordre moral et de la haine des dévots, Ninon est accusée *de jeter la jeunesse de la cour* (où elle ne sera d'ailleurs jamais admise) *dans le libertinage,* mais également de manifester trop ouvertement son impiété. Ramenée au rang de simple prostituée, Ninon en est humiliée. Ses amis s'organisent et obtiennent, six mois plus tard, qu'elle soit transférée dans un couvent de Lagny, alors aux mains de la congrégation bénédictine de Saint-Maur. Elle y demeure également une demi-année. Elle est toutefois autorisée à recevoir des visites. Des Réaux indique que ses visiteurs sont si nombreux qu'ils enrichissent l'auberge de Lagny, *L'Épée royale.* Mais ce témoignage est suspect, car il n'en fournit qu'un seul exemple, le luxurieux abbé de Boisrobert. Le 24 septembre 1656, l'ex-reine Christine de Suède vient rendre visite à Ninon de Lenclos dans son monastère-prison. Célèbre dans l'Europe entière, ayant été reçue par la reine mère et le roi, Christine de Suède est une personnalité inclassable. On la sait aussi savante que les plus grands érudits, et sa volonté de s'habiller en homme reflète sa volonté de s'affranchir des codes et de vivre pleinement une existence de femme libre. Comment ne choisirait-elle pas d'aller témoigner sa solidarité à Ninon, intercédant auprès du roi Louis XIV pour obtenir sa libération ? Celle-ci n'intervient qu'au printemps 1657.

Clélie

En la capitale, nul n'a oublié Ninon. Dès 1657, après s'être réinstallée rue des Tournelles, dans le Marais, où elle mourra en 1705, elle se voit célébrée par plusieurs écrivains et poètes. Dans sa *Clélie*, parue en 1658, Mlle de Scudéry la peint sous les traits de Clarice. *Une femme de fort belle taille et d'une grandeur agréable, capable de plaire à tout le monde par un certain air naturel qui lui donne bonne grâce. Elle a les cheveux du plus beau châtain qu'on ait jamais vu, le visage rond, le teint vif, la bouche agréable, les lèvres fort incarnates, une petite fosse au menton qui lui sied fort bien, les yeux noirs, brillants, pleins de feu, souriants et la physionomie fine, enjouée et fort spirituelle.* Un portrait qui correspond assez bien à celui peint par Mignard et qui se peut admirer au musée royal des Beaux-Arts de Bruxelles. Car, comme le dit avec délicatesse notre cher Tallemant des Réaux : *Pour la beauté, elle n'en a jamais eu beaucoup, mais elle a toujours eu beaucoup d'agréments.*

Mlle de Scudéry n'en a point fini du portrait de Ninon, ajoutant que *pour de l'esprit, Clarice en a sans doute beaucoup et elle en a même d'une certaine manière dont il y a peu de personnes qui en soient capables, car elle l'a enjoué, divertissant et commode pour toutes sortes de gens, principalement pour des gens du monde...*

Un autre auteur, Antoine Baudeau de Somaize, dans son *Dictionnaire des précieuses* datant de 1661, comme dans *L'Amour échappé* de 1669, avoue *que son esprit est plus charmant que son visage,* soulignant *qu'elle parle bien.* Et il ajoute : *Son esprit est vif et pénétrant, et se tourne toujours selon les personnes avec qui elle est.* Comment faire un plus joli compliment ?

Mais c'est l'*Encyclopédie* de Diderot et d'Alembert qui immortalise Ninon. D'Alembert y écrit : *Notre fameuse Ninon de Lenclos peut être regardée comme la Léontium moderne* [philosophe aimée d'Épicure] *mais elle n'a pas eu beaucoup de semblables, et rien n'est plus rare parmi nous que les courtisanes philosophes.*

Ninon de Lenclos tient-elle vraiment salon dans ses deux pièces du premier étage de la rue des Tournelles, richement ornées de splendides et immenses miroirs (un grand luxe à l'époque) mais aussi de tableaux de valeur ? Une petite pièce, sans doute un cabinet, complète l'installation. Il semble bien qu'elle ne dispose ni de la fortune ni de l'espace nécessaires à l'organisation de grandes réceptions. Elle reçoit ses relations par petits groupes. Et ne concurrence en rien les salons littéraires du XVIIe siècle. Sans doute Marion de Lorme, au temps de sa splendeur, rassemble-t-elle autour d'elle plus d'artistes et surtout plus de grands noms de la noblesse que Ninon. Mais celle-ci a plus de relations appartenant aux milieux intellectuels.

Ninon de Lenclos *versus* Françoise d'Aubigné

C'est à partir de 1657 que le destin de ces deux femmes qui se connaissent vient à se croiser. Comment ne seraient-elles pas sensibles à leurs destinées si voisines ? Toutes deux ont été sacrifiées, presque vendues à des hommes fortunés, Coulon pour Ninon, le poète infirme Scarron pour Françoise, afin d'éviter de chuter dans la misère ! Toutes deux sont belles et douées pour la conversation, et l'on murmure qu'elles ont ensemble concouru à la rédaction d'un livre érotique qui fit scandale lors de sa parution en 1655, *L'École des filles*, signé par un certain Jean L'Age, à l'évidence un pseudonyme. Scarron connaît bien Ninon et fréquente son salon. À la mort de Scarron, en 1660, la proximité géographique des deux femmes les rapproche. La réputation vertueuse de Mme Scarron, en partie usurpée, ne résiste guère à la disparition du poète. Le marquis de Villarceaux triomphe, semble-t-il, aisément de la future Mme de Maintenon et il est presque certain, selon Tallemant, *qu'il soit devenu leur galant* à toutes deux. Il est également probable que celle – sa propre épouse – que Scarron a publiquement et avec quelque amusement (il ne peut guère l'honorer, sauf à la caresser) accusée d'homosexualité ait trouvé quelque réconfort auprès de Ninon de Lenclos. D'autant qu'elle a, durant plusieurs mois, logé chez Ninon.

Ultimes feux

Depuis la mort de Coulon et la séparation d'avec Villarceaux, Ninon recherche un nouveau financier. Elle le trouve en la personne de Gérard du Burg, président au parlement de Bordeaux et conseiller du roi. Ayant acquis à parts égales avec lui la maison des Tournelles, elle fait rédiger un acte notarié de réciproque donation au dernier vivant. Lorsqu'il disparaît en 1675, elle dispose d'un patrimoine mobilier suffisamment important pour n'avoir plus besoin de le remplacer. À l'approche de la quarantaine, la voilà totalement tranquillisée. Il lui faut à présent donner le change en matière religieuse : l'affaire des Madelonnettes a servi d'avertissement. Elle reçoit désormais quelques abbés, dont l'abbé de Pons, qui ne tarde pas à lui déclarer sa passion. Plus tard, elle s'efforce de faire bonne figure, se rendant à la messe dominicale, mais aussi aux cérémonies du Carême et de l'Avent.

En ce mois de mars 1671, Ninon n'est âgée que de quarante-huit ans lorsqu'elle rencontre au théâtre Charles de Sévigné, le fils d'Henri. Militaire valeureux, Charles dilapide l'argent de sa mère. Il sort alors avec

Mlle Raymond, l'une des cantatrices les plus réputées de l'époque. Après le père, le fils, âgé de vingt-trois ans, espère Ninon de Lenclos. À son savoir-faire redoutable, le jeune homme ne résiste guère. Le voilà, selon l'expression même de Mme de Sévigné dans une lettre à sa fille, *sous les lois de Ninon.* La divine marquise est inquiète, non pas tant de leurs ébats que de l'influence perverse de Ninon. Elle écrit : *Qu'elle est dangereuse, cette Ninon ! Elle dogmatise sur la religion avec un zèle extrême pour pervertir les jeunes gens.* Puis y revient dans un autre courrier : *Votre frère est dans le bel air par-dessus les yeux. Point de Pâques, point de jubilé, avaler le péché comme de l'eau.* Durant toute la Semaine sainte, Ninon le dévergonde. Cependant, comme Henri, Charles est trop insouciant. Il court deux lièvres à la fois, faisant également sa cour à une grande tragédienne, La Champmeslé. Il la partage alors avec Racine et, semble-t-il, Boileau. Deux mois plus tard, Ninon le renvoie, fort déçue. Il en est blessé nous dit sa mère : *Ninon l'a quitté. Il était malheureux quand elle l'aimait, il est au désespoir de n'être plus aimé.* Quant à Ninon, elle se venge, déclarant à ceux qui l'écoutent, nous rapporte toujours la marquise, que Charles *est une âme de bouillie, un corps de papier mouillé, un cœur de citrouille fricassé dans de la neige.*

Sans doute Tallemant a-t-il raison : Ninon a vieilli. Elle se comporte en femme haineuse et vindicative. Indigne d'elle ! Et elle se montre très imprudente, revenant à des attitudes hostiles à la religion que le roi Louis XIV tolère moins encore que sa mère.

La légende de Molière

On a beaucoup écrit sur les relations ayant existé entre Molière et Ninon de Lenclos. Le grand auteur aurait écrit *Les Précieuses ridicules, L'École des femmes* et *L'École des maris* pour défendre Ninon. Et celle-ci aurait relu sa première version du *Tartuffe.* De cette belle histoire, rien n'est vrai. Il est probable qu'elle n'a jamais rencontré Molière. Le seul témoignage dont nous disposons est bien douteux. Boileau, nous dit Émile Magne dans son ouvrage consacré à *Ninon de Lenclos,* aurait déclaré que Ninon et Mme de La Sablière ont composé les chœurs en latin burlesque du *Malade imaginaire.* Ce qui paraît hautement improbable, Molière n'ayant pu choisir une personne n'entendant pas un traître mot de latin, comme Ninon, pour les arranger.

Le temps des abbés

Une lettre de Saint-Évremond l'affirme dans les années 1680 : *Vous êtes plus spirituelle que n'était la jeune et vive Ninon.* Pourtant, Ninon voit tous ceux qui la fréquentent, l'entretiennent et l'aiment partir avant elle. Entre 1675 et 1691, du Burg, Miossens, d'Elbène, Charleval et Villarceaux meurent. Elle ne les remplace pas. Elle a pris l'habitude d'être invitée chez Mme de Coulanges, chez Mme de La Sablière et d'y rencontrer le meilleur monde : Mme de Hautefort, Mme de Lafayette, Mme de La Feuillade… Des hommes encore jeunes recherchent sa compagnie, comme M. de Fontenelle (qui deviendra centenaire), et quelques abbés, comme celui de

Châteauneuf. Saint-Simon affirme que *sa conversation était charmante. Tout y était délicat, léger, mesuré, et formait les conversations, qu'elle sut soutenir par son esprit et par tout ce qu'elle savait des faits de tout âge, la considération, chose étrange, qu'elle s'était acquise, le nombre et la distinction de ses amis et de ses connaissances, quand les charmes cessèrent de lui attirer du monde, quand la bienséance et la mode lui défendirent de plus mêler le corps avec l'esprit.* Ainsi va désormais la vie mondaine pour Ninon de Lenclos.

Bien qu'elle n'ait nullement cru à la vie surnaturelle, elle s'entoure, vers la fin, tout autant d'abbés que de mondains. Si les marquis de Clérambault et de La Fare la courtisent encore dans les années 1690 – elle a soixante-sept ans –, les rumeurs de ses derniers exploits amoureux prêtent à sourire. Il est, en effet, peu probable qu'elle ait déclenché, en 1694, des pulsions irrésistibles chez deux jésuites âgés de la trentaine, le chanoine Gédoyn et l'abbé Fraguier, futur académicien français. N'a-t-elle pas alors soixante et onze ans, même si elle conserve encore grande allure ? Comme nous l'apprend sa correspondance avec Saint-Évremond, elle tombe malade dès 1696, et Voltaire précise, l'ayant rencontrée dans les dernières années de sa vie, *qu'elle était une décrépie ridée qui n'avait sur les os qu'une peau jaune tirant au noir,* précisant par ailleurs avec sa plume acerbe *qu'elle était sèche comme une momie.*

Avant de mourir en 1705, à quatre-vingt-deux ans, elle a le temps de recevoir le jeune Voltaire, alors âgé de dix ans, présenté par son parrain l'abbé de Châteauneuf.

Elle sait distinguer son esprit vif et précoce, lui léguant deux mille francs pour acheter des livres. Cette somme, pourtant rapportée par Voltaire, semble fausse, le testament ne couchant le jeune homme que pour la moitié de ce montant.

En ce Grand Siècle si émancipé tant au plan de la liberté de pensée qu'à celui des mœurs et du sexe, Ninon de Lenclos sait, tout en respectant les codes de l'élégance des conversations et du respect des convenances, développer sans véritable hypocrisie une carte du Tendre infiniment plus dirigée vers la satisfaction des sens que celle des Précieuses. Après avoir été une prostituée de luxe, elle parvient à tenir salon et à attirer les plus grands noms du royaume sans jamais sacrifier le plaisir de la chair mais en l'anoblissant à l'aune de préparatifs pleins de subtilité. Et comme le dit l'un de ses contemporains, Mlle de Lenclos ne se montrait pas à tout le monde d'une façon semblable.

Née pauvre, elle mourut dans l'aisance et dans le respect des meilleures intelligences de son époque, ayant toujours vécu en femme libre.

Mme de Maintenon, une bien curieuse dévote

La troisième favorite officielle

Unie au roi Louis XIV en 1660, Marie-Thérèse, infante espagnole, fille de Philippe IV, ne tient guère son rang. Non seulement elle ne parle pas français, mais elle refuse la vie de cour, préférant demeurer au sein de ses appartements. Certes, elle est fort pieuse et accomplit ses tâches caritatives avec un sens du devoir qui force l'admiration. Elle visite les pauvres, les malades et finance bien des couvents. Elle donne six enfants au roi, qui tous meurent. Le seul survivant, le Grand Dauphin, décède en 1711, avant même la mort de son père. Il lui faut supporter, c'est vrai, sans murmurer l'infidélité d'un époux qu'elle n'a manifestement guère comblé.

Le roi Louis XIV tombe, dès 1661, amoureux de la belle Louise de La Baume Le Blanc, même s'il tente de la cacher jusqu'au décès de sa mère, en 1666. Mais c'est un secret de polichinelle ! Magnifique blonde, dame d'honneur d'Henriette d'Angleterre (l'épouse de Monsieur frère du roi), elle fait preuve, de façon étonnante en ce milieu, d'un parfait désintéressement. Son charme extrême en dépit d'une légère claudication, sa jeunesse (elle n'est âgée que de dix-sept ans), ses talents de cavalière émérite déchaînent la passion royale. Louis aura cinq enfants de Louise, dont trois meurent en bas âge. C'est lorsque, enfin, la favorite se montre en plein jour que son déclin s'amorce. En effet, vers la fin de l'année 1666, le roi s'éprend d'une femme mariée, Françoise Athénaïs de Rochechouart de Mortemart, marquise de Montespan. À vingt-six ans, cette blonde au corps parfait, femme de goût et d'esprit, sait séduire le souverain. C'est probablement au printemps 1667, aux armées, qu'elle lui cède malgré sa droiture et sa dévotion religieuse. Face à cette femme pleinement adulte, autoritaire, railleuse, jalouse, qui lui tient tête, Louis XIV abandonne timidité et maladresse.

Cependant, Louis ne veut point transformer sa cour en harem. Ayant accordé à Mlle de La Vallière le titre de duchesse de Saint-Christophe et de Vaujours, il ne l'abandonne point tout à fait. Alors que Louise continue de l'aimer de toute son âme, il est, pour sa part, fort satisfait de revenir vers elle lorsque, presque chaque année, la Montespan est grosse. Ainsi le roi s'affiche-t-il avec ses deux maîtresses, tant à Versailles qu'en province. Toutefois, en 1670, une lourde maladie conduit Louise aux portes de la mort. Guérie, ayant pris conscience que c'est Dieu qui châtie ainsi son péché, elle s'enfuit au couvent de la Visitation de Chaillot. Le roi exige son retour à la cour. Colbert en personne l'exfiltre du monastère. Néanmoins, trois années plus tard, en 1674, elle obtient l'autorisation royale de mettre fin à sa position humiliante de favorite de rechange. Et se retire définitivement au carmel du faubourg Saint-Jacques non sans avoir demandé pardon à la reine. Aussi celle-ci rendra-t-elle visite, de temps à autre, à sœur Louise de la Miséricorde. L'ancienne favorite meurt en 1710.

La marquise de Montespan, devenue maîtresse en titre en 1674, a donné, dès 1669, de nombreux enfants au roi, huit au total (dont deux meurent en bas âge), tous reconnus par le souverain. Mlle de Blois, le duc du Maine et le comte de Toulouse connaîtront de belles carrières. La Montespan qui, contrairement à Louis XIV, ne s'intéresse guère à sa progéniture, souhaite la confier à une femme qu'elle a connue à l'hôtel du maréchal d'Albret, comte de Miossens, Mme Scarron. Cette Mme Scarron est fort réputée dans la haute société de l'époque pour avoir élevé, avec un dévouement total, les enfants de la marquise d'Heudicourt, dame d'honneur de la reine Marie-Thérèse. Françoise Scarron prend sa charge en 1670, ne pouvant empêcher la mort, à trois ans, du premier enfant (né un an avant sa prise de fonction). Elle s'occupe du deuxième, le futur duc du Maine, dès sa naissance, ainsi que des suivants, le comte du Vexin, Mlle de Nantes, Mme de Tours, Mme de Blois et le comte de Toulouse.

Cependant, la marquise de Montespan éprouve bien des difficultés à écarter des rivales d'un roi saisi par une sorte de frénésie sexuelle à l'approche de la quarantaine. Sans doute ne se soucie-t-elle guère des passades avec une femme de chambre, mais elle se défend bec et ongles contre toutes ces demoiselles de la noblesse qui rêvent de passer une nuit dans la chambre royale. Ainsi écarte-t-elle toutes les prétendantes, comme Mlle de Rouvroy, la princesse de Soubise et surtout Marie-Élisabeth de Ludres. Louis XIV se lasse des scènes homériques de la Montespan, dont les naissances successives ont abimé la ligne, laissant apparaître un certain embonpoint. En 1678-1679, il la délaisse au profit d'une jeune fille de dix-huit ans, Marie Angélique de Scorailles de Roussille, duchesse de Fontanges, une demoiselle d'honneur de la Palatine, belle-sœur du roi. Si cette éclatante beauté n'a guère d'esprit, elle donne au roi deux enfants morts. Elle décède, sans doute mal remise de son dernier accouchement, empoisonnée disent d'autres, en 1681. Le roi s'est déjà lassé d'elle.

Lorsque l'affaire des Poisons éclate, Athénaïs se trouve gravement impliquée. Elle n'est pas femme à céder la place : a-t-elle voulu empoisonner le roi plutôt que de le perdre ? C'est bien peu probable. A-t-elle fait confectionner par La Voisin des philtres et des poudres destinés à raviver la flamme royale ? C'est plus que vraisemblable. Est-elle allée jusqu'à célébrer, nue, une messe noire au cours de laquelle un nouveau-né aurait été sacrifié ? Nul ne le sait, mais une telle dérive semble étrangère à une femme demeurée très profondément croyante. Effrayé par les effroyables révélations qu'il entend de son lieutenant général de police, La Reynie, Louis XIV se sépare de la Montespan. Il la pense innocente, mais il s'en éloigne sans la renvoyer. Elle perd sa charge de surintendante de la reine en 1683 mais ne quitte la cour qu'en 1691 pour se consacrer à une vie de méditation et de prière. Elle meurt en 1707 d'une attaque d'apoplexie.

Vient alors l'heure de Mme Scarron, future Mme de Maintenon, véritable rivale de la Montespan depuis 1673 ou plus probablement 1674. C'est que, venant souvent rendre visite à ses enfants naturels à qui il voue beaucoup d'affection, le roi tombe sous le charme de la préceptrice, la veuve Scarron, dès 1670 ou 1671. Louis XIV, ayant reconnu ses enfants naturels fin 1673, les appelle à rejoindre la cour début 1674. Mme de Maintenon les accompagne naturellement à Versailles… et reçoit, en récompense de ses bienfaits, le marquisat de Maintenon. Elle devient en 1679 seconde dame d'atour de la nouvelle dauphine. À partir de 1681, la veuve Scarron n'a plus aucune rivale…

Née en prison et mariée à un infirme

Quelle destinée que celle de Françoise d'Aubigné née en prison, mariée à un écrivain paralysé, éducatrice des bâtards royaux de la Montespan et finalement épouse secrète du plus grand roi de l'histoire de France durant trente-deux années…

Françoise d'Aubigné naît en 1635 à la prison de Niort. Son père, huguenot, fils du grand poète Agrippa d'Aubigné, y purge une peine pour avoir conspiré contre Richelieu. Sa mère, Jeanne de Cardilhac, a exigé d'être enfermée avec son époux. Le père n'est pourtant pas un personnage bien intéressant, ayant déjà encouru des condamnations comme débiteur insolvable, faussaire et même criminel. À l'âge de trois ans, la petite fille est confiée à sa tante Louise-Arthémise d'Aubigné, dont le mari sert comme lieutenant du roi en Poitou. À huit ans, ses parents la reprennent, le père venant d'être libéré par Mazarin. Le couple tente de faire fortune aux Antilles. C'est un fiasco total et la ruine familiale. Françoise d'Aubigné se voit alors placée sous la tutelle de la comtesse de Neuillant, épouse du gouverneur de Niort, dont la fille a été l'une de ses compagnes de baptême. C'est un ordre d'Anne d'Autriche en personne, cherchant ainsi à sauver une âme huguenote, qui est venue depuis Paris. La comtesse s'efforce d'élever la jeune fille de onze ans dans la religion catholique. Fort maltraitée, exploitée comme servante, Françoise se forge un caractère résistant. Tout en se cultivant. Ayant fait plusieurs séjours chez les Usurlines, elle vient à Paris en compagnie de Mme de Neuillant. Celle-ci fréquente les salons, en particulier celui du poète Scarron, *une maison qui est,* affirme Segrais, *le rendez-vous de tout ce qu'il y a de plus poli à la Cour et de tous les beaux esprits de Paris.*

Ce poète est atteint d'une maladie étrange qui lui tord jambes et bras, courbant en outre son dos. Il ne peut plus, bientôt, se déplacer que sur un brancard. Mais son esprit fait oublier son aspect. Seul son estomac fonctionne encore à merveille : aussi fait-il bombance, les joies de la table étant les seules qui lui restent accessibles. Anne d'Autriche consent à lui accorder une pension de cinq cents écus. C'est la raison de son surnom : « le malade de la reine ». Son premier ouvrage publié en 1643, *Recueil de quelques vers burlesques,* rencontre un vif succès. Et en 1645, sa comédie, *Jodelet ou le maître valet,* est un véritable triomphe. Disposant ainsi de quelques ressources qu'il s'empresse de dépenser dans le plus grand désordre, l'écrivain est devenu l'une des coqueluches du Paris cultivé. Il écrit beaucoup, et son esprit critique, sa verve, son langage trivial et ses réparties font rire les visiteurs, qui se pressent à son domicile. Il vit alors avec Céleste de Harville-Palaiseau, qui a autrefois été sa maîtresse, du temps où il n'était pas difforme.

Lors de sa première visite en compagnie de Mme de Neuillant, Françoise pleure beaucoup, effrayée par l'aspect physique de Scarron mais aussi par compassion. Scarron ne l'a pas spécialement remarquée. La fille de son ami Tiradeau, Mlle de Saint-Herman, s'est pourtant liée avec Françoise. Et toutes deux échangent des lettres. Mlle de Saint-Herman trouve celles qui lui sont adressées très remarquables. Elle les montre à Scarron. Il en est si charmé qu'il écrit à Françoise d'Aubigné : *À cette heure que vous êtes découverte, vous ne devez point faire difficulté de m'écrire aussi bien qu'à Mlle de Saint-Herman. Je ferai tout ce que je pourrai pour vous faire voir une aussi bonne lettre que la vôtre, et vous aurez le plaisir de voir qu'il s'en faut de beaucoup que j'ai autant d'esprit que vous.*

Comment résister à une telle proposition ? Une correspondance s'établit entre eux. Mme de Neuillant saisit l'opportunité qui se présente et les voilà fréquentant assidûment l'hôtel de Troyes où vit Scarron. Françoise d'Aubigné sait qu'il lui faut désormais, Mme de Neuillant s'impatientant, choisir entre le couvent et Scarron. À dix-sept ans, la jeune femme ne souhaite pas s'enfermer à vie, mais le mariage avec un être burlesque et difforme est une véritable gageure.

C'est pourtant la voie qu'elle choisit, certaine de jouer le rôle de garde-malade. Car le malheureux Scarron, qui s'est décrit lui-même en 1630, est dans un état pitoyable : *J'ai trente ans passés… J'ai la taille bien faite, quoique petite. Ma maladie l'a raccourcie d'un bon pied. J'ai des cheveux, assez pour ne point porter perruque ; j'en ai beaucoup de blancs, en dépit du proverbe… Mes dents, autrefois perles carrées, sont de couleur de bois et seront bientôt de couleur d'ardoise. J'en ai perdu une et demie du côté gauche et deux et demie du côté droit, et deux un peu égrignées. Mes jambes et mes cuisses ont fait premièrement un angle obtus, puis un angle égal, et enfin un aigu. Mes cuisses et mon corps en font un autre, et, ma tête se penchant sur mon estomac, je ressemble pas mal à un Z. J'ai les bras raccourcis aussi bien que les jambes et les doigts aussi bien que les bras. Enfin, je suis un raccourci de la misère humaine.*

Cependant, Scarron prépare son union, vend son canonicat et obtient du duc d'Orléans un prieuré rapportant deux mille livres l'année qu'il fait verser au profit de Céleste de Harville-Palaiseau, qui s'est jusqu'alors dévouée pour lui. Comme on le constate, Scarron est un grand cœur. Et il écrit une nouvelle comédie, *Don Japhet d'Arménie,* qui connaît un brillant succès à l'Hôtel de Bourgogne. Le mariage a lieu devant notaire le 4 avril 1652, et c'est Scarron qui apporte ses biens à la belle Françoise d'Aubigné, dont la dot s'élève en tout et pour tout à quatre louis de rente. Le mariage religieux se déroule, sans doute quelques jours plus tard, dans l'oratoire privé du poète. Et lorsque le curé soulève, comme il en a le devoir, la question de la consommation du mariage, Scarron déchaîne l'hilarité générale en lançant : *C'est l'affaire de Madame et de moi*, affirme Jean-Paul Desprat dans son *Madame de Maintenon.*

Après avoir habité quelque temps chez Françoise Scarron, la sœur du poète, le couple s'installe, en 1654, dans un hôtel rue Neuve-Saint-Louis.

La nouvelle épouse, Françoise Scarron, précise le chevalier de Méré dans une lettre adressée à la duchesse de Lesdiguières, est *fort belle et d'une beauté qui plaît toujours, elle est douce, reconnaissante, secrète, fidèle, modeste, intelligente, et pour comble d'agrément, elle n'use de son esprit que pour divertir ou pour se faire aimer. Et ce que j'admire d'une si jeune personne, c'est que tous les galants ne sont bien reçus auprès d'elle qu'autant qu'ils sont honnêtes gens, et suivant cette règle il me semble qu'elle n'est pas en grand danger.*

C'est qu'à l'hôtel des Scarron se presse le meilleur monde : Turenne, le maréchal d'Albret, celui d'Aumont, les ducs d'Elbeuf et de Sully. Mais également tous ceux qui font une cour assidue à la belle Françoise : le chevalier de Méré, le comte de Lude et le sieur de Raincy, sans oublier les écrivains comme Boisrobert, Ménage, Costar, d'Assoucy, Saint-Amant, Colletet et bien sûr le tout-puissant Chapelain, officieux « ministre des Lettres » selon l'heureuse expression d'Auguste Bailly.

Madame Scarron sait afficher une parfaite rigueur morale sans jamais se montrer hautaine ni céder à quiconque. Attachée à son devoir, bénéficiant de cette ambiance qui domine le siècle, elle se veut précieuse, privilégiant l'amitié amoureuse et l'échange intellectuel. Maîtresse d'elle-même, affirmant son indépendance et son goût de la lecture et de la culture, elle illustre parfaitement la volonté des femmes de dicter leur loi. Et gagne ainsi l'admiration de tous.

Après huit années passées à soigner son mari, elle retrouve sa liberté à vingt-cinq ans, en octobre 1660, lorsque Scarron vient à mourir. Il quitte le monde avec élégance après avoir rédigé une épitaphe des plus plaisantes :

Celui qui ci maintenant dort
Fit, plus de pitié que d'envie,
Et souffrit mille fois la mort
Avant de perdre la vie

Passant, ne fais ici de bruit :
Garde bien que tu ne l'éveilles,
Car voici la première nuit
Que le pauvre Scarron sommeille.

Mais il laisse sa veuve sans un sou et criblée de dette. Femme de tête, Françoise Scarron, malgré un passif dépassant de douze mille livres l'actif, se bat avec une grande énergie. Discutant, marchandant, vendant des tableaux de Poussin et de Mignard (son propre portrait), elle parvient à payer ses créanciers, à dédommager ses domestiques et à rembourser ses amis. Il ne lui reste pratiquement rien. Elle en sourit elle-même, forçant quelque peu le propos quand elle écrit (nous disposons, en effet, de ses lettres adressées à son frère, à l'abbé Gobelin, aux éducatrices de Saint-Cyr, à la princesse des Ursins, à Mme de Caylus, aux Noailles) : *Je ne suis pas destinée à être heureuse, mais, entre nous, dévots, nous appelons cela les visites du Seigneur, et nous mettons tout au pied de la Croix avec une grande résignation.*

Une veuve discrète

Françoise Scarron dispose de quelques amies influentes : au premier chef la maréchale d'Albret, mais également Mme de Motteville, Mme de Montausier et la maréchale de Navailles. Toutes interviennent auprès d'Anne d'Autriche, soulignant sa conduite irréprochable et sa parfaite dévotion : elle obtient une pension de deux mille livres. Dès lors, indépendante financièrement, appartenant au parti dévot, elle peut faire son entrée dans les meilleurs salons de la capitale. Devenue presque la dame de compagnie de la maréchale d'Albret, dont elle partage les repas, elle sait, par ailleurs, peut-être, repousser les avances de Villarceaux tout en fréquentant également Ninon de Lenclos. Son brio intellectuel, sa finesse, son esprit subtil lui permettent de plaire et de briller. Jamais compromise, elle devient l'amie de la marquise de Sévigné, de Mme de Lafayette, de Mme de Coulanges… Et elle rencontre Mme de Montespan, la flamboyante Athénaïs, qui fréquente comme elle l'hôtel d'Albret alors que la maîtresse royale en titre est encore Mlle de La Vallière. Les deux femmes ont d'emblée reconnu leur valeur réciproque, leurs joutes verbales en témoignent. Ce qui n'est alors que rivalité amicale va se transformer, quelques années plus tard, en haine implacable.

Cependant, Françoise Scarron s'est dotée en 1666 ou 1668 d'un confesseur, un véritable directeur de conscience, en la personne de l'abbé Gobelin, un homme sévère qui ne cesse d'exiger d'elle les conduites les plus rigoureuses. Il va jusqu'à lui ordonner de cesser le péché d'orgueil en laissant Mme de Montespan briller seule à l'hôtel de Richelieu.

Avec Mme de Montchevreuil, une douce amitié s'installe. La voilà presque intendante et en charge des enfants à qui elle enseigne le catéchisme et bien d'autres matières plus laïques. Elle passe l'été à Montchevreuil, où elle peut rencontrer Villarceaux, qui ne lui est nullement indifférent.

Secrète, d'une très grande beauté (dont témoigne René de Saint Léger de Boirond dans ses *Mémoires* lorsqu'il écrit : *Elle était charmante de sa personne…, le visage d'un bel ovale, le teint beau quoiqu'un peu brun mais bien coloré et fort fin, des grands yeux noirs, les plus beaux du monde, les cheveux aussi fort noirs, la bouche assez grande, bien vermeille et bien meublée…),* la veuve Scarron se trouve pourtant de nouveau menacée à la mort d'Anne d'Autriche, en 1666, de ne plus recevoir sa pension.

L'obligée de Mme de Montespan

C'est en 1669 que Mme de Montespan décide de confier ses bâtards royaux aux bons soins de Mme Scarron. Elle prend ses fonctions début 1670 après avoir obtenu l'accord de l'abbé Gobelin, l'Église ayant toujours condamné les amours royales hors mariage. Habile homme, Gobelin sait dépasser la contradiction, indiquant qu'il faut distinguer chez le roi « entre la personne humaine et la personne sacrée ». Certes, il est coupable en tant qu'homme, mais seule l'Église a le droit de le condamner. Son sujet, Mme Scarron ne l'a aucunement. D'ailleurs, la dévote Mme Scarron n'est-elle pas l'instrument de la Providence. En s'occupant des bâtards, ne parviendrait-elle pas à influencer le roi et à le ramener sur le droit chemin ?

D'abord, s'occupant de la première née en 1669, puis du duc du Maine, venu au monde en mars 1670, Mme Scarron se trouve bientôt investie d'une lourde responsabilité. Désormais, les deux premiers bâtards sont installés à Vaugirard et occupent entièrement son temps. Il lui faut diriger l'action des nourrices et des serviteurs, organiser la vie des enfants, dont le nombre va croissant. Mais, après quelques mois, elle dégage son emploi du temps et retourne vers les salons qui se sont étonnés de son absence, en particulier ceux des Albret et des Richelieu. Elle mène ainsi une double vie.

Le roi Louis XIV vient voir ses bâtards avec un intérêt marqué, mais sans leur mère qui les délaisse. Dans ses

Mémoires, Mme de Caylus précise qu'*il faut avouer que le roi, dans les premiers temps, eut plus d'éloignement que d'inclination pour Mme de Maintenon, mais cet éloignement n'était fondé que sur une espèce de crainte de son mérite et sur ce qu'il la soupçonnait d'avoir dans l'esprit le précieux de l'hôtel de Rambouillet* [Louis XIV craint l'esprit frondeur de ces Précieuses qui y ont élu leur quartier général] *dont les hôtels d'Albret et de Richelieu, où elle avait brillé, étaient une suite et une imitation...*

Cependant, le roi sait observer : il est séduit par l'amour maternel dont Mme Scarron fait preuve envers ses enfants, y retrouvant sans doute toute l'affection qu'il a lui-même, enfant du miracle, trouvée auprès de sa mère Anne d'Autriche. Et le roi n'est déjà plus insensible à la beauté de Françoise puisque Mme de Caylus relève ainsi l'une de ses remarques : *Elle sait bien aimer, il y aurait du plaisir à être aimé d'elle.*

Pourtant, Mme Scarron évite de se mettre en valeur, privilégiant au contraire dans ses conversations avec le roi les propos de bon sens. Sans doute le roi est-il étonné d'une telle attitude tant il connaît sa réputation d'esprit pétillant. Cette femme le repose de ses deux maîtresses, la trop complaisante Louise et la trop capricieuse Athénaïs. Et l'intrigue : descendante d'un compagnon d'Henri IV, veuve d'un poète maudit, la voilà désormais consacrée à un nouveau sacerdoce, celui des soins à apporter aux enfants royaux. Est-ce vraiment bien raisonnable pour une ravissante veuve de trente-cinq ans (en 1670) ?

Amour royal jusqu'au mariage secret

Nulle ne saurait résister longtemps au désir du roi. Mme Scarron y parvient pourtant. Sans doute parce que le roi ne s'intéresse vraiment à ses enfants et donc à elle qu'à partir du moment où il les légitime, fin 1673. Jusqu'à cette date, les visites du roi à ses bâtards sont demeurées fort espacées. Cette fois, les enfants étant admis à la cour, Louis XIV peut venir les voir quand il le souhaite. La veuve Scarron comprend bien, en ce début d'année 1674, qu'elle ne pourra plus longtemps résister au désir royal. Elle s'en ouvre à son confesseur, l'interrogeant pour savoir si elle doit poursuivre sa tâche. Il l'incite à demeurer. Du moins pourra-t-elle instruire les enfants dans la religion catholique, à défaut de ramener le roi dans le droit chemin.

Il est donc raisonnable de penser que c'est durant l'année 1674, à trente-neuf ans, sans doute à l'été, que la veuve Scarron consent à s'immoler au roi Louis XIV. Ainsi se trouve-t-elle en plein conflit avec la Montespan, alors favorite en titre, à l'heure même où Louise de La Vallière vient précisément et définitivement de s'effacer. La Montespan ne s'y trompe pas et trouve désormais goût à s'occuper de ses enfants légitimés. Elle prend en main le traitement du duc du Maine qui souffre d'une luxation de la hanche et parvient à le rétablir complètement en l'envoyant dans une station thermale pyrénéenne. Mais elle ne peut qu'être inquiète de voir le souverain effectuer au profit de Mme Scarron de significatives donations, puis lui accorder le rang de marquise de Maintenon.

Toutefois, les deux femmes, qui désormais se détestent cordialement, vont faire cause commune pour repousser les assauts de la Fontanges, dont le roi est tombé amoureux en 1678. Avec un succès avéré qui s'achève par la disparition, sans doute naturelle, de la séditieuse. il faut dire que la situation est devenue cocasse, ainsi qu'en témoigne, assez plaisamment, Primi Visconti : *Lorsqu'elles assistaient à la messe à Saint-Germain, elles se plaçaient devant les yeux du roi, Mme de Montespan avec ses enfants sur la tribune de gauche, vis-à-vis de tout le monde, et l'autre à droite, tandis qu'à Versailles, Mme de Montespan était du côté de l'Évangile et Mlle de Fontanges sur des gradins élevés du côté de l'Épître. Elles priaient, le chapelet ou leur livre de messe à la main, levant les yeux en extase, comme des saintes. Enfin, la Cour est la plus belle comédie du monde.*

La seconde affaire des Poisons va bien au-delà de la poudre de succession de la marquise de Brinvilliers. C'est la sinistre La Voisin et sa fille qui apparaissent en cette année 1680, mettant désormais en cause la Montespan en personne. Elles prétendent avoir confectionné des poudres abominables que le roi a dû absorber sans pour autant retomber amoureux. Désormais, les jeux sont faits. Le temps de l'éloignement débute pour la Montespan, celui de « l'allée du roi » pour la Maintenon. À quarante-cinq ans, elle a le triomphe modeste. Certes, elle voit s'envoler sa liberté, mais l'homme qui la chérit et qu'elle aime est le roi.

Depuis quelques années, le parti catholique ose donner de la voix. Ainsi, en 1675, le grand prédicateur jésuite

Louis Bourdaloue élève la voix à Pâques et s'écrie : *Combien de conversions, Sire, votre exemple n'entraînerait-il pas ! Quel attrait ne serait-ce pas pour certains pêcheurs découragés et tombés dans le désespoir, lorsqu'ils se diraient à eux-mêmes : voilà un homme que nous avons vu dans les mêmes débauches que nous, le voilà converti et soumis à Dieu !*

Toutes ces admonestations des prédicateurs, des confesseurs, des prêtres finissent par ébranler le roi. Coup sur coup, l'affaire des Poisons (achevée en 1682) et la mort de la reine Marie-Thérèse (1683) inquiètent Sa Majesté. L'Église catholique pèse de tout son poids pour éviter un nouvel adultère. Et, malgré les réticences de Mme de Maintenon, Bossuet, le père La Chaise (confesseur du roi), l'archevêque de Paris Mgr de Harlay de Champvallon poussent en faveur d'un mariage secret et privé. Une dame d'atour de la dauphine, de petite noblesse, veuve d'un poète scabreux, ne saurait prétendre à plus haute destinée…

C'est, nous le savons de façon à peu près certaine, dans la nuit du 9 au 10 octobre 1683, deux mois après le décès de la reine, que le mariage est célébré à Versailles par les plus hautes autorités épiscopales. *En l'épousant,* écrit heureusement Auguste Bailly, *Louis XIV épousait l'Église. Il devait, lui aussi, se montrer un mari très fidèle.*

Ni épouse déclarée, ni maîtresse officielle, le sort de Françoise de Maintenon n'est pas des plus confortables. Elle passe pour ses contemporains pour une redoutable intrigante, une grande hypocrite, une splendide dissimulatrice… Bien plus, il s'agit d'une fausse dévote, d'une fausse prude, d'une malhonnête femme… Jean-Paul Desprat prend sa défense et rappelle l'explication qu'elle donne de son choix : *Je suis devenue maîtresse du roi pour le sauver des autres femmes et sauver son âme.* Le mariage secret lui permet d'aller jusqu'au bout du calvaire. Et dès 1684, elle le confirme dans une lettre à son frère : *Je ne suis point dévote, mais je veux l'être, et je suis persuadée que c'est la source de tout bien pour le présent et pour l'avenir.*

Une reine illégitime ?

Beaucoup a été écrit concernant l'influence supposée de Mme de Maintenon sur la politique conduite par le roi à partir de 1684 et notamment sur la révocation à Fontainebleau de l'édit de Nantes en 1685, dont on l'a rendue largement responsable. Rien n'est plus inexact. Non seulement Françoise de Maintenon n'a jamais recommandé de brutaliser les huguenots, mais jamais le roi ne s'est laissé influencer par elle. Il a, tout au long de son règne, considéré les femmes comme inaptes à la haute politique, qui demande sévérité et maîtrise. Et il n'a pas, successivement, brisé un surintendant des Finances, supprimé le poste de Premier ministre, exclu une reine mère (ex-régente) du Conseil royal pour autoriser Mme de Maintenon à imposer ses arbitrages. C'est bien mal connaître le fonctionnement de la monarchie à l'époque du Grand Roi que d'imaginer qu'une femme épousée furtivement puisse s'imposer au plan des idées politiques. Elle n'est, au final, qu'une superconcubine qui dépend de son bon vouloir. Certes, de 1685 à 1715, durant trente longues années, le roi tient ses conseils des ministres dans la chambre de Mme de Maintenon. Mais celle-ci se contente d'être assise en face du roi, brodant, lisant, écrivant, mais jamais n'osant élever la voix.

Certes, dans le domaine religieux, la marquise de Maintenon paraît plus activiste. Tombée sous l'influence de Fénelon, nommé en 1689 précepteur du duc de Bourgogne, héritier du trône, et même de Mme Guyon, propagandiste d'un quiétisme qui prône l'amour contemplatif absolu, à qui elle va confier l'instruction religieuse des jeunes filles de Saint-Cyr, elle doit faire machine arrière. Non seulement Fénelon, trop critique envers le roi, dans une lettre véhémente plus ou moins anonyme, est déconsidéré, mais Mme Guyon est arrêtée et enfermée. C'est un Louis XIV plein de fureur qui décharge sa double colère contre Mme de Maintenon…

Cependant, le roi vieillit : en 1688, il atteint la cinquantaine et ses dents sont dans un état effroyable : une seule subsiste sur la mâchoire supérieure alors que toutes celles de la mâchoire inférieure sont gâtées. Il a perdu une partie du palais à la suite d'une erreur opératoire et ne peut boire sans que le liquide lui coule du nez. Et il a été opéré d'une fistule fort douloureuse à l'anus. Selon la princesse Palatine, quelques années plus tard, en 1695, il est déjà gros et voûté, son visage est tout ridé, et sa digestion, détraquée par d'incessants abus de table, est devenue difficile. Il lui faut supporter des migraines, des crises de goutte, des vertiges et se rendre plusieurs fois par jour à ce qui s'appelle alors la « garde-robe ». Le roi fait face avec une admirable majesté à tous ces maux. Jamais un cri ne lui échappe. Et il commence à préférer la vie en couple ou en petit comité à celle de cour. Versailles devient d'un ennui mortel, les fêtes s'espacent, même si la représentation de la vie quotidienne du roi se poursuit pour une bonne part. Là-dessus, l'accord avec Mme de Maintenon est total. Louis XIV âgé se sent des plus à l'aise avec ceux qui lui sont fidèles depuis si longtemps : ses valets de chambre Bontemps, Nyert et Blouin, son secrétaire Toussaint Rose qui imite sa signature à la perfection, mais aussi le président de Périgny, l'architecte de Versailles Jules-Hardouin Mansart, le jeune duc de La Rochefoucauld, fils du mémorialiste… Il tient à préserver une vie privée avec Mme de Maintenon, dont la chambre est devenue le cœur de l'État. Il a su se constituer un cabinet de curiosités pour y rassembler ses collections personnelles de dessins, d'objets d'art, de tableaux et aime s'y réfugier… Et il apprécie de se reposer à Marly ou encore à Louveciennes.

Sans doute Louis XIV, surtout dans les dernières années du règne, consulte-t-il plus volontiers celle qui l'accompagnera jusqu'à la mort – la chose est acquise désormais – et cela n'est pas pure supputation. Il existe, en effet, une correspondance entre Mme de Maintenon et Marie-Anne de La Trémoille, princesse des Ursins, véritable espionne française à la cour du roi espagnol Philippe V, petit-fils de Louis XIV, qui le démontre. La princesse possède une couverture parfaite, ayant été nommée première cameriste de la reine espagnole, Marie-Louise Gabrielle de Savoie. Mais l'on possède également un récit de première main, l'interview si l'on peut dire de Mme de Maintenon par Mme de Glapion, la supérieure de Saint-Cyr, en date de 1704. En voici un extrait particulièrement intéressant qui montre le haut degré d'intimité entre le roi et son épouse :

Quand le roi est revenu de la chasse [il a soixante-six ans], *il vient chez moi. On ferme la porte et personne n'entre plus. Me voilà seule avec lui. Il faut essuyer ses chagrins s'il en a, ses tristesses, ses vapeurs. Il lui prend quelquefois des pleurs dont il n'est pas le maître, ou bien il se trouve incommodé. Il n'a point de conversation. Il vient quelque ministre qui apporte souvent... Le roi travaille. Si on veut que je sois en tiers dans ce conseil, on m'appelle. Si on ne veut pas de moi, je me retire un peu plus loin. Et c'est là où je place quelquefois mes prières de l'après-midi. Je prie Dieu environ une demi-heure. Si l'on veut que j'entende ce qui se dit, je ne puis rien faire. J'apprends là, quelquefois, que les affaires vont mal. Il vient quelque courrier avec de mauvaises nouvelles. Tout cela me serre le cœur et m'empêche de dormir la nuit.*

Mais la marquise de Maintenon doit occuper son temps, sans songer à gérer l'État. Son goût d'indépendance, nullement abandonné, la conduit à créer l'Institution royale de Saint-Louis à Saint-Cyr.

Les jeunes filles de Saint-Cyr

Le pensionnat, inauguré en 1686, est financé par le roi et constitue le signe le plus visible de la volonté du souverain d'honorer publiquement celle qu'il a choisie pour épouse en catimini. Les travaux sont menés rapidement, et les bâtiments peuvent accueillir deux cent cinquante jeunes filles nobles sans fortune. Laissées sans ressources par leurs parents, elles viennent à Saint-Cyr pour recevoir une éducation complète et disposer ainsi d'un atout essentiel pour leur vie future. Mme de Maintenon s'attache à définir elle-même les principes pédagogiques. Elle rédige de sa main les maximes, les lettres, les textes et les dialogues qui traitent des différents sujets au programme – famille, religion, morale, mariage, rôle de la femme, éloquence, bonnes manières, littérature, lecture... – proposés à l'attention des jeunes filles. Françoise d'Aubigné choisit elle-même les trente-quatre professeurs renforcées de vingt-quatre assistantes, permettant un enseignement personnalisé des élèves réparties en quatre classes. Disciplines intellectuelles et tâches plus ménagères sont combinées, tout comme l'apprentissage de la vie sociale et naturellement l'enseignement religieux, matière fondamentale. Le régime est rude et les jeunes filles portent l'uniforme, car la vocation de Saint-Cyr est la formation et la conduite des âmes. Racine, complice de la « reine », compose pour les élèves de Saint-Cyr tant *Esther* qu'*Athalie*. Et il n'est guère difficile de repérer l'allusion faite à la marquise de Maintenon dans les vers de l'acte I scène 3 :

Que dis-je ? Votre vie, Esther, est-elle à vous ?
N'est-elle pas à Dieu, dont vous l'avez reçue,
Et qui sait, lorsqu'au trône il conduit vos pas,
Si pour sauver son peuple, il ne vous gardait pas ?

Cependant la tentative de Mme de Maintenon, très féministe mais également très aristocratique, ne rencontre pas le succès annoncé. Sans doute les dots assurées par le roi sont-elles insuffisantes pour attirer les maris ? En 1692, Mme de Maintenon doit accepter la transformation de l'institution en couvent.

Mme de Maintenon ne se consacre pas à cette tâche unique. Elle aménage son château de Maintenon, y ajoutant des seigneuries, y créant un hôpital et une charité. Elle y construit une manufacture de toile. Et elle s'active également à la conversion des protestants.

La mort du roi et les dernières années

Le 10 août 1715, le roi est atteint d'une sciatique, assure son médecin Fagon. Son état s'aggrave. Il faut bander la jambe. Le 22, le roi s'évanouit. Le 24, la jambe est noire jusqu'à la cuisse. Le roi lui-même sait qu'avec cette gangrène, il est perdu. Le 25, le roi fait venir le duc d'Orléans, futur régent, et lui parle en ami. Le 26, c'est au petit Louis XV qu'il donne ses conseils : l'enfant n'a que cinq ans. Le lendemain, 27, devant Mme de Maintenon et le chancelier, il brûle de nombreux papiers. L'ayant quitté le 28 parce qu'il est entré dans le coma, Mme de Maintenon revient en hâte le lendemain alors qu'il a repris connaissance. Et c'est alors qu'il lui murmure : *Ah Madame ! Il faut que vous ayez bien du courage et de l'amitié pour rester là si longtemps. Ne vous tenez plus là, Madame : c'est un spectacle bien triste. J'espère qu'il finira bientôt.* Étant retombé dans le coma, il meurt le lendemain, 1er septembre 1715, vers huit heures.

Quatre jours plus tard, Philippe d'Orléans vient rencontrer Mme de Maintenon à Saint-Cyr, où elle s'est retirée. Il l'assure qu'elle n'a rien à redouter de lui et qu'il continuera de l'entretenir financièrement sur sa cassette comme Louis XIV le faisait.

Mme de Maintenon passe la fin de son existence à Saint-Cyr, bien consciente d'avoir échoué dans sa tentative de régénération de la noblesse. En ayant remplacé dès 1692 les professeurs laïcs par des religieuses, elle a transformé l'esprit de l'institution, centrant l'enseignement sur la religion et les tâches domestiques, et imposant un régime de fer à base de clôture et de silence. Cette éducation trop sévère n'aura guère de succès, et il est donc excessif d'y voir l'origine de l'instruction féminine en France. Cependant, jusqu'au bout, la fondatrice continue de faire la tournée des classes, de lire ses petits écrits ainsi que d'assurer la gestion de l'établissement en compagnie de Mme de Glapion.

Quatre années après le roi, Françoise d'Aubigné s'éteint à son tour, un 19 avril 1719, après des mois de souffrance durant lesquels elle a poursuivi, autant que faire se peut, son activité de directrice d'école.

Mme du Barry, prostituée et « reine »

Professionnelle du sexe

Née en 1743 à Vaucouleurs dans la Meuse, Jeanne Bécu est sans doute la fille d'une dame Bécu et d'un moine, Jean-Baptiste Gomard de Vaubernier. Elle suit sa mère à Paris, devenue la maîtresse d'un riche financier, Brillat-Dumonceaux. Ce dernier marie la mère de Jeanne à l'un de ses employés, Rançon, disposant ainsi librement d'elle ; il veille également à l'éducation de la fillette. Durant neuf années, elle est élevée au couvent des Adoratrices du Sacré-Cœur. À l'âge de quinze ans, elle commence une vie professionnelle pour assurer sa subsistance, sa mère, ayant vieilli, peinant à trouver de nouveaux amants susceptibles de l'entretenir.

Elle s'engage tout d'abord comme coiffeuse, puis, ayant repris son nom de de Vaubernier, de meilleure allure que celui de Bécu, elle entre au service de Mme Delay de La Garde, la veuve d'un fermier général. On raconte qu'elle dévergonde ses deux fils et se fait ainsi renvoyer. Puis elle travaille chez un marchand de mode, le bien connu Labille, constituant bien vite le centre d'attraction principal de la boutique. Sans doute a-t-elle alors quelques aventures amoureuses, mais elle considère bien vite que le sexe seul ne mène à rien. Aussi ne rejette-t-elle nullement les appétits de Jean du Barry, un proxénète notoire qui fournit les plus grands noms du royaume.

Aux mains de Jean du Barry, proxénète notoire

De petite noblesse, cet ancien avocat, et sans doute également ancien fournisseur aux armées, est dépourvu de toute moralité. Il vit d'expédients avant de consacrer toute son énergie, qu'il a grande, à la recherche de jeunes femmes, dont il offre ensuite les services à la haute noblesse. Il en tire suffisamment de ressources pour vivre sur un grand pied. En 1764, sa rencontre avec Jeanne de Vaubernier est une illumination : la beauté resplendissante de ses vingt et un ans le séduit. On possède l'élégante description faite un peu plus tard par le prince de Ligne : *Elle est grande, bien faite, blonde à ravir, front dégagé, beaux yeux, sourcils à l'avenant, visage ovale, avec de petits signes sur la joue pour la rendre piquante comme pas d'autres ; bouche au rire leste, peau fine, poitrine à contrarier le monde, en conseillant à beaucoup de se mettre à l'abri d'une comparaison.*

Se l'étant appropriée, il commence par en jouir, achevant ainsi son éducation sexuelle, puis s'attache à lui procurer de nobles clients et perçoit le prix des échanges. Elle se prête volontiers au jeu, pouvant désormais vivre comme une personne de la haute société. Cependant, toujours plus avide, Jean du Barry la propose de plus en plus largement. C'est le duc de Richelieu qui va la sauver de ce qui tend à devenir un abattage de luxe. Le maréchal de Richelieu, héros de Dettingen et de Fontenoy, vainqueur à Port-Mahon et à Kloster-Zeven, est âgé de soixante-dix ans en 1766 et n'a plus la fraîcheur physique de ses vingt ans. Jeanne sait lui procurer des plaisirs qu'il pensait à jamais disparus. Il en est si émerveillé qu'il songe à la proposer au roi. Il y voit un intérêt décisif. En faisant le plaisir du roi, il peut espérer une nouvelle influence politique. La période est excellente puisque la Pompadour est morte en avril 1764 et ne peut donc garnir, comme à son habitude, le lit royal. Par ailleurs, le roi apparaît très éprouvé par des deuils familiaux successifs : sa fille, Mme Infante, le duc de Bourgogne fils aîné du dauphin, le dauphin lui-même, la dauphine, enfin la reine Marie Leszczynska en 1768. Certes, le fidèle Le Bel poursuit son repérage, organisant les rendez-vous galants d'un roi qui, à cinquante-huit ans, n'a plus la superbe de sa jeunesse évanouie et s'est quelque peu rangé. Pourtant, en 1768, le roi retrouve une incroyable énergie, s'engageant dans une action réformatrice qui va déboucher sur un véritable coup d'État antiparlementaire conduit par le chancelier Maupeou en janvier 1771. Aussi le duc de Richelieu, sentant son heure venir, introduit-il Jean du Barry auprès de Le Bel. Entre proxénètes, ils trouvent un accord que la jeune femme aurait scellé en s'offrant au valet de chambre recruteur de Louis XV. Sans doute a-t-elle dû payer de sa personne pour obtenir ce privilège, Le Bel courant un grand risque car il est absolument interdit de procurer au roi des prostituées professionnelles.

Arrivée à Versailles, la belle Jeanne sait se trouver au bon endroit et être remarquée, grâce à sa beauté rayonnante, par le roi. Conduite dans la plus grande discrétion aux petits appartements du souverain, elle sait lui faire connaître des plaisirs que ni la Pompadour, peu douée pour les choses de l'amour, ni les trop jeunes filles du Parc-aux-Cerfs, insuffisamment expérimentées, ni, à plus forte raison, les dames de la haute noblesse, trop chrétiennement éduquées, n'ont pu lui faire jusqu'alors ressentir. Sans doute, comme à son habitude, la jeune Jeanne a-t-elle dû se parfumer le sexe, un artifice qui a toujours eu beaucoup de succès auprès de ses clients-amants. Le roi en rend grâce au maréchal de Richelieu, affirmant : *Je suis enchanté de votre du Barry : c'est la seule femme de France qui trouve le moyen de me faire oublier que je suis sexagénaire.* Et affirme au duc de Noailles, son vieil ami, qu'il a éprouvé avec elle une jouissance d'un genre tout à fait neuf, s'attirant cette réponse quelque peu insolente et amusée : *C'est que Votre Majesté n'est jamais allée au bordel...*

Le roi ne peut plus se passer d'elle

Celle qui ranime les désirs royaux ne peut demeurer en l'état, Le Bel ayant dû confesser qu'elle est courtisane. Le roi ne peut en faire sa maîtresse attitrée sans qu'elle ne soit honorablement mariée ? Jean du Barry propose aussitôt son frère, Guillaume, un officier célibataire à la retraite. Aussitôt dit, aussitôt fait : tiré de son castel gascon, uni à la belle Jeanne à l'été 1768, Guillaume y est immédiatement renvoyé. Mais Jean comme Guillaume savent monnayer leurs services. Le premier obtient trois cent mille livres en 1771. Quant au second, il se voit attribuer le grade de colonel et la croix de Saint-André, ainsi qu'un capital de soixante-quinze mille livres et une rente de soixante mille livres.

À l'automne, la désormais comtesse du Barry, titre attribué par Louis XV en personne, fait son entrée à Versailles. Elle vient loger dans l'appartement déserté par Le Bel, décédé, officiellement, d'une crise de foie. Cependant, le premier des ministres, Choiseul, prend la jeune femme en grippe. Il entend en effet remplacer la Pompadour par sa propre sœur, la duchesse Béatrix de Gramont, dans le lit du roi. Et voit dans la dénonciation de la du Barry, prostituée indigne du roi, un moyen d'affaiblir la monarchie. Car l'homme est dual et proche du parlement. En désignant à la vindicte publique la « putain royale », il cajole les parlementaires, fort inquiets des projets de réforme fiscale de l'abbé Terray. Mais inversement, il affermit la volonté du vieux roi amoureux, brutalement rajeuni et combatif, de protéger Jeanne du Barry. Louis XV a plusieurs reproches à adresser à Choiseul : il n'apprécie guère la façon dont le duc a placé ses partisans au sein de l'administration, il n'entend pas déclencher une guerre de revanche avec l'Angleterre, il est opposé à la politique antireligieuse de cet ami des philosophes qui a chassé les jésuites du royaume, il est, enfin, devenu méfiant vis-à-vis de son ministre depuis qu'il a pris parti pour La Chalotais dans l'affaire l'opposant au duc d'Aiguillon.

Le 22 avril 1769, la comtesse du Barry est officiellement présentée à la cour, montrant une grâce extrême à accomplir les différents rites. Habillée d'une robe magnifique, conseillée par l'habile Richelieu, elle est resplendissante. Le clan Choiseul a su mobiliser ses partisans, et la plupart des plus grandes dames de la cour s'abstiennent de paraître. Paradoxalement, le clan des dévots soutient la du Barry, celle qu'il devrait condamner. Sans même le souhaiter – car elle sait toujours se tenir à l'écart de la politique –, la comtesse rassemble, en effet, autour d'elle les ennemis du duc de Choiseul. Maupeou, Richelieu et d'Aiguillon la défendent. Choiseul riposte en multipliant les libelles et les calomnies, qui aboutissent à la publication des *Anecdotes sur Madame la comtesse du Barry* qui paraissent tardivement, en 1775, après le renvoi de Choiseul, la mort du roi et même la déchéance de la du Barry. Ces *Anecdotes* graveleuses portent un coup sévère à l'image de la monarchie, dénonçant un roi dépravé, Louis XV, avilissant ainsi sa légitimité. Mais le roi Louis XV étant mort, c'est bien son successeur qui en subit le contrecoup.

Cependant, Jeanne du Barry sait montrer un visage compatissant, intervenant en faveur de condamnés à mort, dont elle obtient la grâce. Et ses amis, de Talleyrand au prince de Ligne, la décrivent comme une personne tout à fait charmante, voire même aimante. Talleyrand précise dans ses *Mémoires* : *Quoique Mme de Pompadour ait été élevée et eût vécu dans la société financière de Paris qui était assez distinguée alors, elle avait mauvais ton, des manières de parler vulgaires, dont elle n'avait pas su se corriger, même à Versailles. Elle différait en tout point de Mme du Barry qui, moins bien élevée, était parvenue à avoir un langage assez pur...* D'autres décrivent *la bonté, la décence du ton, la noblesse des manières, le maintien également éloigné de l'orgueil et de l'humilité, comme de la licence et de la pruderie...*

Aussi ses adversaires finissent-ils par se lasser, d'autant qu'une parente de Choiseul, Mme de Mirepoix, s'est ralliée à la favorite, obtenant ainsi d'autres revirements d'attitudes.

Égayant les vieux jours d'un roi redynamisé, la du Barry ne parviendra jamais à convaincre les filles de Louis XV, en particulier Adélaïde et Victoire, les deux célibataires, de son désintéressement pourtant réel envers le roi. Ni d'ailleurs la dauphine, la très jeune et écervelée Marie-Antoinette qui ne cessera de la détester, malgré les lettres écrites par sa mère, l'impératrice Marie-Thérèse. Cette dernière, souhaitant la neutralité de la France lors du partage de la Pologne, entend ne pas mécontenter Louis XV. L'attitude agressive, voire haineuse de Marie-Antoinette à l'égard de la favorite lui déplaît : elle risque, en effet, de remettre en cause l'attitude française bienveillante envers l'Autriche.

Le renvoi et l'exil de Choiseul, à la veille de Noël 1770, est un véritable coup de tonnerre. Le duc défie une dernière fois la monarchie. En effet, le 26 décembre 1770, c'est le Tout-Paris de la noblesse de robe et d'épée qui vient rendre hommage au ministre déchu en son hôtel.

Puis une partie de la population de la capitale se range le long des rues pour saluer le départ du ministre vers sa propriété de Chanteloup. Un véritable défi porté au caractère absolutiste de la royauté ! Pourtant, c'est le clan de la du Barry qui vient de prendre le pouvoir.

La révolution Maupeou

Ayant exilé Choiseul, le roi laisse agir un triumvirat de combat au début de l'année 1771. Le chancelier René Nicolas de Maupeou, ancien président du parlement de Paris, connaît à merveille les arcanes du pouvoir judiciaire, alors que l'abbé Terray, nommé contrôleur général des Finances, est un spécialiste de la fiscalité. Enfin, le duc d'Aiguillon cumule la Guerre et les Affaires étrangères : fidèle de la monarchie, il s'est opposé à la volonté de la noblesse bretonne de refuser l'impôt.

Les trois hommes engagent des réformes de fond, qui auraient pu sauver la monarchie si le roi n'était mort dès 1774. Après avoir brisé le parlement de Paris, Maupeou abolit la vénalité des charges, instaure la gratuité de la justice, supprime les épices, démantèle la Cours des aides, des comptes, de la monnaie, et finalement remplace le parlement par une structure composée de magistrats professionnels nommés par l'État. Et malgré les pamphlets qui évoquent « le parlement Maupeou », une nouvelle justice se met à fonctionner à la grande satisfaction des justiciables. Quant à l'abbé Terray, reprenant l'idée de Machault d'Arnouville, il rétablit le vingtième et entreprend la rédaction d'un nouveau cadastre.

Le style du Barry

Sans aucun doute, la faiblesse de la favorite tient à son goût du luxe. Ce qui n'est guère étonnant pour une jeune femme – elle a vingt-sept ans en 1770 –, partie des bas-fonds, ayant dû franchir bien des étapes pour parvenir à la position exceptionnelle qu'elle occupe désormais. C'est une véritable passion qu'elle entretient pour les bijoux, les robes luxueuses, les belles demeures. Et elle trouve la complicité d'un roi, soucieux sur ses vieux jours de redonner du lustre à une monarchie ronronnante. Les somptueuses cérémonies organisées pour le mariage du futur Louis XVI avec Marie-Antoinette et pour ceux de ses frères, le comte de Provence et le comte d'Artois, en 1770, 1771 et 1773 le montrent fort bien. À chacune de ces occasions, Mme du Barry se montre d'une élégance raffinée et d'une grâce resplendissante.

Souvent humiliée par la dauphine qui refuse de lui parler, victime des ignobles ragots de la capitale, Mme du Barry sait obtenir du roi des compensations financières. Et même beaucoup plus puisque le monarque lui sera toujours fidèle, abandonnant totalement ses passades avec des petites maîtresses. Louis XV souffre de la voir ainsi vilipendée et maltraitée : aussi accède-t-il à tous ses désirs. Pension, maison, en particulier Louveciennes, pièces rares d'ameublement, tableaux de grands maîtres... Le total, estime Beaujon, l'un des banquiers de la cour, doit bien atteindre quinze millions de livres.

C'est en 1769 que Jeanne obtient le château de Louveciennes ; elle le fait aussitôt agrandir et reprendre par un architecte inconnu mais génial qu'elle désigne avec un jugement très sûr, Claude-Nicolas Ledoux (par ailleurs concepteur des Salines d'Arc-et-Senans). Ce dernier y construit le pavillon du parc au célèbre péristyle à triple colonnade.

Si l'on parle encore de nos jours d'un style du Barry, c'est assurément en raison des modes qu'elle lance : soieries claires fleuries, tissus rayés, paniers immenses, dentelles de toutes sortes. Et plus encore en matière de nouveaux styles de mobilier et d'ébénisterie, d'inédites décorations de porcelaine, de compositions picturales originales avec l'ascension du talentueux Vien, apôtre du néoclassicisme.

La du Barry sait aussi distraire le roi et mettre de la gaîté en tout. Lors des dîners privés, elle organise des facéties avec la complicité de Zamor. Ce Zamor est un jeune Indien originaire du Bengale, noir comme l'encre, qu'un capitaine de navire a offert à la comtesse. Il a les cheveux crépus et le nez épaté selon les récits de l'époque. La comtesse l'habille avec de riches costumes, tous plus originaux les uns que les autres : le voilà déguisé en hussard, en matelot ou bien encore recouvert de fourrures en hiver. Elle le fait baptiser à l'âge de dix ans, tenant elle-même le rôle de marraine alors que le comte de La Marche accepte d'être son parrain. Lors d'un dîner réunissant autour du roi sa maîtresse, quelques proches et le chancelier Maupeou, un immense pâté alsacien est servi. On soulève le couvercle, faisant s'échapper une nuée de hannetons qui s'envolent dans tous les coins. Zamor cherche à les attraper, fourrageant sous les robes de dames amusées. Puis, soudainement, le voici grimpant sur les épaules de M. de Maupeou et s'efforçant d'extirper les hannetons des boucles de sa perruque, au point de finir par l'arracher. Alors que Zamor ôte, un par un, les hannetons de la perruque du chancelier, ce dernier se retrouve le crâne totalement dénudé, déclenchant l'hilarité générale.

Souvent, pour clore le dîner, le café, une boisson nouvelle fort appréciée, est servi. Il semble que le roi le prépare lui-même. Mais un soir, Sa Majesté ayant mal surveillé l'ébullition, le café déborde. C'est alors, mais nul n'est contraint de le croire, que la comtesse du Barry, aurait lancé, avec à-propos : *Eh la France ! Prends donc garde : ton café fout le camp.* Il est plus que douteux que l'anecdote soit exacte car le propos est quelque peu vulgaire – ce que Jeanne n'a jamais été – et on la voit mal tutoyer, même de façon détournée, le roi Louis XV.

Cependant, la favorite s'inquiète de l'avenir de son Zamor, alors âgé de douze ans, et demande au roi de lui accorder une fonction. Elle argumente : *À cet enfant de l'Asie, le pays des hommes blancs doit l'hospitalité. Qu'en ferons-nous ? Quelle carrière sera la sienne ? Voici l'heure d'y songer.*

Le roi plaisante, propose de le *nommer premier ouistiti du Roi de France,* puis *de l'envoyer au gouvernement de la Guyenne en remplacement de M. de Richelieu.* Enfin, sûr d'obtenir l'accord de sa bien-aimée, il achève : *Alors, voici ma volonté. Je nomme M. Zamor conservateur de Louveciennes avec les appointements de six mille livres.* Et le chancelier Maupeou doit apposer sa signature et son sceau dès le lendemain sur le brevet de Zamor…

Elle veille Louis XV au péril de sa vie

Vers la fin du mois d'avril 1774, le roi ressent quelques malaises. Très vite, il devient évident qu'il est atteint de variole, une maladie mortelle que l'on ne sait nullement soigner. Le jour, ses filles le veillent ; la nuit, c'est Jeanne du Barry qui l'assiste. Quant au duc de Richelieu, vieil ami de Louis XV, il assiste le roi jusqu'au bout, s'opposant à plusieurs reprises à la volonté de l'archevêque de Paris de s'approcher du lit du roi. Lorsque le 4 mai au matin, Louis XV constate que ses mains sont couvertes de pustules, il fait venir, en fin de journée, la favorite et lui demande de se rendre à Rueil, au château du duc d'Aiguillon qui, l'espère-t-il, la protégera. Le roi prononce alors une très noble phrase, la dernière qu'entendra de sa bouche la comtesse du Barry : *Maintenant que je suis au fait de mon état, il ne faut pas recommencer le scandale de Metz* [la favorite de l'époque, en 1744, Mme de Châteauroux, est chassée pour permettre la guérison du roi, tombé gravement malade]. *Si j'avais su ce que je sais, vous ne seriez pas entrée. Je me dois désormais à Dieu et à mon peuple. Ainsi il faut que vous vous retiriez demain. Dites à d'Aiguillon de venir me parler demain à dix heures.* Ainsi le roi entend-il se mettre en paix avec sa conscience. Mais l'Église et sa propre famille vont lui imposer le reniement de la du Barry comme prix de son absolution, au cours des six derniers jours qui lui restent à vivre. Et le contraindre à signer une lettre de cachet signifiant à la comtesse son exil et même son emprisonnement au monastère de Pont-aux-Dames. Marie-Antoinette s'en réjouit ouvertement et en informe sa mère, l'impératrice. Ainsi celle qui a veillé le roi au péril de sa vie est-elle bien mal récompensée de son dévouement.

Retraite amoureuse à Louveciennes

C'est le 12 mai 1774, deux jours après la mort du roi, que Mme du Barry est conduite au monastère de Pont-aux-Dames et cloîtrée dans une cellule. Elle affronte cette nouvelle situation avec humilité et sait s'adapter à la vie conventuelle. Elle s'adonne à la pratique religieuse et y trouve, semble-t-il, quelque réconfort. Peu à peu, les religieuses l'acceptent et la traitent en amie. Cependant, Jeanne du Barry n'a pas perdu toutes ses relations. Plusieurs d'entre elles intercèdent auprès du nouveau roi, en particulier le prince de Ligne. Aussi, un an plus tard, en mai 1775, est-elle autorisée à quitter l'abbaye, sans pouvoir cependant s'approcher à moins de dix lieues de Versailles. Elle acquiert alors le château de Saint-Vrain (à proximité de l'actuel Palaiseau) et y séjourne jusqu'en octobre 1776. Le comte de Maurepas, Jean Frédéric Phélypeaux, alors mentor du jeune Louis XVI, parvient à obtenir sa grâce, et elle peut rejoindre son château de Louveciennes. Non seulement elle retrouve sa liberté mais également la possession de tous ses biens, bijoux et rentes inclus.

Âgée de trente-trois ans, la comtesse est à la fois très belle et fort riche. Là voilà devenue lectrice de Rousseau, dont elle applique les préceptes en vivant à la campagne. Elle se promène avec délice dans son vaste parc à l'anglaise et s'implique dans la vie du village de Louveciennes, où elle secourt les pauvres, y devenant très populaire. Aimant la beauté, elle peuple son château d'œuvres d'art : statues, tableaux, meubles. Et nombre de ses anciens amis de cour viennent la voir. L'empereur d'Autriche, Joseph II, au grand dam de son beau-frère et de sa sœur Marie-Antoinette, fait le détour de Louveciennes en 1777, alors qu'il est tout spécialement venu à Versailles pour tenter de comprendre les causes de la stérilité du couple royal. Et il justifie sa visite à la du Barry en affirmant que *la beauté est toujours reine.*

Cependant, la comtesse ne demeure pas seule : elle vit un véritable roman d'amour avec Louis-Hercule, duc de Brissac, colonel des Cent-Suisses. Galant homme, très amoureux de Jeanne, c'est un homme dans la force de l'âge. Lorsque la Révolution éclate, elle n'épargne pas Louveciennes. Chef de la garde constitutionnelle de Louis XVI, Brissac est arrêté le 31 mai 1792 et enfermé à Orléans. Transféré à Versailles, le duc est massacré avec cinquante-deux autres prisonniers par les émeutiers, le 9 septembre 1792.

Et une rumeur, non démontrée, rapporte que sa tête est jetée par-delà la grille de Louveciennes, aux pieds de la comtesse accourue. Une comtesse devenue suspecte car l'on a découvert chez elle l'aide de camp de Brissac, le jeune Maussabré. Lequel est impitoyablement massacré lorsqu'il tente de s'échapper de la prison parisienne où il est enfermé.

Vol de bijoux et guillotine

C'est début janvier 1791, au château des Brissac, que ses diamants lui sont dérobés. Mais il est impossible de les recycler sans que les négociants spécialisés ne les repèrent. Effectivement, dès le mois de février, ils sont retrouvés à Londres. Aussi Mme du Barry doit-elle se rendre en Angleterre pour tenter de les récupérer en prouvant sa qualité de propriétaire. Ce qu'elle fait à plusieurs reprises. Elle se rend ainsi suspecte aux autorités révolutionnaires qui estiment qu'elle prend contact avec les réseaux d'émigrés réfugiés de l'autre côté de la Manche. Ce qui est inexact. Cependant, de nouveau à Londres début 1793, elle apprend le supplice du roi. Que peut-elle donc espérer d'un retour en France ? Le Premier ministre Pitt s'efforce de retenir cette femme encore séduisante qui n'a pas la cinquantaine. Pourtant, elle ne s'estime nullement coupable et décide de rentrer en France, bien qu'elle ait appris que les scellés ont été posés en son château de Louveciennes. Elle parvient toutefois à rentrer en sa demeure, où elle retrouve le fidèle Morin, qui la sert depuis si longtemps. Mais un homme veille à la perdre parce qu'il en est tombé amoureux. Un quaker, mi-français, mi-anglais, un dénommé Greive, ami de Marat, proche du Comité de Salut public, maître des révolutionnaires à Louveciennes au sein d'un club républicain. Un club dans lequel il attire Zamor, l'Indien de la comtesse. Le 26 juin 1793, la du Barry est arrêtée à la suite d'une adresse signée par trente-six habitants du village de Louveciennes. La comtesse parvient à obtenir de demeurer au château sous surveillance.

Le 13 juillet 1793, une pétition signée en sa faveur par soixante habitants du village, examinée par le Comité de Sûreté générale, reçoit une réponse positive : la comtesse est libérée. Ivre de rage, Greive réussit à semer la haine chez les habitants de Louveciennes, prétendant que la comtesse du Barry reçoit des émigrés. Les scellés sont de nouveau apposés au château. Greive reçoit mandat du comité de Sûreté générale d'arrêter la citoyenne du Barry. Il se rend au château, tente d'abuser d'elle, lui promettant la liberté. Rejeté, il la laisse aller vers son destin tragique à la prison de Sainte-Pélagie. Ce 22 septembre 1793 est son dernier jour de liberté.

Greive, retourné au château de Louveciennes, épluche les papiers de l'ex-concubine royale. Il trie sa correspondance en tirant parti, toujours aux dépens de la du Barry. Zamor, réquisitionné, garde le château et charge sa maîtresse lorsque le moment vient de témoigner contre elle lors du procès. Ce dernier s'ouvre assez rapidement. Le 19 novembre, la comtesse est conduite au palais de justice et comparaît pour la première fois devant le tribunal révolutionnaire. Le 4 décembre, elle est transférée à la Conciergerie. Le 6 décembre, la voilà face à Fouquier-Tinville. Tous les témoins ou presque sont à charge, des habitants de Louveciennes qu'elle a souvent comblés de biens. Le plus acharné à sa perte est sans doute Zamor, habillé à présent d'un pantalon tricolore… Dans son réquisitoire des plus lyriques, Fouquier-Tinville la traite d'*Aspasie du Sardanapale français* et l'accuse *d'être devenue l'agente des conspirateurs et des tyrans, des nobles et des prêtres contre la France. En frappant une Messaline,* ajoute-t-il, *coupable d'une conspiration contre la patrie, la France ne fait que son devoir.*

L'accusateur public requiert la peine de mort. La malheureuse défaille et s'évanouit. Deux gendarmes doivent la soutenir et l'emporter sous les huées de l'assistance. Cependant, les juges lui laissent à entendre que si elle révèle les caches où se trouvent ses bijoux, elle pourrait bénéficier d'une mesure de grâce. Durant plusieurs heures, elle avoue toutes les cachettes avec une mémoire d'une incroyable précision. Celles-ci sont innombrables : dans la resserre des instruments de jardin, dans des boîtes enterrées, sous un escalier, dans un coffre, dans une commode, à la cave, dans l'enclos du jardin…

Mais c'est finalement la mort qui se présente, les juges refusant de tenir parole. Elle proteste, hurle. Il faut lui passer de force la robe des condamnés à mort. Et la porter dans la charrette où se trouvent déjà un conventionnel, un militaire et les trois banquiers hollandais Van de Nyver, qui ont été condamnés avec elle. Il fait froid, les rues sont mal éclairées, et des nappes de brouillard donnent une allure irréelle au sinistre cortège. La du Barry sanglote puis se redresse, parlant à la foule et implorant ses bons sentiments. Elle crie, sa voie s'éraille, se roule sur le sol de la charrette, implorant Dieu. Un instant, elle espère le salut des filles de Labille – là où elle débuta –, qui se sont massées sur le trottoir et aux fenêtres pour voir passer le cortège... Au pied de l'estrade, il faut la maîtriser et la hisser sur la plateforme qui supporte la guillotine. À plusieurs, le bourreau et ses aides mettent bien cinq minutes pour l'immobiliser puis la lier sur la funeste planche. Tout autour, la foule commence à murmurer : ce n'est plus une exécution, c'est un assassinat ! En un éclair, tout s'achève. Son corps décapité est jeté au charnier de la Madeleine.

Sans doute revient-il à Mme Louise-Élisabeth Vigée-Lebrun, le peintre officiel de la reine Marie-Antoinette, qui fut l'amie de la belle comtesse, de tirer la leçon de cette abominable fin. Elle écrit dans ses *Souvenirs* : *Elle est la seule femme, parmi tant de femmes, que ces jours affreux ont vu périr, qui ne put avec fermeté soutenir l'aspect de l'échafaud. Elle cria, elle implora sa grâce de la foule atroce qui l'environnait, et cette foule s'émut au point que le bourreau se hâta de terminer le supplice. Ceci m'a toujours persuadée que, si les victimes de ce temps d'exécrable mémoire n'avaient pas eu le noble orgueil de mourir avec courage, la Terreur aurait cessé beaucoup plus tôt.*

Hortense Schneider,
« le passage des princes »

Un certain Jacques Offenbach

Jakob Eberst, alias Jacques Offenbach, est né dans une famille juive de Cologne en 1815. Son père, chanteur à la synagogue, lui enseigne le violon. Le jeune Jakob préfère le violoncelle. Lorsqu'il vient à Paris se perfectionner, il adopte un nouveau nom, celui d'Offenbach, tiré d'Offenbach-sur-le-Main, la ville natale de sa famille. En 1833, il suit des cours et entre à l'Ambigu-Comique puis à l'Opéra-Comique comme violoncelliste. Il découvre alors le théâtre et en devient passionné, mais éprouve bien des difficultés à s'imposer. Il lui faut attendre 1850 pour être engagé comme chef d'orchestre à la Comédie-Française par Arsène Houssaye. Il y demeure cinq années, chaque jour davantage convaincu qu'il lui faut créer un théâtre musical. Quelque chose de différent de l'Opéra-Comique préexistant qui ressemble, comme il le formule lui-même, à *un petit grand opéra.*

C'est en 1855 qu'Offenbach obtient, alors que l'Exposition universelle se tient à Paris, la concession d'un petit théâtre, les Bouffes Parisiennes. Les Bouffes sont situées à proximité du palais de l'Industrie, un emplacement idéal. Les premières compositions d'Offenbach rencontrent un vrai succès. À la fin de l'année, les Bouffes doivent déménager et s'installent passage Choiseul. Le voilà nommé directeur pour cinq ans. À cette époque, les règles à observer sont sévères : les pièces ne doivent compter qu'un seul acte et pas plus de quatre personnages. C'est alors qu'il rencontre Hortense Schneider, devenue la maîtresse du chanteur Jean Berthelier. Dès qu'il l'entend chanter, il comprend qu'il a trouvé l'interprète qu'il recherche pour ses compositions. Il l'embauche.

À l'époque, elle a vingt-deux ans, et lui, quarante. Quant à savoir s'ils deviennent amants, la réponse n'est pas évidente ; Offenbach, grand échalas parlant le français avec un fort accent guttural germanique, n'a vraiment rien pour la séduire. D'autant qu'il ne souhaite pas mêler plaisir et profession.

Offenbach tout comme Hortense mettent, ensemble, une dizaine d'années pour atteindre la célébrité, avec *La Belle Hélène,* en 1864. Il supporte tous ses caprices – fort nombreux et très variés –, ne pouvant se retenir de la traiter, un jour de colère, de *la plus grande des emmerdeuses.*

Hortense Schneider, une « bête de scène »

Née à Bordeaux en 1833 (et non pas 1838 ou même 1843 comme elle essaiera de le faire croire), Hortense Schneider est issue d'une famille protestante originaire de Cologne (comme Offenbach). Son père, installé comme tailleur à Strasbourg, meurt alcoolique. Elle commence à chanter très tôt, dès le plus jeune âge.

À dire vrai, elle n'a guère de mérite, car sa mère, folle d'opéra, fredonne toute la journée. Et elle se produit sur scène à douze ans. De sa religion réformée, elle a tiré un grand sérieux dans la défense de ses intérêts et sait obtenir de vrais cachets pour ses premières prestations. Elle adore séduire et se sait belle. Ses parents la placent chez une fleuriste, car ses performances à l'école sont des plus médiocres. Ainsi apprend-elle un métier dans l'attente d'un mariage qui lui apporterait une situation financière stable. Et les prétendants ne manquent pas, loin de là…

Hélas pour l'ambition somme toute raisonnable de ses parents, le Grand-Théâtre de Strasbourg est tout proche de la boutique de fleurs. Et notre ravissante petite vendeuse retrouve comédiens et chanteurs dans les cafés de la grand-place toute proche. Elle y rencontre un vieux musicien, Hector Schaffner, qui la déniaise tout en lui enseignant l'art dramatique.

À dix-sept ans, en 1850, elle quitte sa famille et son emploi de fleuriste pour se rendre à Bordeaux : elle débute alors au bien modeste théâtre de l'Athénée. Elle n'y demeure guère et s'en vient à Agen, dont le directeur du théâtre, Henri-Casimir Delmas, l'a remarquée. Elle se produit dans sa troupe pendant quelques années, soumise à des tournées nombreuses et chargées. Et apprend son métier et plus encore à séduire le public. Joëlle Chevé raconte dans son ouvrage *Les Grandes Courtisanes* que, chantant dans *La Favorite* de Donizetti, dans un rôle tragique, elle déclenche les rires du public.

La voilà désormais sûre de son art. Elle sait, sur scène, se montrer aussi insolente que les spectateurs qui n'hésitent pas, à l'époque, à boire, fumer, manger, interpeller les acteurs, voire à les interrompre et même les huer. Elle aussi sait prendre des libertés par rapport au texte, provoquer les spectateurs, attirer leur attention par des pitreries non prévues dans le livret. Ainsi devient-elle une véritable actrice, capable de sentir chacun de ses publics, de repérer dans une salle les sièges qui lui sont favorables et ceux qui ne réagissent pas à ses provocations afin de pouvoir les retourner. Bref, elle consacre toute son énergie à devenir une véritable professionnelle de la scène musicale. Enfin, presque toute, car elle préserve une bonne part de son tonus de jeune femme ambitieuse à satisfaire ses amants, fort nombreux et souvent riches, choisis tant au sein de l'orchestre qui l'accompagne que dans la bonne société agenaise.

La rencontre et la séparation

Le premier rôle qu'Offenbach propose à Hortense Schneider est celui de l'héroïne du *Violoneux* (tiré d'une légende bretonne), sur un livret de Joseph Darcier. *Le Figaro* la couvre de louanges. Elle chante encore pour Offenbach dans *Trom-al-cazar* et *La Rose de Saint-Flour*, où son accent auvergnat la rend irrésistible de drôlerie. Et aussi dans *Croquefer*, en 1857, Offenbach ayant fait intervenir un cinquième personnage sans risquer la censure, car ce dernier s'exprime… en brandissant des panneaux. En 1858, délivré des réglementations qui limitent le nombre d'actes et de personnages, Offenbach peut donner le meilleur de lui-même. Il présente alors *Orphée aux enfers* (qui rencontre un grand succès et le sauve de la faillite), mais la belle Hortense l'a quitté pour se faire embaucher aux Variétés puis au Palais-Royal. Elle se montre alors moins exigeante sur la qualité des opéras-bouffes et comiques qu'elle interprète. Mais beaucoup plus sur le montant des cachets qu'elle obtient désormais. Ainsi se produit-elle dans *Le Fils de la Belle au bois dormant* (livret de Lambert-Thiboust, Paul Siraudin et Adolphe Choler) et dans *La Pénélope à la mode de Caen* (livret de Lambert-Thiboust, Eugène Grangé et Paul Siraudin). Mais elle joue également des opérettes de second ordre, comme *La Veuve de quinze ans, En avant les Chinois* ou encore *Fou-Yo-Po.*

Cependant, Offenbach poursuit sa marche en avant, sans perdre de vue Hortense Schneider. En 1860, il fait jouer à l'opéra son ballet *Le Papillon,* que danse Emma Livry, et à l'Opéra-Comique, *Barkouf.* Hélas, ce sont deux lourds échecs. Il persévère pourtant, sortant de sa vocation de l'opéra-bouffe, en proposant à l'Opéra de Vienne *Die Rheinnixen* (une anticipation de ce qui deviendra le chant des gondoliers vénitiens, la barcarolle, dans *Les Contes d'Hoffmann*). Là encore, il tombe de haut !

Hortense Schneider n'est pas seulement devenue une professionnelle reconnue et recherchée de la scène lyrique, elle est aussi tombée dans une agitation amoureuse qui la rapproche des grandes courtisanes des XVIIe et XVIIIe siècles. La liste des grandes scandaleuses au XIXe siècle – de la Castiglione, à Valtesse de la Bigne, Lola Montès ou encore Cora Pearl – est, cela saute aux yeux, tout aussi abondante...

Elle collectionne donc les aristocrates, parmi lesquels se trouve le baron de Talleyrand-Périgord, mais également les banquiers et les hommes d'affaires, qui la comblent de présents. Avec le duc de Gramont-Caderousse, elle forme un couple scandaleux à partir de 1857, car il n'est pas une outrance à laquelle ce dernier ne soit mêlé. Il chasse, fréquente les bals les plus huppés, se bat en duel, séduit toutes les femmes qu'il rencontre, bref se permet tous les excès qu'une immense fortune fait tolérer par le Tout-Paris. C'est également un grand séducteur, plein d'humour, qui sait faire rire et sème les plus grandes fantaisies partout où il se produit. Pas étonnant qu'il s'entende si bien avec Hortense : elle règne sur les planches des théâtres et lui sur les parquets en point de Hongrie de la vie mondaine. En 1858, elle se trouve enceinte du duc et doit interrompre pour quelques mois ses représentations. C'est à Bordeaux qu'elle accouche d'un fils déclaré de père inconnu, un faible d'esprit. Mais Hortense est femme d'honneur et tendre mère. Elle ne cessera de l'élever et de le protéger jusqu'à sa mort, à l'âge de soixante et un ans, en 1919. Elle n'y survivra point, quittant ce monde l'année suivante. Quant au père présumé, le duc, il laisse, à sa mort, en 1865, une partie de sa fortune à Hortense pour élever l'enfant.

Déjà riche, Hortense Schneider sait qu'elle doit trouver un livret plus ambitieux et un compositeur plus talentueux si elle ne veut pas gâcher sa carrière.

L'occasion se présente en 1864 avec *La Belle Hélène,* musique d'Offenbach et livret des géniaux Henri Meilhac et Ludovic Halévy. Hortense accepte d'y chanter mais doit supporter la présence sur scène de sa grande rivale, Léa Scilly. Cette Léa a plaisamment surnommé Hortense *le passage des princes,* autant dire la prostituée des princes. Aussi les répétitions se déroulent-elles dans une ambiance de feu. Car Hortense est une grande capricieuse, une colérique, une hargneuse ayant le goût du combat, bref quelqu'un d'assez invivable au quotidien. Au point qu'Offenbach affirme à la Schneider qu'il a prévu de la remplacer en cas de clash ! La voilà plus soumise. Avec *La Belle Hélène,* Offenbach exploite un texte mythologique, *L'Iliade,* une recette qu'il saura de nouveau utiliser et qui lui apportera la célébrité.

Les retrouvailles avec *La Belle Hélène*

La première de *La Belle Hélène,* le 17 décembre 1864, devant un parterre de la meilleure société impériale, est un triomphe. Et chacun de reprendre le refrain fameux :

Dansons ! Aimons !
Buvons ! Chantons !
Et trémoussons-nous avec verve !
Gloire à Vénus !

Gloire à Bacchus !
Et foin de chaste Minerve !
Dansons ! Aimons !
Buvons ! Chantons !

Quant au fameux choix de Pâris, il a enchanté la salle :

Dans ce bois passe un jeune homme
Un jeune homme frais et beau
Sa main tenait une pomme
Vous voyez bien le tableau
Évohé ! Que ces déesses
Pour enjôler les garçons
Évohé ! Que ces déesses
Ont de drôles de façons

Holà ! Hé ! Le beau jeune homme
Un instant arrêtez-vous
Et veuillez donner la pomme
À la plus belle de nous...
Évohé ! Que ces déesses...

L'une dit : j'ai ma réserve
Ma pudeur, ma chasteté
Donne le prix à Minerve
Minerve l'a mérité !
Évohé ! Que ces déesses...

L'autre dit : J'ai ma naissance
Mon orgueil et mon pa-on
Je dois l'emporter, je pense

Donne la pomme à Junon !
Évohé ! Que ces déesses…

La troisième, ah ! la troisième
La troisième ne dit rien
Elle le prit tout de même
Calchas vous m'entendez bien…
Évohé ! Que ces déesses…

Le succès est tel que le public vient toujours après cinq cents représentations. Mais Hortense est épuisée, d'autant qu'elle n'a nullement ralenti le rythme de ses relations amoureuses, continuant de se livrer avec fougue.

Il y a toutefois quelques grincheux que l'ironie montrée par Meilhac (devenu l'amant de la Belle Hélène) et Halévy envers le monde antique contrarie, alors qu'il ne s'agit que d'un aimable divertissement. Ainsi le journaliste Charles Yriarte écrit-il ces lignes quelque peu burlesques, voire carrément loufoques : *J'estime qu'on ne saurait nier l'influence de la cascade sur la politique et la religion. Avec un pied de nez et un trémolo de hanches, la Belle Hélène aura plus fait que Vallès et Veuillot pour démolir Virgile, pour détrôner Homère et pour forcer l'Olympe à emmagasiner ses dieux et ses déesses dans la poussière du grenier aux rebuts.*

Barbe bleue vient en 1866

Deux années plus tard, Hortense Schneider, encore très jeune – elle a trente-trois ans –, est de nouveau encensée par la critique avec *Barbe bleue,* sur un texte des mêmes librettistes inspiré par une œuvre de Prosper Mérimée, *Le Carrosse du Saint-Sacrement.*

Là encore, le premier air chanté par le chœur est repris par tous les Parisiens :

Allons, marchons !
Allons, partons !
D'abord au pas,
Sans grand fracas,
Et puis au trot,
Au petit trot,
Puis au grand trot,
Puis au galop,
Au grand galop !
Hop là ! Hop là !
Tra la la la.

Quant à la réflexion solitaire et extravagante de Barbe bleue devant le tombeau des femmes qu'il a assassinées, elle fait s'esclaffer la salle entière :

Le voilà donc le tombeau des cinq femmes
Qui m'ont aimé d'un amour sans pareil !
Dormez en paix, dormez bien, pauvres âmes,
Je ne viens pas troubler votre sommeil !

Elles sont cinq ! Ô destinée humaine !
Quoi cinq déjà ! Cinq anges disparus !
Il en manque une pour la demi-douzaine
Dans un instant, il n'en manquera plus !

Il y a assurément une inspiration kitsch chez Offenbach !

Et l'imitation du bruit des épées des spadassins emporte un franc succès : dans la salle, on crie, on rit, on murmure, on mime les bruits. Jugez par vous-même :

Kiss ! Kiss ! Kiss ! Kiss !
Leurs deux épées
Sont bien trempées ;
Dégagements
Et frottements
Seconde et prime…
Vive l'escrime !
Qu'ils sont malins
Ces spadassins !
Kiss !

La Vie parisienne et *La Grande-Duchesse de Gérolstein*

Offenbach et Meilhac écrivent deux nouveaux opéras-bouffes pour la grande Hortense. Offenbach s'exerce désormais à une écriture plus politique. Ce sont les fastes et les plaisirs de la société du Second Empire qu'il critique dans la mascarade musicale de *La Vie parisienne* alors que l'Empire austro-hongrois de François-Joseph se voit indirectement ciblé dans *La Grande-Duchesse de Gérolstein,* à moins qu'il ne s'agisse de la Grande Catherine de Russie.

La Grande-Duchesse de Gérolstein, dont la première a lieu durant l'Exposition universelle de 1867, est sans doute le plus populaire des opéras d'Offenbach. Au moins trois airs deviennent emblématiques, repris par des générations.

Le chant du chœur tout d'abord :

En attendant que l'heure sonne
L'heure héroïque du combat
Chantons et buvons ! Courte et bonne !
C'est la devise du soldat
Chantons,
Buvons,
Jouons,
Dansons !
En attendant que l'heure sonne,
L'heure héroïque du combat.

Puis l'air martial interprété par la duchesse en personne :

Ah ! Que j'aime les militaires
Leur uniforme coquet,
Leur moustache et leur plumet !
Ah ! Que j'aime les militaires
Leur air vainqueur, leurs manières,
En eux tout me plaît !

Que je vois là mes soldats,
Prêts à partir pour la guerre
Fixes, droits, l'œil à quinze pas,
Vrai Dieu ! Je suis toute fière
Seront-ils vainqueurs ou défaits ?
Je n'en sais rien, ce que je sais
Ce que je sais,
C'est que j'aime les militaires…

Leur uniforme coquet…
Je sais ce que je voudrais
Je voudrais être cantinière,
Près d'eux toujours je serais
Et je les griserais
Avec eux, vaillante et légère,
Au combat je m'élancerais !
Cela me plairait-il la guerre ?
Je n'en sais rien, ce que je sais
C'est que j'aime les militaires.

Enfin, le fameux couplet sur la flagornerie des courtisans :

Il faut qu'un bon courtisan s'incline,
Qu'il s'incline, qu'il s'incline,
Et qu'il courbe son échine,
Son échine, son échine,
Autant qu'il peut la courber.

L'Europe à ses pieds… et même l'Afrique

Toutes les têtes couronnées venues découvrir l'Exposition universelle de 1867 assistent à une représentation de *La Grande-Duchesse de Gérolstein* et se pressent ensuite dans la loge d'Hortense pour y présenter leurs félicitations et leurs hommages. Ils sont accueillis avec gentillesse, simplicité et élégance. Le plus souvent, la soirée s'achève de galante façon. Hortense en est largement dédommagée, d'autant qu'il lui plaît fort d'ajouter tous ces « scalps » royaux – l'empereur Napoléon III, le prince de Galles, le tsar Alexandre II, l'empereur Guillaume Ier, les rois du Portugal, de Suède, de Belgique, de Grèce… – à son exceptionnel tableau de chasse. Il n'est guère que l'empereur François-Joseph, directement visé sur la scène, à avoir refusé de se rendre aux charmes de la belle. Il préfère applaudir sa rivale, Léa Scilly, à la Porte-Saint-Martin… Mais la présence du khédive égyptien Ismaïl Pacha compense largement cette abstention : il est tombé amoureux d'Hortense et fait sa cour dans un français parfait et un raffinement de sentiments que la « théâtreuse » triomphante a rarement connu. Elle va même jusqu'à se rendre en Égypte, passant plusieurs mois auprès de lui, non sans rencontrer également le Négus éthiopien qui tombe amoureux d'elle et entend l'épouser. Cela lui vaut quelques moqueries : la voilà surnommée *la matrone des Fez* ou encore *la Vénus d'Ali Pige,* à la manière d'un titre d'opéra-bouffe.

Fin de contrat

En 1868, après avoir rompu avec Offenbach parce que le banquier Bischoffsheim lui a obtenu un contrat mirobolant au Châtelet pour interpréter *Les Voyages de Gulliver* – où sa voix se perd dans l'immensité de la salle –, elle retourne auprès d'Offenbach. Ce dernier lui tend le livret de *La Périchole.* Mais le succès est moins net que lors des spectacles précédents.

Toutefois, plusieurs de ses chœurs ou de ses tirades traversent le temps pour venir jusqu'à nous. Ainsi en est-il de :

À ce discours, la jeune Indienne, émue,
Sur son vainqueur soulève ses beaux yeux,
Et pâlit et chancelle à sa vue,
Car il lui plaît ce soldat généreux.
Un an plus tard, gage de leur tendresse,
Un jeune enfant dort sous un parasol
Et ses parents chantent avec ivresse
« Il grandira, car il est espagnol ! »

Ou encore cette tirade de Piquillo :

Et maintenant que nous sommes
Seuls et tranquilles tous les trois
Pourquoi, Messieurs les gentilshommes,
Dirions-nous pas à pleine voix :
Les femmes il n'y a que ça,
Tant que le monde durera,
Tant que la terre tournera ;

Voyez, Messieurs, comme ils sont tristes,
Les gens qui rêvent de pouvoir !
Nous sommes gais, nous les artistes,
Et c'est ce qui nous fait avoir
Des femmes !... Il n'y a que ça
Tant que le monde durera,
Tant que la terre tournera.

De même, les spectacles suivants, *La Diva, Vert-Vert, Les Brigands,* en 1869, n'obtiennent pas la bonne fortune annoncée. C'est que les temps ont changé. Offenbach se voit accusé d'être prussien et devient suspect au public. Certes, il est naturalisé français depuis 1860, mais il est suspecté d'être demeuré germain de cœur ! Pourtant, les Allemands n'apprécient guère *Les Brigands,* qui morigène leurs bruits de bottes.

Bien qu'elle se soit engagée comme infirmière durant la guerre de 1870, Hortense Schneider est victime d'une campagne diffamatoire pour des raisons identiques à celle qui a visé Offenbach. Après s'être installée à Fécamp, elle finit par trouver refuge en Espagne. Puis elle poursuit une tournée européenne avec les anciens succès d'Offenbach. Revenue en France, elle tombe en très proche amitié avec Gambetta, se refusant à Thiers, qu'elle traite avec mépris, surprise tout de même de voir un gnome comme lui avoir successivement conquis la mère, Eurydice Dosne, et la fille, Élise – la sienne, dit-on –, épousée par la suite ! À quarante ans, ayant beaucoup perdu de sa sveltesse – elle est même devenue bien compacte –, Hortense Schneider tente un ultime rôle au théâtre des Folies-Dramatiques dans *La Belle Poule*... qu'elle n'est plus. Celui d'une petite jeune fille à nattes et à jupe courte ! Elle coule donc avec la galère, dans un éclat de rire général... Dès lors, n'ayant plus rien à prouver, elle se retire de la scène nationale.

On gardera donc d'elle deux témoignages de son indéniable talent pour l'opérette, celui du journaliste Claudin, du *Figaro*, et l'autre de Paulus, chanteur à succès de l'époque. Le premier écrit :

Mlle Hortense Schneider, dotée d'une voix qu'Auber allait entendre lorsque, disait-il, il voulait se gargariser délicieusement les oreilles, avait une carnation de Rubens, avec cela un sourire vainqueur et des yeux fripons, à ce point de damner un archevêque, comme on disait au XVIIIe siècle.

Quant au second, il affirme dans *Trente ans de café-concert* qu'*Hortense Schneider fut la triomphatrice du Second Empire. Sa cour était aussi suivie que celle des Tuileries... et plus amusante. Les souverains* [ceux d'Europe], *en visite à Paris, s'empressaient d'y accourir, aussitôt les hommages officiels rendus, et venaient quêter de la belle Étoile un sourire... et le reste. Or, comme le cœur était aussi hospitalier que la maison, on* [Léa Scilly] *l'avait surnommée « le passage des princes ».*

Cependant, Offenbach ne renonce pas. Certes, la IIIe République apporte un nouvel ordre moral et rejette avec effroi tous ceux qui ont participé à la « fête impériale ». Pourtant, il remanie ses succès, leur donnant une plus large ampleur scénique, avec quelque succès.

Ayant pris en 1873 la direction du Théâtre de la Gaîté, il fait de nouveau faillite. Il parvient à améliorer sa situation financière grâce à une magnifique tournée américaine et produit sa centième opérette, en 1879, avec *La Fille du tambour-major.* Enfin vient l'heure de la revanche. En 1880, alors qu'il achève *Les Contes d'Hoffmann*, sa première œuvre vraiment grave, la mort le surprend. Le père de l'opérette meurt alors qu'il vient de concevoir une œuvre grimaçante et fantastique, véritable satire du Second Empire promise à un grand succès, lui qui a toujours préféré la bouffonnerie en privilégiant les personnages outranciers et invraisemblables.

La vieille dame de l'avenue de Versailles

Ayant vendu les principaux éléments de son train de vie princier – hôtel particulier, équipage, tableaux, mobilier –, Hortense vient vivre à Vanves en compagnie de son fils. Elle reçoit encore de nombreux amis et tombe une dernière fois amoureuse. Elle épouse en 1881 un faux comte italien, dit de Brionne, un véritable escroc qui l'allège d'une partie de sa fortune. Elle divorce aussitôt mais sait garder le nom. La voilà comtesse de Brionne pour les trente-cinq ans qui lui restent à vivre. Elle sort encore et ne manque jamais la première d'un opéra-comique ou bouffe. Elle a le bonheur de voir son fils mourir car elle sait, mieux qu'une autre, qu'il ne pourrait subsister sans elle. Elle ne lui survit guère, seule en son hôtel particulier de l'avenue de Versailles à Paris, certaine d'avoir accompli son temps et son devoir de mère.

La Castiglione, sacrifiée à l'unité italienne

Une beauté saisissante

François Verasis de Castiglione, veuf à vingt-cinq ans, jeune Piémontais plein de prestance, aspire, en cette fin d'année 1851, à épouser la plus jolie femme d'Europe. Est-ce là vanité ou faiblesse de caractère ? Il n'en manque cependant pas, ayant glorieusement combattu à Custoza en 1848 contre les Autrichiens sous les ordres du roi Charles-Albert de Piémont-Sardaigne. Malgré la défaite, sa poitrine s'orne désormais de la Croix de l'Ordre militaire de Savoie.

Le comte Walewski, fils naturel de Napoléon Ier et de la douce polonaise Marie Walewska, amusé par l'étonnante ambition du jeune homme, lui vante la beauté saisissante de Virginia, la fille du marquis et de la marquise Oldoïni, et lui conseille de lui faire la cour. C'est donc plein d'espoir et d'entrain que notre jeune homme se présente à La Spezia, petit port proche de Gênes, futur grand arsenal de l'Italie monarchique. Il réserve sa première démarche pour le palais des Oldoïni. Ce mois de juillet 1853 se révèle décisif pour lui, pour la belle Virginia qu'il convoite tant et pour l'Italie tout entière, enfin.

Leur première rencontre est un éblouissement pour François. Jamais encore il n'a contemplé une telle beauté aux yeux bleus intenses et sûrs de leur effet, au nez parfaitement dessiné, à la bouche aux lèvres minces, à l'ample chevelure brune et au corps si bien modelé avec sa poitrine haute et ferme que c'est supplice de la seulement contempler. En cette année 1853, Virginia n'est âgée que de seize ans, mais nul ne peut nier que ses formes parfaites en font déjà une femme magnifique. Le comte de Castiglione constitue un beau parti, plutôt fortuné, d'autant que le marquis Philippe Oldoïni n'est guère considéré par Cavour, principal ministre de la monarchie piémontaise. Nommé dès 1852, président du Conseil, il n'a confié au marquis Philippe qu'un poste de second rang, celui de secrétaire de légation à Paris.

François fait sa cour sans effort, car c'est un véritable coup de foudre qui l'a frappé. S'il est fou amoureux de la belle, elle n'est nullement insensible à ses sollicitations. En vérité, les voilà fort épris l'un de l'autre. D'un caractère entier, Virginia ne laisse personne décider de son avenir à sa place et annonce elle-même à sa mère sa décision de se fiancer. Voilà à peine quelques semaines que François est apparu dans sa vie. Le 9 janvier 1854, ils sont mariés, et c'est vers Turin qu'ils dirigent leurs pas. François connaît le roi, qui le considère avec le respect qu'inspirent sa constante fidélité à la couronne et son statut d'ancien combattant.

Victor-Emmanuel II, roi de Piémont-Sardaigne

C'est donc très rapidement après avoir voyagé de La Spezia à Turin que les jeunes mariés sont reçus à la cour. François peut ainsi présenter à la reine et au roi son épouse Virginia. La cour de Piémont est un bien curieux endroit en cette année 1854. Son protagoniste principal, le roi Victor-Emmanuel II, est un personnage truculent. Doté d'une immense moustache et d'une chevelure non moins abondante, le nez retroussé, c'est un rustre de la pire espèce dépourvu de toute manière et plus encore un véritable obsédé sexuel. Nulle femme n'est à l'abri de sa lubricité à la cour. D'ailleurs, délaissant la reine, la traitant sans respect, il s'affiche avec sa maîtresse, une certaine Rosina, fille d'un tambour-major ! Pourtant l'homme est un fin politique doté d'une incroyable volonté. Il poursuit un objectif unique et grandiose, la réunification de l'Italie, en s'appuyant sur le comte Camille de Cavour, dont les convictions sont tout aussi fortes. Parvenu au pouvoir en 1849 après l'abdication de son père Charles-Albert, de nouveau vaincu à Novare par les Autrichiens de Radetsky, le roi a parfaitement intégré la nécessité impérative pour le Piémont de conclure une alliance militaire pour vaincre l'Autriche. Car si Victor-Emmanuel II contrôle le Piémont, la Sardaigne, la Savoie, Nice et la Ligurie, le reste de l'Italie lui échappe. La péninsule est partagée en trois blocs principaux : Naples et la Sicile aux mains des Bourbon ; les États de l'Église, avec Rome pour capitale ; enfin, les possessions austro-hongroises de Lombardie, de Vénétie et des duchés de Toscane, Modène et Parme. Aux yeux de toute l'intelligentsia, le roi Victor-Emmanuel II incarne l'espérance de l'indépendance italienne. Il lui revient de reconstituer l'antique Rome républicaine et le très récent royaume d'Italie imposé par Napoléon

Ier. Or, voici que son neveu vient de proclamer, en cette fin d'année 1852, un Second Empire. Un homme qui n'a cessé de soutenir, depuis le fort de Ham où il a été longtemps enfermé et depuis l'Élysée où il a occupé la présidence de la Seconde République française, son désir de voir appliquer en Europe le principe des nationalités. Ne s'agit-il pas d'un double appel au soulèvement des Italiens et des Slaves, opprimés par l'Empire viennois ? Désormais, l'objectif de Victor-Emmanuel II est limpide : obtenir l'appui militaire de la France pour réaliser l'unité italienne.

En janvier 1855, le comte Cavour (dont François de Castiglione est le cousin) exécute la première étape du plan conçu avec le roi. Il engage l'Italie dans la guerre de Crimée contre l'Empire russe, aux côtés des Anglais et des Français. Ainsi espère-t-il obtenir la reconnaissance de la France puis pouvoir participer à une conférence de paix européenne, source fort utile de contacts diplomatiques.

Première trahison

Cependant, la vie du couple Castiglione est des plus animées, les disputes, nombreuses, s'achevant presque toujours en réconciliations enflammées. Leur répétition toutefois n'est pas sans révéler le caractère intraitable de Virginia. Ses exigences, son goût pour la querelle, ses violences verbales, ses menaces de rupture en font une femme certainement difficile à fréquenter au quotidien. D'autant qu'elle suscite l'envie de bien des jeunes hommes qu'elle ne repousse guère, flattée par les hommages rendus à son extrême beauté. Son jeune âge – tout juste dix-sept ans – explique sans doute beaucoup de comportements encore très infantiles. L'attente d'un enfant, confirmée à partir d'août 1854, plonge la jeune femme, certaine d'être mère avant ses dix-huit ans, dans un profond accablement. Au contraire de son époux, qui lui, est transporté par la nouvelle. La grossesse, difficile, n'empêche pas Virginia de se laisser courtiser par un certain Ambrogio Doria, de la meilleure société italienne. En mars, elle accouche d'un garçon, Georges (Giorgio), qui ne l'intéresse guère et brise net son envie d'être mère une seconde fois. Cependant, François est souvent absent, car il lui faut séjourner à la cour alors que son épouse se repose en leur propriété de Costigliole, à proximité d'Asti. Dès que sa santé le lui permet, elle revient à Turin, le lieu du pouvoir.

C'est au printemps 1855 que la comtesse de Castiglione trahit pour la première fois son époux, se donnant à Doria, qui sert alors sur la frontière, en la forteresse de Pignerol. L'Italien, preuve d'un admirable dévouement, n'hésite pas à parcourir des dizaines de kilomètres pour la retrouver, surtout lorsqu'il sait son époux absent.

Nous sommes certains de tous ces événements domestiques depuis les travaux d'Alain Decaux. L'on doit, en effet, au célèbre historien la découverte du journal intime de la Castiglione, qui a permis de lever bien des incertitudes sur la vie de la célèbre aventurière.

La Crimée va bouleverser la vie de Virginia

Alors que Virginia languit, mauvaise mère, peu heureuse en mariage, lassée de son amant et déçue d'une destinée si médiocre, la guerre de Crimée bouleverse sa destinée. En Crimée, les troupes italiennes ne brillent guère. On ne les voit pas se battre, et leurs pertes sont infimes. Pourtant, le 16 août 1855, c'est le miracle de Traktir. Les Italiens participent à la victoire contre les Russes, et perdent deux cent cinquante tués, blessés et prisonniers. Certes, le nombre des tués ne s'élève qu'à vingt-huit, mais Turin pavoise !

C'est alors que naît dans le cerveau de Cavour l'idée d'utiliser Virginia de Castiglione comme femme fatale au service de la cause italienne, en saisissant l'opportunité de la participation de l'Italie à la conférence de paix prévue à Paris en 1856. Victor-Emmanuel II effectuera auparavant le tour des capitales anglaise et surtout française, puis Cavour participera à la conférence internationale dans la capitale française. Et Virginia, accompagnant le second, sera chargée de séduire l'empereur Napoléon III et d'obtenir son soutien à la cause de la réunification du pays, mettant ainsi son exceptionnelle beauté au service de sa patrie. Là où Victor-Emmanuel II et Cavour sont impuissants, la plus belle femme d'Europe, Virginia de Castiglione, triomphera-t-elle ? Il faut être français pour en douter…

C'est que Napoléon III, outre son ardeur en faveur du principe des nationalités, entretient un lien personnel avec l'Italie. Dans sa jeunesse, il a combattu avec son frère pour la liberté des Romagnes, alors incorporées aux États pontificaux. Et son frère aîné y a laissé la vie en 1831. Lui-même n'a dû qu'à l'audace de sa mère Hortense d'échapper à la mort. Il a une double revanche à prendre sur cet Empire autrichien qui porta, par ailleurs, le coup de poignard fatal à Napoléon Ier en 1813 malgré le lien familial et imposa les deux traités de Vienne. Et également sur cette papauté rétrograde que le grand-oncle a pourtant tenté de briser en imposant le concordat.

Le roi Victor-Emmanuel II en personne vient trouver la comtesse chez elle, un soir de la fin novembre 1855. Il expose la tâche difficile qui va lui être ainsi confiée et l'intérêt supérieur de la nation. Lui-même n'abuse pas de la situation. C'est plus tard qu'il deviendra l'amant inconstant de sa belle sujette. Le général Cigala est en charge de l'organisation du déplacement des Castiglione à Paris et de leur relation avec le roi. Jeune mariée, Virginia se déplacera naturellement en compagnie de son époux, lequel devra assurer les frais de la mission avec un modeste soutien de la monarchie. Ce sont donc des centaines de milliers de francs que le comte doit emprunter pour assurer un train de vie exceptionnel dans la capitale française. Son épouse doit être la mieux parée de toutes et changer de tenue chaque jour. Une bien curieuse conception de la fidélité conjugale !

Si le voyage du roi Victor-Emmanuel II à Paris se déroule fort bien, encore qu'il ait fallu satisfaire les pulsions sexuelles du Piémontais avec une danseuse, le nouveau ministre français des Affaires étrangères, Walewski, vieille connaissance des Castiglione, se montre bien mal disposé envers Cavour, avec lequel des conversations ont débuté. La pression qui pèse sur les splendides épaules de Virginia est immense... C'est tout un peuple qui attend un miracle de son pouvoir de séduction.

Et c'est donc en famille, avec le petit Georges, que l'on se rend par le train à Paris, enfin atteint fin décembre ou début janvier 1856, après un arrêt à Marseille pour y remercier le comte Poniatowski, un vieil ami qui a prêté de l'argent.

Le bal des Tuileries du 29 janvier 1856

La princesse Mathilde, fille de l'ancien roi de Westphalie, Jérôme, cousine germaine et ancien béguin de Napoléon III, accueille la Castiglione le 9 janvier 1856 pour sa première sortie officielle. Elle et son frère Napoléon-Jérôme, surnommé Plon-Plon, sont avec Pierre Bonaparte, le fils de Lucien, Morny son demi-frère et Alexandre Walewski, les principaux membres de la famille de l'empereur régnant.

C'est en son hôtel de la rue de Courcelles que la princesse Mathilde, célèbre animatrice d'un salon qui accueille le Tout-Paris des arts et des lettres, reçoit avec bienveillance notre comtesse italienne. Très favorable à l'indépendance italienne, au contraire de l'impératrice Eugénie, stricte catholique espagnole favorable à la préservation des États pontificaux, Mathilde devient rapidement son amie. Le 26 janvier, le prince Jérôme, à son tour, donne un bal : Virginia et François y sont conviés. C'est en montant les marches du perron qu'elle croise l'empereur, qui quitte la fête. Il est probablement plus de vingt-deux heures. L'échange est bref entre celle qui a revêtu une robe blanche et or et Napoléon III. *Vous arrivez bien tard, Madame !* lance-t-il, s'entendant répondre : *C'est vous, Sire, qui partez bien tôt !* Cette répartie presque insolente ne laisse point l'empereur indifférent.

La suite de leur histoire s'écrit le 29 janvier 1856, lors du grand bal donné par Leurs Majestés aux Tuileries. C'est un empereur triomphant à la suite de la défaite russe à Sébastopol qui préside la fête. Vêtue d'une merveilleuse robe bleue, la Castiglione attire tous les regards lorsque, selon le protocole, elle s'incline en compagnie de son époux devant Eugénie et Louis-Napoléon. Quelle n'est pas sa surprise de voir Morny et Poniatowski l'attirer dans un salon avant que l'empereur en personne ne vienne dialoguer avec elle. Cavour le lui a répété par écrit : *Réussissez ma cousine, par les moyens qu'il vous plaira, mais réussissez.*

L'empereur, âgé de quarante-huit ans, est très sensible au charme féminin. Il n'est guère resté plus de six mois fidèle à Eugénie mais s'efforce d'agir avec tact, dissimulant autant que faire se peut ses aventures. La rumeur de ses infidélités n'en court pas moins avec insistance, à la grande contrariété de l'impératrice.

Le congrès de la paix de Paris ayant débuté ses travaux fin février 1856, c'est une capitale triomphante qui multiplie les somptueuses réceptions presque chaque soir, alors que tant de pays y ont envoyé leurs plénipotentiaires accompagnés d'importantes suites. Virginia est chaque fois invitée, portant une toilette toujours différente. Au début du mois de mars, la Castiglione est devenue la coqueluche de Paris. Sa beauté fait sa renommée.

Le 16 mars, Eugénie de Montijo donne naissance à un fils baptisé à Notre-Dame, le 16 juin suivant. À l'évidence, François et Virginia assistent à l'événement à la meilleure place.

La reine de Paris

Cependant, Cavour, présent depuis février à Paris, parvient à rencontrer en tête-à-tête et en secret l'empereur Napoléon III. C'est le docteur Conneau, médecin de la famille impériale, qui a permis l'entretien. Mais il n'obtient que de vagues promesses. Toutefois, l'empereur s'est laissé convaincre de la réalité du climat dictatorial régnant dans les États pontificaux. Et le 8 avril 1856, le ministre français des Affaires étrangères, Walewski, papiste contrarié par l'empereur, critique avec violence le pape Pie IX, en compagnie de son collègue anglais Lord Clarendon.

Le 7 juin, la Castiglione est invitée par le couple impérial au château de Villeneuve-l'Étang pour une partie campagnarde, une fête de nuit organisée en l'honneur de la grande-duchesse Stéphanie de Bade. C'est en mousseline transparente, alors que le soir tombe, que Virginia fait une apparition remarquée. L'empereur, présent, se précipite avant d'inviter la ravissante jeune femme à une promenade en barque. Les voici seuls dans la nuit illuminée au beau milieu de l'étang, abordant une petite île. Dans ses *Mémoires sur le règne de Napoléon III,* Horace de Viel Castel, témoin de la scène, précise qu'à la dernière fête de Villeneuve-l'Étang, *la comtesse de Castiglione s'est longtemps égarée dans une île placée au milieu du petit lac avec l'Empereur. Elle est revenue, dit-on, un peu chiffonnée, et l'impératrice a laissé voir quelque dépit.* Ah, qu'en termes galants ces choses-là sont dites !

Ainsi la Castiglione est-elle devenue la maîtresse de l'empereur aux yeux de tous. Et l'impératrice en a conçu une épouvantable colère, imposant à son époux une scène quasi publique qui a fait le tour de toutes les chancelleries européennes. Pourtant, les deux amants ne songent qu'à se revoir, en cachette, même si la Castiglione, gonflée d'orgueil par son rôle historique, ne craint guère la rumeur. Ils savent se ménager des rencontres, semble-t-il nombreuses, comme en témoignent les difficultés de l'ambassadeur anglais en France, Lord Cowley, à obtenir une entrevue avec l'empereur.

Une passion impériale

Nul ne peut douter que, sur l'oreiller, la divine comtesse s'adonne totalement à son impossible mission. Elle ne suit sans doute pas Napoléon III à Plombières en juillet mais est conviée, en août, à passer une semaine à Saint-Cloud. Si l'on joue aux séries l'après-midi, le soir des représentations théâtrales sont proposées. C'est lors de l'une d'entre elles que la Castiglione, puis l'empereur, s'esquivent pour se retrouver et jouir de leur bonheur. Toute la cour bruisse de ce second affront public fait à l'impératrice et la Castiglione devient bientôt la cible des critiques de toutes les femmes de la cour. Sans doute ne s'intéresse-t-elle qu'aux hommes, et d'abord au premier d'entre eux. Aussi, lorsqu'elle se brise le poignet lors d'une promenade, n'est-elle plainte par aucune de ces dames.

La liaison entre la belle Italienne et l'empereur moustachu se poursuit au cours de l'année 1857. Virginia ne manque d'informer tant le roi Victor-Emmanuel II que Cavour des progrès de leur cause commune. Ceux-ci ne sont pas les derniers à encourager cette jeune femme qui n'a encore que vingt ans.

Elle assiste au bal donné le 17 février 1857 par le comte Walewski au ministère des Affaires étrangères. Horace de Viel Castel en témoigne de nouveau, cette fois avec humour, légèreté et même une touche de dérision :

La comtesse de Castiglione, que chacun dit être du dernier bien avec l'empereur, avait adopté le costume le plus fantaisiste et le plus hardi qui puisse être imaginé. Ce costume, moitié Louis XV, moitié actuel, portait pour titre : « dame des cœurs ». Les jupes retroussées sur le jupon de dessous ainsi que le corsage se trouvaient enlacés de chaînes formant des gros cœurs. La merveilleuse chevelure de la comtesse ruisselait autour de ses tempes, de son front et retombait en cascade sur son cou. Le costume éblouissant d'or était magnifique et quelques bons béotiens admiraient le talent de la comtesse pour subvenir avec quinze mille francs de rente à une vie de luxe et de plaisir. Les sages murmuraient : il n'y a d'empereur que l'Empereur et la Castiglione est son prophète. Plus d'une femme laissait éclater sa jalousie, les hommes impartiaux ne pensaient qu'une chose qu'ils ne disaient pas : je voudrais être à la place de l'Empereur !

Quant à la comtesse, elle portait avec insolence le poids de sa beauté, elle en étalait les preuves avec ostentation, nous ne saurions dire qu'elle fut décolletée, mais nous pouvons affirmer la nudité de sa gorge qu'entourait à peine une gaze zéphyr, l'œil en suivait le contour et les moindres détails, enfin la partie que la gaze elle-même laissait complètement à découvert s'étendait jusqu'au bout du sein. La fière comtesse n'a pas de corset ; elle poserait volontiers devant quelque Phidias s'il s'en trouvait un par le temps qui court, et elle poserait parée de sa seule beauté. Sa gorge est vraiment admirable, elle se dresse fièrement comme la gorge des jeunes mauresques ; les attaches n'ont pas un pli, en un mot les deux seins semblent jeter un défi à toutes les femmes.

La Castiglione est une courtisane comme les Aspasie, elle est fière de sa beauté et ne la voile qu'autant qu'il faut pour être reçue dans un salon…

Le seul homme à Paris qui ignore l'impériale liaison de Virginia est bien le comte François de Castiglione.

Il en souffre donc peu mais s'inquiète, à juste titre, en dépit de la pension royale, des emprunts qu'il a dû consentir pour financer le train de vie de Virginia, avec laquelle il ne vit plus guère. Décidé à rompre avec son épouse, François quitte Paris, la laissant seule avec le petit Georges.

C'est au cours d'un séjour à Londres, à l'été 1857, que Virginia fait la connaissance d'Henri d'Orléans, le duc d'Aumale et de son ami, Louis Estancelin. De retour à Paris, elle voit ses relations avec l'empereur sans doute s'espacer, car elle n'a pas su tenir sa langue. Napoléon III ne supporte pas les reproches d'Eugénie ; cesser de voir Virginia permettrait d'apaiser l'ambiance familiale. Il serait toujours possible de choisir une autre amante, plus proche, plus accessible en quelque sorte, de la famille… La belle Marianne Walewska, l'épouse d'Alexandre, ferait parfaitement l'affaire, se dit l'empereur. En cette fin d'année 1857, la liaison avec la Castiglione s'étiole puis cesse. A-t-elle véritablement achevé sa mission ? L'entrevue de Plombières va démontrer qu'elle y est largement parvenue…

L'entrevue décisive de Plombières

Désormais de retour à Turin, la Castiglione rencontre Cavour, fort inquiet des conséquences de la rupture des liens amoureux de sa protégée avec Napoléon III. Il craint une volte-face de la France à l'endroit des ambitions italiennes. L'attentat d'Orsini finit, heureusement, de convaincre l'empereur d'intervenir en faveur de Turin. Ayant miraculeusement échappé aux trois bombes d'Orsini (le bilan, très lourd, est de cent soixante-quatre morts et blessés), l'empereur ne peut qu'être ému par l'ultime cri du terroriste italien qui, à la veille de monter sur l'échafaud, lance un vibrant appel en faveur de la liberté pour son pays, l'Italie. Remué, Napoléon III rencontre secrètement Cavour à Plombières. En ces 21 et 22 juillet 1858, ils décident ensemble du futur tracé de l'Italie. L'empereur s'engage à restituer au royaume de Piémont-Sardaigne la Lombardie, la Vénétie, les duchés de Parme et Modène et les Romagnes. En contrepartie, la France recevrait la Savoie et Nice et… la princesse Marie-Clotilde, fille de Victor-Emmanuel II, âgée de quinze ans. La malheureuse épouserait Plon-Plon, débauché notoire, âgé de vingt ans de plus qu'elle ! Ainsi Napoléon III n'envisage-t-il pas une réunification de toute la péninsule, voulant, au contraire, protéger les États pontificaux. Cavour, ravi d'avoir tant obtenu, est complimenté par son roi.

Sans doute revigoré par cette nouvelle, le roi Victor-Emmanuel II honore avec constance une Virginia retrouvée et désormais installée Ville Gloria, dans la capitale piémontaise. Certes, un roi d'Italie n'équivaut point un empereur gaulois, mais la belle se laisse faire, espérant retrouver un rôle politique.

Après avoir averti la reine Victoria de son projet italien, en août 1858, à Cherbourg, puis avoir obtenu tant la neutralité bienveillante du tsar que celle de la Prusse, Napoléon III envoie Plon-Plon signer, le 26 janvier

1859, le traité franco-sarde et épouser la princesse Marie-Clotilde.

Magenta et Solférino

De façon surprenante, ce sont les Autrichiens qui décident de déclencher la guerre en adressant un ultimatum au gouvernement de Turin le 23 avril. Le 26, Cavour rejette la note de Vienne exigeant la démobilisation de l'armée piémonto-sarde. Alors, dès le 27, le général Giulay franchit le Tessin avec cent cinquante mille hommes. Composée de quatre corps, l'armée française se concentre autour d'Alexandrie. Après des affrontements mineurs à Montebello et à Palestro, la première grande bataille se livre à Magenta le 4 juin. Longtemps indécise, finalement remportée par Mac Mahon, elle provoque la mort de quatre mille soldats français, les Autrichiens perdant plus de sept mille hommes et laissent plus de cinq mille prisonniers. Le 24 juin, c'est à Solférino que les Autrichiens affrontent Français et Piémontais. Victorieuse, l'armée française subit des pertes énormes, autour de dix-huit mille morts, les Piémontais comptant de leur côté près de six mille tués. Les Autrichiens avouent des pertes équivalentes aux Français. Après cette boucherie, un armistice est très vite signé à Villafranca, le 8 juillet 1859.

Par le traité de Zurich du 11 novembre 1859, les Autrichiens obtiennent des Français le maintien de la Vénétie dans l'Empire, la restitution à leurs princes de Modène et de Florence, la création d'une Confédération italienne sous la présidence du pape. Furieux, Cavour démissionne alors avec fracas avant, d'ailleurs, de revenir bien vite au pouvoir. Par le traité de Turin du 24 mars 1860, la France reçoit la récompense de ses efforts : le Piémont lui cède Nice et la Savoie. Ainsi, le royaume de Piémont-Sardaigne s'agrandit-il de la Lombardie (sauf Mantoue) et s'appauvrit-il de Nice et de la Savoie. Fort de sa nouvelle puissance militaire, le roi Victor-Emmanuel II ne tarde pas à annexer la Toscane, Modène, Parme et les Romagnes. Et les formes sont respectées puisque tous ces territoires se sont déclarés italiens à la suite de plébiscites. Cependant, Napoléon III accepte la prétention piémontaise à occuper toute l'Italie contre l'engagement du respect de l'autorité pontificale sur le Latium et Rome, alors que s'achève l'expédition dite des Mille, qui permet à Garibaldi de s'emparer de la Sicile puis de Naples en septembre 1860 et de les offrir à son roi. Puis Victor-Emmanuel II écrase les zouaves pontificaux à Castelfidardo et occupe aussitôt l'Ombrie et les Marches.

Le 21 mars 1861, Victor-Emmanuel II est proclamé roi d'Italie alors que ne lui échappent plus que la Vénétie, le Latium et Rome.

La Castiglione prend un amant, puis un deuxième… et un troisième

Après l'armistice de Villafranca, paradant à la tête de ses troupes, Napoléon III traverse Turin et ne demande nullement à rencontrer Virginia. C'est une déception cruelle pour la Castiglione. Aussi accueille-t-elle avec bonheur un nouvel amant, le prince Henri de La Tour d'Auvergne-Lauragais, le nouveau ministre français à Turin, appartenant à l'illustre famille qui donna le maréchal de Turenne à la France. Elle se donne à lui avec bonheur et volupté jusque vers le milieu de l'année 1860. Nommé à Berlin, le prince gagne sa nouvelle affectation. Brisée par ce nouvel abandon, Virginia se réfugie dans le silence, affectionnant la solitude, s'entourant d'un halo de mystère, se rendant elle-même malheureuse par une attitude trop hautaine et méprisante envers les autres. De sa beauté, elle fait un prétexte à sa solitude. N'est-elle pas, déesse incomparable, inaccessible aux simples mortels ? Cet orgueil ombrageux se double de la certitude d'avoir joué un rôle décisif dans l'intervention française en Italie et donc dans la marche de son pays vers la réunification. Elle se trouve ainsi, comme elle le dit elle-même, *si bien au-dessus des autres que je préfère vivre sur ma colline, tranquille quelquefois, indépendante toujours, et surtout à l'abri de ces relations banales que je hais.*

En 1861, celle qui a été la reine de Paris pendant deux années décide d'un retour dans la capitale française. Elle n'a que vingt-quatre ans et le monde lui appartient. Pourtant, son vieil ami le prince Poniatowski le lui déconseille. Elle n'en a cure et vient s'installer rue Nicolo, dans le quartier de Passy. Elle va y vivre jusqu'en 1870, non sans moult retours en Italie. Son arrivée est si discrète que le bavard de Viel Castel ne trouve à écrire que ces quelques mots : *Mme de Castiglione est depuis deux mois à Paris, mais on n'a pas encore parlé d'elle.* Rien d'étonnant à ce qu'elle baptise sa maison « Ermitage ». Elle devient désormais, pour la haute société qu'elle ne fréquente plus guère, l'ermite de Passy. Elle se lie pourtant avec quelques personnalités de premier plan, en particulier le clan Delessert, dont le riche banquier Benjamin a fait la fortune en inventant la formule d'extraction du sucre de la betterave sous Napoléon Ier. Virginia devient l'amie de Valentine Delessert née de Laborde, qui tient un salon réputé, après avoir inspiré une passion torride à Prosper Mérimée. Souffrant de terribles maux de tête, Virginia se laisse conduire chez l'une des gloires médicales de l'époque, le Dr Émile Blanche qui demeure à proximité, un spécialiste de l'aliénation. Ce dernier se montre d'un grand dévouement avec sa patiente, ne cessant, durant de longues années, de soigner celle chez qui il a discerné un grave état dépressif. Il lui prescrit un séjour en bord de mer. Et c'est l'air marin de Dieppe qu'elle vient aspirer à pleins poumons alors que la duchesse de Berry tente de lancer la mode des bains de mer. Elle y retrouve Poniatowski, et leurs relations se transforment. D'amis, ils deviennent amants. Le comte se trouve dans une situation très particulière, puisqu'ayant réclamé le remboursement de ses créances à François de Castiglione, il l'a ruiné. Il est ainsi devenu propriétaire tant du château des Castiglione à Turin que de leur propriété piémontaise de Costigliole. Amant de la Castiglione, il constate avec un certain effroi combien celle-ci sait réagir aux coups du sort, en obtenant en justice tant une séparation de biens qu'une autre de corps avec son mari.

En 1862, la comtesse de Castiglione revient en Italie, tant pour régler le partage des biens avec François que pour retrouver un roi d'Italie toujours aussi avide de son divin corps. De Turin, elle gagne son pays natal de La Spezia. Sa santé s'améliore, et c'est pleine d'entrain qu'elle regagne Paris début 1863. Elle s'efforce alors de renouer des liens avec le Tout-Paris, regagnant l'amitié des Ney, des Rothschild et entretenant celle des Delessert. C'est alors qu'elle fait la connaissance d'Ignace Bauer, l'un des richissimes propriétaires de la banque Weisweiller et Bauer, par ailleurs frère de Mgr Bernard Bauer, protonotaire apostolique. Ignace Bauer, devenu le roi de la finance madrilène, remplit par ailleurs la fonction de consul général d'Italie dans la capitale espagnole. Fou amoureux de la belle Italienne, il finit par obtenir d'elle l'offrande de son corps si désirable.

La déception du bal des Tuileries du 9 février 1863

Invitée par Leurs Majestés au bal des Tuileries du 9 février 1863, la Castiglione triomphe intérieurement, certaine d'éblouir de nouveau la haute société parisienne. Dans son costume de reine d'Étrurie, elle fait sensation. Mais se trouve en proie à une campagne de presse calomnieuse qui l'accuse de s'être montrée par trop dénudée. Ce qui est parfaitement inexact.

Cependant, Poniatowski l'abandonne alors qu'elle rompt définitivement avec Henri de La Tour d'Auvergne. Seule se poursuit, orageuse, sa liaison avec Bauer.

Traînant sa nostalgie et son ennui à Paris, à Dieppe, à Turin et à La Spezia, toujours avec son fils Georges dont elle assume la garde sans plaisir, la Castiglione tente de survivre. Et de maîtriser des problèmes financiers qui, sans être aigus, ne lui permettent plus le train de vie d'autrefois. Aussi est-il assez étonnant qu'en cette année 1864, elle ait repoussé la volonté de Bauer de s'unir à elle devant Dieu, sans doute parce que le divorce n'existant pas en Italie, elle ne peut se séparer de François de Castiglione. Dès lors l'inévitable intervient : Bauer la quitte et se fiance avec une autre, en 1865. La voilà seule et désormais décidée à se retirer du monde. Lors d'une vente de charité très mondaine organisée par la comtesse Tascher de La Pagerie, elle provoque son monde en apparaissant sur scène en robe de bure, la tête couverte d'un capuchon au cœur d'une grotte artificielle arborant comme un défi une inscription de trois mots : « Ermitage de Passy ».

Cependant, sa solitude atteint son moral à l'approche de la trentaine. Et son corps s'épaissit alors que son teint devient blême. Elle n'est déjà plus, en cette année 1866, la beauté que Cavour envoya quelques années plus tôt à la conquête de l'empereur.

La mort de François la ramène en Italie

En mai 1867, alors que François de Castiglione défile au côté du roi dans le cortège nuptial qui accompagne le duc d'Aoste et la princesse del Pozzo della Cisterna, il chute de cheval et tombe malencontreusement sous les roues du carrosse royal. Mort sur le coup, François quitte ainsi un monde qui s'est montré bien cruel à son endroit. Ayant perdu fortune et femme, il n'a dû qu'à l'amitié de Victor-Emmanuel II de conserver sa position d'aide de camp royal. Le choc, pour Virginia, est plus rude qu'elle ne l'imaginait. La tristesse qui lui colle désormais à la peau comme une tunique de Nessus s'en trouve amplifiée. Revenue en Italie à la suite de ce décès brutal, elle se voit offrir un vaste appartement à Florence par le roi qui y réside désormais. Lequel ne manque pas de venir partager son lit chaque fois que l'occasion se présente. Il lui attribue une pension annuelle de douze mille francs. Cependant, début 1869, la Castiglione s'en revient en sa maison de Passy, déçue de n'avoir obtenu aucune mission royale. C'est bien mal connaître Victor-Emmanuel II que d'imaginer qu'il puisse éprouver la moindre reconnaissance ! Le roi n'a cessé d'agir avec détermination depuis 1860. Il a obtenu des Français la promesse de l'évacuation de Rome en 1864. Puis s'étant allié à la Prusse, il en a obtenu la cession de la Vénétie à la suite de la victoire de Sadowa, en 1866. Ce grand souverain injustement méconnu, ayant constaté le retrait effectif de la France de Rome en 1866, soucieux, cependant, de ne pas renier publiquement la parole donnée à Napoléon III de ne point envahir la cité papale, agite la carte Garibaldi. En octobre 1867, après avoir vaincu l'armée pontificale à Monterotondo, Garibaldi envahit le Latium. La réaction française est immédiate : vingt-deux mille hommes sous le commandement du général de Failly viennent occuper Rome. Le 3 novembre, les chassepots (fusils) du Français « font merveille », infligeant une véritable déroute aux troupes garibaldiennes...

Une dernière fois, elle tient un rôle historique

À Paris, en cette année 1869, la Castiglione se lie avec deux personnalités politiques de premier plan : Plon-Plon, le prince Napoléon, et surtout Adolphe Thiers. Brillante intelligence, ce dernier est l'un des chefs de l'opposition à l'empereur Napoléon III. On murmure que sa très jeune épouse, Mlle Dosne, pourrait être sa fille, ce qui ne l'empêche nullement d'admirer la beauté de Virginia. La comtesse de Castiglione préfère nouer de nouvelles relations amoureuses avec le député monarchiste Louis Charles Estancelin. Et très certainement, également, avec un haut fonctionnaire des Affaires étrangères, historien réputé, le baron Imbert de Saint-Amand.

C'est alors que ses relations avec Victor-Emmanuel II sont devenues conflictuelles – elle ne cesse de lui réclamer argent et avantages – et qu'elle s'est résolue à vendre des bijoux pour maintenir son train de vie, qu'elle apprend, à Florence, que le 2 septembre 1870, Napoléon III a capitulé à Sedan avant d'être emmené prisonnier au château de Wilhelmshöhe.

Brutalement, la voilà projetée au centre d'une négociation européenne où se joue le sort de la France. En effet, son ami Thiers – la République ayant été proclamée dès le 4 septembre à Paris – s'efforce, à la demande de Jules Favre, l'homme fort du moment, d'obtenir un soutien européen. Il gagne alors successivement l'Angleterre, la Pologne, l'Autriche, la Russie et enfin l'Italie. En ce 4 octobre 1870, parvenu à Florence, c'est vers la comtesse de Castiglione qu'il se dirige aussitôt. Il sait que l'Italie a profité de la défaite française pour faire pénétrer ses troupes à Rome dès le 20 septembre 1870. Sans doute Thiers espère-t-il une double intervention de la comtesse auprès de la cour italienne et auprès de Bismarck, qu'elle a bien connu comme ambassadeur à Paris, en 1862. De fait, elle l'introduit auprès de Victor-Emmanuel II, mais il n'obtient rien des Italiens qui refusent la mobilisation de leur armée en faveur de la France. Il se décide alors à tenter d'obtenir une entrevue avec Bismarck à Versailles. Il lui faut un laissez-passer. Virginia intervient de nouveau grâce à ses relais italiens, et la rencontre Thiers-Bismarck se déroule début novembre à Versailles. Le 6, c'est l'échec, Gambetta, partisan de la lutte à outrance, ayant refusé l'armistice négocié par Thiers avec Bismarck.

La comtesse, désespérée de ce revers, songe à protéger ses biens de la rue Nicolo alors que la capitale française est désormais bombardée par les Prussiens. La diplomatie italienne se met à son service, assurant la sauvegarde de ses meubles. Elle attend 1872 pour revenir à Paris, dont maints quartiers ont souffert de la guerre civile conduite contre les communards en mai 1871. Elle s'installe alors à l'hôtel de l'Alma.

La famille d'Orléans, ultime espoir

Toujours soucieuse de jouer un rôle politique, par l'intermédiaire d'Estancelin et du duc d'Aumale, elle entre en relation avec le duc de Chartres, Robert d'Orléans, et devient sa maîtresse. C'est que la restauration monarchique paraît probable à la suite de l'accord conclu entre le descendant des Orléans, le comte de Paris et frère aîné du duc de Chartres, et celui des Bourbon, le comte de Chambord. En effet, les députés royalistes sont majoritaires à la chambre. Mais le refus obstiné de Chambord d'accepter le drapeau tricolore qui s'est couvert de gloire sur tous les champs de bataille européens fait échouer la manœuvre. Le duc d'Aumale ayant refusé de se présenter à la présidence de la République, la Castiglione voit s'envoler ses derniers espoirs de tenir un véritable rôle politique.

Elle tombe malade puis se rétablit avant de connaître une ultime aventure avec le journaliste Paul de Cassagnac, l'un des chefs de file d'un parti bonapartiste renaissant qui espère, dès 1873, pousser le prince impérial, fils de Napoléon III, sur le trône français. Sans doute vit-elle alors l'une des plus belles périodes de sa vie de grande amoureuse. Pourtant, un conflit d'argent avec son fils Georges la jette dans le désespoir et la contraint à beaucoup céder pour éviter la rupture.

Sombre fin de vie

En 1878, la comtesse de Castiglione est tenue de changer de domicile en raison de l'état de ses finances.

Elle demeure désormais dans un entresol de la place Vendôme, au-dessus d'un bronzier d'art. En ce petit local, elle passe ses journées allongée sur un divan, dans un salon où s'entassent des meubles trop nombreux. Le sol est couvert d'un tapis noir, tout comme les murs sont revêtus d'un papier peint ébène. Les murs sont couverts d'innombrables portraits et photographies d'elle-même, aux époques les plus glorieuses de sa vie. C'est dans ce funèbre musée qu'elle reçoit ses rares visiteurs. Privée de Georges qui s'est affranchi de son autorité et est allé occuper un poste d'attaché à la légation italienne de Buenos Aires, elle voit s'éloigner ses derniers amants, le duc de Chartres et Paul de Cassagnac. En 1879, Georges, qui s'est réconcilié avec sa mère, après avoir occupé des postes diplomatiques au Portugal et en Espagne, est terrassé par la variole.

Désespérée, elle se cloître désormais et ne reçoit plus personne. À quarante-deux ans, elle est prématurément vieillie, et ses jambes comme ses chevilles sont devenues bien lourdes. À partir de 1880, elle ne sort plus qu'à la tombée de la nuit, vêtue de noir, le visage couvert de voiles, accompagnée d'un chien au corps déformé par l'abus de sucreries, avançant d'un petit pas hésitant vers les arcades de la rue de Castiglione, puis celles de la rue de Rivoli. Longue silhouette noire, se réfugiant sous les porches à l'approche des passants, s'arrêtant longuement sur le trottoir au point d'attirer l'attention des sergents de ville apitoyés, ainsi va, durant une grande partie de la nuit, celle qui séduisit tant le roi d'Italie que l'empereur des Français.

Devenue fort laide, ayant perdu des pans entiers de sa dentition, elle survit, et seuls le duc de Chartres et Plon-Plon, par fidélité, lui rendent encore de rares visites. Elle vit chichement, malgré ses propriétés de La Spezia, dont elle ne tire pourtant aucun revenu, malgré la petite pension que le roi italien Humbert qui a succédé à son père continue à lui verser, malgré aussi les subsides que les Rothschild lui fournissent avec générosité. La maladie la tient bien souvent allongée sur un lit dont les draps ne sont jamais nettoyés.

En 1894, la mort de son propriétaire la contraint à se réfugier rue Cambon, au-dessus du restaurant qui lui livre ses repas. C'est dans une solitude totale, brisée d'émotion de temps à autre par de rares lettres d'Estancelin, qu'elle s'éteint le 28 novembre 1899, victime d'une apoplexie cérébrale, à l'âge de soixante-deux ans. Seuls quelques domestiques l'accompagnent à la Madeleine avant que son corps ne soit enterré au Père-Lachaise, où sa pierre tombale, dont l'usure du temps a effacé jusqu'à son nom, existe toujours.

Mme Steinheil,
la veuve noire

Le très élégant président Félix Faure

Le 17 janvier 1895, au second tour, Félix Faure triomphe difficilement d'Henri Brisson par 430 voix contre 361. Au premier tour, bien que radical, ce modéré fait le plein des voix des parlementaires (sénateurs et députés) de droite qui reprochent à son adversaire son idéologie gauchiste. Brisson n'a-t-il pas fait voter l'amnistie en faveur des communards de 1871 ?

Faure succède à un homme autoritaire, actionnaire majoritaire des mines d'Anzin, Jean Casimir-Perier, qui n'a pas supporté les lazzi de la presse et a préféré démissionner six mois après avoir été élu.

Ancien ouvrier tanneur, ayant suivi les cours de l'école professionnelle d'Ivry, Félix Faure fonde en 1865 une entreprise de commerce de cuir au Havre, qui se révèle profitable. Très actif, il est nommé adjoint au maire de sa cité en 1870. Sa belle attitude durant la guerre de 1870-1871 lui vaut d'être décoré de la Légion d'honneur. Révoqué par la droite de son poste municipal, il aspire à la revanche politique. Élu député de la Seine-Inférieure en 1881, il ne cesse d'occuper des fonctions ministérielles, d'abord comme sous-secrétaire d'État aux Colonies et au Commerce (1881), puis comme sous-secrétaire d'État à la Marine et aux Colonies (1883), enfin comme ministre de la Marine (1894). Dès 1890, il devient président de la très influente commission du budget de l'Assemblée nationale. Ce franc-maçon, proche de Paul Doumer (lui-même futur président de la République), se fait remarquer par son amour du faste au point d'être surnommé « le roi Soleil ». Excellent cavalier, d'une élégance raffinée, il adore les belles cérémonies protocolaires, les calèches tirées par six chevaux, les pelotons de cuirassiers. Cet arbitre des élégances n'en est pas moins un homme raisonnable qui sait reconnaître ses erreurs. Ainsi cet antidreyfusard virulent se convainc-t-il peu à peu des mensonges du ministère de la Guerre, même s'il hésite à mettre en cause l'état-major, de peur d'ouvrir une crise politique aux conséquences incalculables. Il sait soutenir Méline dans sa politique d'apaisement à l'endroit des milieux catholiques et le vote de la grande loi sociale de 1898, instituant la responsabilité patronale en cas d'accident du travail.

En se faisant le promoteur de l'alliance franco-russe (il se rend en Russie fin août 1897 après avoir reçu Nicolas II à Paris en 1896) et en réglant pacifiquement l'affaire de Fachoda, il démontre des qualités politiques indéniables. Aussi sa mauvaise réputation paraît-elle fort injuste. Quant aux jugements portés par ses pairs, ils semblent beaucoup trop sévères. En 1920, vingt ans après sa mort, Alexandre Millerand, qui vient d'être élu président de la République, traite son prédécesseur, Félix Faure, *de subalterne qui n'est ni un caractère ni une valeur ; ce pauvre sire n'est pas un président mais un figurant.* Quant à Clemenceau, il l'éreinte, affirmant, en 1899, après sa mort subite : *En entrant dans le néant, il a dû se sentir chez lui,* ajoutant en guise d'hommage funèbre alors que se prépare l'élection suivante : *Ça ne fait pas un Français en moins mais une place à prendre... Je voterai Loubet.*

Marié avec une femme simple dont il a eu deux filles, ce séducteur apprécie les jolies femmes. Sa rencontre avec Mme Steinheil, qui ne constitue sans doute pas sa seule liaison extraconjugale, va bouleverser tant son destin que sa réputation.

Meg

Marguerite-Jeanne Japy naît dans le Haut-Rhin, à Beaucourt, en avril 1869. Elle appartient à l'une des meilleures familles protestantes de la région de Montbéliard. Ses oncles ont dirigé les manufactures Japy et ont fait fortune ; ils placent son père, Édouard Japy, à la tête de l'une de leurs usines. L'un de ses proches parents, le général Frédéric Japy, héros de la guerre du Mexique, est devenu sénateur. Quant à sa mère, Émilie Rau, fille d'aubergiste, elle est d'origine beaucoup plus modeste. Marguerite, Meg, est élevée comme il convient en ce milieu bourgeois fortuné. Elle joue du piano et du violon et, dès 1886, fait son entrée dans le monde en participant à des bals de garnison. Cette belle brune fait chavirer les cœurs, mais son père s'oppose au mariage avec le sous-lieutenant qu'elle a conquis. Partie pour Bayonne chez sa sœur aînée, Mme Herr, elle accepte un mariage de convenance en 1890. Le 6 juillet, elle épouse au temple de Beaucourt un peintre assez réputé, Adolphe Steinheil, qui avoue dix-neuf ans de plus qu'elle. Adolphe, le fils de Louis-Charles Steinheil, bien connu pour sa restauration des vitraux de la Sainte-Chapelle, est également le neveu du célèbre peintre des batailles de Napoléon Ier, Jean-Louis Meissonier. Lui-même s'est fait connaître par plusieurs œuvres, au trait minutieux, comme *La Jeune Mère allaitant son enfant, Le Message, L'Amateur d'art, Le Passe-Temps musical du* XVIe *siècle*… Il en a tiré quelques récompenses : médailles et ruban rouge en 1889.

Le couple s'installe à Paris, 6 impasse Ronsin, dans un pavillon dont une partie est réservée en atelier. Malgré la naissance d'une fille, Marthe, en 1891, Meg et Adolphe ne s'entendent guère. Ils vivent presque séparés sous le même toit. Et Marguerite s'en va trouver ailleurs ce qu'elle n'obtient plus sous son toit…

Rencontre avec le président de la République

Fin 1896, Adolphe Steinheil reçoit une importante commande du Club alpin : il s'agit d'un tableau destiné à être présenté à l'Exposition de 1900. Aussi se rend-il en août 1897 à Pralognan, dans le massif de la Vanoise, accompagné de son épouse, pour y trouver l'inspiration. Or, à cette époque, des manœuvres militaires se déroulent précisément dans les Alpes, auxquelles le président de la République, Félix Faure, assiste en personne. Mme Steinheil, avec hardiesse, vient au-devant du cortège officiel qui chemine pour assister à une prise d'armes sur le Mont-Froid. Elle ose même prendre en photo le président à cheval, coiffé d'un chapeau Cronstadt gris. Le fier Félix n'est nullement insensible à l'aimable et ravissante Meg. Du haut de ses vingt-huit ans, elle prend en ses rets un président qui s'ennuie en compagnie des militaires. Dès le lendemain, la jeune femme accompagne le cortège présidentiel, ayant solidement ferré le chef de l'État, à qui elle s'est probablement offerte. À la fin du mois d'août, Félix Faure va à Cronstadt rencontrer Nicolas II. À son retour, il n'a de cesse de revoir sa belle. Le mari complaisant reçoit sa récompense : une commande d'État représentant le président remettant des décorations au cours des manœuvres alpines. Le tableau sera ainsi dénommé : *Remise de décorations à La Traversette.* En février 1898, Félix Faure se déplace en personne en l'atelier du peintre pour constater l'avancement du travail. Et il inaugure personnellement le salon des Artistes français. Malgré les soucis provoqués par l'affaire Dreyfus, qui tourne au cauchemar pour les autorités civiles et militaires avec le suicide du colonel Henry et la démission du ministre de la Guerre, le général Cavaignac, encore amplifiés par l'affaire de Fachoda (le capitaine Marchand reçoit l'ordre de se retirer), le président poursuit sa relation avec Marguerite. Meg se rend à l'Élysée, tantôt officiellement, tantôt officieusement.

Le funeste 16 février 1899

C'est de la lecture des *Souvenirs* de Louis Le Gall (et accessoirement des *Notes* de Félix Faure), chef du cabinet administratif ou civil du chef de l'État, que l'on tient un récit fiable de la funeste journée du 16 février 1899 qui voit la mort du président. Une mort qui fait couler beaucoup d'encre. Il existe d'ailleurs deux récits de Le Gall, témoin privilégié, qui n'est absent de l'Élysée qu'entre seize heures et dix-huit heures trente. Le premier récit est à la fois moins complet et plus détaillé que le second, puisque destiné à être publié dans *Le Figaro*. Le Gall n'y parle pas de Mme Steinheil mais pour assurer la meilleure crédibilité possible, retrace heure par heure l'emploi du temps présidentiel entre six heures trente du matin et dix-neuf heures trente. Le second, qui ne dissimule pas la présence de Meg à l'Élysée, est plus intimiste et moins rigoureux. Lui seul se rapproche de la vérité.

Reprenons donc les faits dans l'ordre chronologique tels qu'ils se seraient déroulés le 16 février 1899.

C'est vers sept heures du matin que Le Gall est appelé par un garde auprès du président de la République, qu'il trouve habillé et lisant les journaux. Intrigué par l'annulation de sa promenade à cheval quotidienne, Le Gall interroge le président et s'entend répondre : *Je n'ai pas eu une bonne nuit. Ce matin, je me sens les jambes un peu molles. Vous savez, j'ai un nouveau cheval dont je ne suis pas encore très sûr. S'il allait me faire quelque bêtise et que je n'en fusse pas le maître, voyez-vous comme ce serait stupide ! J'ai donc préféré ne pas sortir et j'ai fait téléphoner à l'officier qui devait m'accompagner de ne pas se déranger...*

Puis Le Gall, bientôt rejoint par Henri Blondel, le chef du secrétariat particulier, discute avec le président des nouvelles politiques. Vers huit heures trente, les deux hommes se retirent, laissant le président s'habiller pour diriger le Conseil des ministres qui débute une demi-heure plus tard. Ce dernier se passe sans incident particulier. À la sortie, le président rentre en son cabinet, y dépose ses dossiers puis, pénétrant chez Le Gall, lui demande de l'accompagner dans ses appartements où il se rend pour déjeuner. Il l'informe de son intention de se reposer avant le début des audiences, vers quinze heures. Il doit, en effet, recevoir successivement le cardinal-archevêque de Paris, François-Marie Richard, ardent défenseur des congrégations, et Albert de Monaco, officier de marine de l'armée française, prince en titre, par ailleurs créateur du célèbre Musée océanographique et fervent partisan de la révision du procès Dreyfus.

À quinze heures, le président reçoit comme prévu le cardinal Richard puis, après lui, le prince de Monaco. Selon le témoignage du prince de Monaco recueilli par Le Gall, en 1908, alors qu'il occupe la position de trésorier-payeur général du Nord, lors d'une rencontre impromptue à Lille, le président était déjà fatigué vers seize heures. Le prince témoigne que *Félix Faure était si fatigué qu'il semblait se faire violence pour suivre la conversation.* Il affirme que le président *au milieu d'une phrase, la voix devenue hésitante, se leva de son fauteuil et vint appuyer son front sur la vitre froide de la fenêtre.* À un autre moment, sans doute en raison de la tension liée à la conversation et à l'opposition des deux hommes sur l'affaire Dreyfus, le président se lève et ouvre la porte de son bureau comme pour engager le prince à en sortir. Puis la referme. Attitude impensable à l'endroit d'un souverain. Le prince est si impressionné par le malaise du président qu'il envisage d'appeler au secours. Cependant, le président reprend la conversation. Le prince se hâte de la clôturer ne voulant point indisposer Félix Faure qu'il sent au bord de l'épuisement, ainsi qu'en témoigne son absence tout à fait exceptionnelle de courtoisie.

Vers seize heures trente, après avoir remis au général Bailloud (qui dirige le cabinet militaire) les décrets à faire signer au président, Le Gall dirige ses pas vers le ministère de la Marine. À dix-huit heures, il est de retour à l'Élysée. Le Troadec, député des Côtes-du-Nord, et le commandant Germinet, son ami, futur vice-amiral, l'attendent. À dix-huit heures quinze, peut-être dix-huit heures trente, ayant achevé de recevoir successivement les deux hommes, Le Gall entrouvre la porte du bureau du président et le trouve vide. Il sonne alors Blondel, qui l'informe de la présence de Mme Steinheil. Félix Faure lui a demandé de lui céder son bureau pour la recevoir, explique Blondel. Il précise qu'il a prévu que Mme Steinheil quitterait l'Élysée côté jardin pour gagner directement les Champs-Élysées et n'aurait donc pas à traverser le bureau du chef du cabinet civil, au grand soulagement de Le Gall, qui déteste l'intrigante.

Alors que Blondel vient de le quitter pour rejoindre Mlle Lucie, en charge des questions caritatives à la présidence, soudain, Le Gall voit la porte du bureau de Blondel s'ouvrir et la silhouette hésitante du président apparaître, dissimulant à peine celle de sa maîtresse. Pris d'un funeste pressentiment, Le Gall bondit de son siège et vient tendre son épaule au président titubant. Et l'aide à s'asseoir dans son fauteuil. Mme Steinheil, prise de panique, s'enfuit sous la sévère injonction que lui adresse Le Gall : *Fuyez et qu'on ne vous revoie plus !*

Cependant, Félix Faure s'est relevé, fait quelques pas puis se rassoit dans un autre fauteuil. Et commente : *Je ne sais ce qui vient de m'arriver. J'ai senti comme un coup violent, là,* portant sa main derrière la tête. Et il ajoute : *Je crois que la mort n'est pas loin.* Le Gall tente de protester, aussitôt interrompu : *Non, n'essayez pas de me rassurer, croyez bien que je n'ai pas peur !*

Le président, s'appuyant sur Le Gall, gagne alors son bureau et s'étend sur un canapé. Puis Le Gall court vers le cabinet du général Bailloud et lui demande de faire venir un médecin. Par un heureux hasard, le Dr Humbert (médecin en la petite cité de Rambouillet) est au bureau des officiers avec son cousin, le commandant Humbert, l'un des officiers d'ordonnance de Félix Faure. Et Faure a déjà rencontré le Dr Humbert. Aussitôt demandé, aussitôt fait ! Le Dr Humbert s'annonce, à la grande satisfaction du président, l'examine brièvement et porte un diagnostic des plus sots, s'exprimant ainsi : *Ce n'est rien, M. le président, mal disposé sans doute, a mal digéré son repas de midi. Le trouble qui l'a ému n'a absolument rien d'inquiétant. Qu'on apporte seulement un peu d'eau avec quelques gouttes d'alcool de menthe et, dans un instant, ce malaise aura disparu.*

Blondel, qui vient de rentrer, fait apporter de l'eau d'Évian et quérir un flacon de menthe à la pharmacie du faubourg. Le président boit avidement et ne va guère mieux, continuant d'affirmer qu'il se sent fort mal. Il est à présent dix-neuf heures : Félix Faure demande que l'on prévienne son épouse avec précaution. Celle-ci descend, alors que Le Gall, ayant quelque appréhension sur le diagnostic simpliste du Dr Humbert, fait quérir deux médecins plus réputés, Cheurlot et Bergeron.

Cependant, Félix Faure, tout franc-maçon qu'il est, demande à Le Gall de se baisser jusqu'à lui et lui chuchote à l'oreille : *Je sais que je suis mortellement touché, quoi qu'en dise le docteur. Promettez-moi, mon cher Le Gall, de ne pas me laisser mourir sans un prêtre, et quand j'aurais vu ma femme et mes enfants, avant que je perde connaissance, faites diligence pour que le curé de la Madeleine soit près de moi.*

Mme Faure, accompagnée de sa fille Lucie, fait alors son entrée dans le bureau présidentiel. Le président, affalé, prend la main de son épouse et s'exprime ainsi : *Ma pauvre Berthe, je viens, je crois, d'être frappé d'un coup qui ne pardonne pas. Le moment est arrivé, peut-être, où je vais bientôt vous quitter.* Les deux femmes, averties par le Dr Humbert, ne semblent nullement inquiètes et grondent affectueusement le malheureux président, qui n'a plus que quelques heures à vivre. Et la conversation se poursuit sur un ton badin, le président maintenant qu'il est fort malade, ces dames soutenant le contraire. Le Gall s'inquiète de ne pas voir arriver les docteurs Cheurlot et Bergeron. Il demande alors à Blondel de téléphoner au professeur Lannelongue, sommité médicale et vieil ami du président, en insistant sur la gravité de l'état de Félix Faure. Consultant à son domicile de la rue François-Ier, le professeur ne met que quelques minutes pour gagner l'Élysée. Remercié par son ami d'être si vite accouru, le professeur n'est pas long à porter un diagnostic et, sous prétexte d'avoir à rédiger une ordonnance, se retire avec Le Gall dans le bureau du directeur du cabinet civil. Et, sans ambages, s'exprime ainsi : *Hélas ! Je ne puis, mon cher ami vous cacher la vérité cruelle. Avant qu'il soit vingt-deux heures, le président ne sera plus ! Il est un symptôme à quoi je ne puis me tromper, ses paupières inférieures sont déjà tombantes. Si le pauvre président n'a pas été terrassé comme frappé d'un coup de massue, c'est que la congestion s'est produite à la base du crâne et qu'ainsi le sang n'afflue que peu à peu au cerveau. Mais rien désormais ne peut l'arrêter, et la mort est certaine dans le court délai que je vous indique. Si donc vous avez des mesures à prendre pour prévenir le gouvernement, hâtez-vous. Le temps presse ! Je vais préparer les deux pauvres femmes qui sont près du président au malheur dont elles ne se doutent pas encore et qui est imminent.*

Le Gall estime alors de son devoir d'informer le professeur Lannelongue de la présence de Mme Steinheil vers dix-huit heures. Des ébats amoureux peuvent-ils être responsables de la congestion cérébrale présidentielle ?

Lannelongue, formel, précise avec un tact admirable : *Oh ! Le moment était venu ; rien ne pouvait le retarder, ni le précipiter. Depuis plus d'une heure avant l'instant où le président vous a appelé à son secours* [c'est-à-dire dix-sept heures trente], *il était sous le coup de la congestion qui l'emporte.* Ainsi innocente-t-il Meg, qui n'a pas dû trouver son amant dans un bel état à son arrivée…

Alors Le Gall, après avoir demandé à un officier d'ordonnance de quérir l'abbé Herzog de la Madeleine, court prévenir le président du Conseil, Charles Dupuy. Traversant le faubourg Saint-Honoré, il atteint le ministère de l'Intérieur, où loge Dupuy. Ce dernier est en train de se coucher. C'est en caleçon qu'apprenant la nouvelle, il a cette formidable répartie : *Nom de Dieu ! C'est le second qui me claque dans la main !* Effectivement, Dupuy occupait déjà la présidence du Conseil lorsque le président Sadi Carnot avait été assassiné. Mais il se reprend aussitôt, affirmant : *Pauvre ami, pauvres femmes ! Quel malheur pour nous tous ! En toute hâte, je me rhabille ; avant cinq minutes, je suis près du président.*

À son retour à l'Élysée, vers vingt heures trente, Le Gall trouve Berthe et Lucie éplorées auprès du président agonisant. Enfin jointe, la seconde fille du président, Mme René Berge, fait son apparition. Peu à peu, suivant Charles Dupuy, prévenus par téléphone, entrent dans la pièce les présidents de la Chambre et du Sénat, plusieurs ministres et quelques officiers de l'état-major. On a étendu le président sur un matelas de fortune, le professeur Lannelongue ayant interdit le moindre mouvement.

Et c'est un incroyable spectacle qui se déroule alors : trois femmes en pleurs, agenouillées, entourant le président, qui ne peut plus que remuer les yeux, assistées des plus hautes autorités de l'État, figées dans un respect silencieux envers celui qui s'éteint. Mme Félix Faure réclame à grands cris un prêtre. Le Gall s'étonne de l'absence de l'abbé Herzog. Il apprendra par une enquête que l'abbé est bien venu à l'Élysée vers vingt et une heures mais a été renvoyé. Il ne parviendra jamais à identifier celui qui a ainsi agi, en contradiction absolue avec la volonté du président. Mais il est raisonnable de penser qu'une personne de l'entourage présidentiel, sans doute franc-maçonne, a voulu ainsi éviter au président d'avoir à se renier.

Le Gall, une fois encore, réagit promptement. Il envoie le commandant Bourgeois à la recherche d'un autre prêtre. À sa sortie de l'Élysée, Bourgeois tombe sur un ecclésiastique de piètre apparence, à la soutane usée et souillée de boue en raison du temps épouvantable régnant sur la capitale. Il s'agit de l'abbé Renault, professeur à la maîtrise (la chorale) de Notre-Dame de Paris. Ébahi de se trouver face aux principaux personnages de l'État, trouvant le président inconscient, ne disposant pas des huiles saintes pour donner une absolution (en principe réservée aux mourants éveillés), il administre le seul sacrement de pénitence à l'agonisant. Et c'est agenouillé au milieu des trois femmes de la famille que l'humble serviteur de Dieu récite les dernières prières en faveur d'un Félix Faure athée, par ailleurs entouré des plus hauts personnages de l'État, dont une bonne moitié est franc-maçonne ! La voix haute de Lucie, répondant avec force aux paroles du prêtre, renforce encore le caractère extravagant de la scène.

À vingt-deux heures, ainsi que le professeur Lannelongue l'a prévu, Félix Faure rend son dernier soupir.

Le rapport du professeur Lannelongue

Le 17 février 1899, le professeur Lannelongue et les docteurs Humbert, Cheurlot et Bergeron (qui ont fini par arriver), ainsi que le Dr Potain signent ensemble un procès-verbal ainsi rédigé :

> *Les médecins soussignés, appelés auprès de M. le président de la République, ont assisté, dès le début, à la succession des accidents, qui, dans l'espace de quelques heures, ont amené le dénouement fatal.*
>
> *Ils certifient qu'ils ont été unanimes à reconnaître dans la succession de ces accidents tous les symptômes indiscutables d'une hémorragie cérébrale foudroyante, avec paralysie de la face et des membres du côté gauche.*

Cependant, quelques mois après la mort de Félix Faure, alors que Le Gall exerce la fonction de trésorier général à Nîmes, le professeur Lannelongue le convie à venir le voir à Paris à l'occasion d'un prochain voyage. La rencontre a lieu. Et Lannelongue annonce à Le Gall qu'il a rédigé un rapport circonstancié et scientifique sur la mort du président. Et qu'il va le déposer aux Archives nationales, ainsi qu'il l'a fait pour Gambetta (mort en 1882), qu'il a assisté en ses derniers instants. Mais nul ne pourra jamais l'y dénicher… Toujours est-il que Lannelongue confie oralement le contenu de son rapport à Le Gall. Il confirme que, frappé à dix-huit heures trente, Félix Faure était déjà atteint depuis au moins trois ou quatre heures par la congestion qui l'a emporté. Et qu'il fallait innocenter Mme Steinheil. En aucun cas la mort du président ne pouvait lui être attribuée.

D'ailleurs, le président était depuis longtemps malade du cœur au point qu'il avait hésité à accepter la charge de président de la République, juste après son élection.

Et la relation qu'en fait la presse

Si l'on considère, à juste raison, comme négligeables les élucubrations rapportées par le journaliste d'extrême droite Édouard Drumont dans sa *Libre parole* (il affirme que le président a été ramené mort à l'Élysée après avoir été victime d'un empoisonnement concocté par les ennemis de l'armée ou l'étranger pour le punir de son opposition à Dreyfus), les récits de la mort de Félix Faure ne manquent pas et ont traversé les siècles. Journalistes et chansonniers ont ainsi retranscrit un récit totalement imaginaire, qui fit la joie des lecteurs et des spectateurs de l'époque.

Malgré les efforts de Le Gall, la presse du lendemain n'est pas tendre (le scandale refera surface en 1908 lors du double crime de l'impasse Ronsin). Le président est bien mort d'une congestion cérébrale, affirme-t-elle, mais dans les bras d'une belle hétaïre, Mme Steinheil. D'ailleurs, les témoignages ne cessent d'affluer. Le peintre officiel de la République, portraitiste des présidents, Léon Bonnat, qui justement, en 1899, réalise le portrait de Mme Steinheil, affirme qu'elle le quitte chaque jour vers dix-sept heures à l'issue de la séance de pose, en déclarant : *Maintenant, je vais voir mon ami.* Quant à Clerc, le maître d'hôtel de l'Élysée, il assure que Félix Faure reçoit quotidiennement des femmes à l'Élysée, ce qui semble très excessif, même si sa Berthe est, effectivement, peu appétissante. La vérité est que le président doit prendre des précautions multiples pour recevoir Meg à l'Élysée, au grand mécontentement d'un Le Gall refusant toujours d'être son complice.

Ainsi le président serait-il mort en plein exercice amoureux. Et la presse de rivaliser de mauvais goût : *Il voulut être César mais il ne fut que pompé,* ironise-t-elle. Jusqu'au douloureux surnom dont se trouve affublée la redoutable courtisane, celui de « pompe funèbre ». On se moque également des circonstances de l'arrivée du prêtre chargé de porter l'extrême-onction. Il est décrit parvenant tout essoufflé à la porte du bureau présidentiel et demandant la permission d'entrer en murmurant : *Le président a-t-il encore sa connaissance ?* Une interrogation bien légitime pour un ecclésiastique qui s'apprête à donner le dernier sacrement. Et s'entendant répondre, à sa totale stupéfaction : *Mais non, Monsieur l'abbé, elle vient de sortir par l'escalier de service.*

Un salon bien parisien

Meg se console rapidement. Et sa réputation sort grandie : avoir mis à mort un président de la République en lui faisant une fellation, quel talent ! Les amateurs de sensations fortes sont nombreux à tenter leur chance. D'ailleurs Marguerite Steinheil tient désormais salon en sa villa et elle affirme y recevoir – ce qui est à vérifier – le Tout-Paris artistique et littéraire : François Coppée, Pierre Loti, Léon Bonnat... Elle serait devenue la maîtresse d'Aristide Briand et même du roi Sisowath du Cambodge. Le sculpteur Dominique Hugues la représente fort dévoilée, symbolisant une source. La statue va égayer la salle d'une des commissions du Sénat !

C'est en 1908 qu'elle fait la connaissance d'un industriel des Ardennes, Maurice Borderel, dont elle devient la maîtresse. Cette même année, elle connaît son heure de gloire, lors de l'exposition, très réussie, dans l'atelier familial, des toiles de son époux.

Le double crime de l'impasse Ronsin

La nuit du 30 au 31 mai 1908 bouleverse à jamais la vie de Meg. La voilà de nouveau placée sous le feu des projecteurs mais pour un double crime, cette fois. Lorsque, dans la villa des Steinheil impasse Ronsin, le domestique, Rémy Couillard – cela ne s'invente pas – descend de sa chambre mansardée pour prendre son service, quelle n'est pas sa stupéfaction de trouver toutes les portes des chambres du premier étage ouvertes !

Craignant le pire, il y pénètre et découvre deux cadavres et une femme ligotée à son lit. Les deux dépouilles sont celles de Mme Japy, mère de Marguerite, et d'Adolphe Steinheil, le mari de Meg. Quant à Marguerite, elle est saucissonnée sur son lit.

L'enquête démontre que Mme Japy a succombé à une crise cardiaque, alors qu'Adolphe a été étranglé. La malheureuse Mme Japy n'a guère eu de chance : elle devait quitter le couple la veille au soir, mais son départ avait été reporté à la dernière minute au lendemain.

Les soupçons de la police se portent naturellement sur Marguerite ; mais celle-ci explique qu'elle a été attachée par trois hommes et une femme rousse portant des lévites noires (de longues redingotes). Dans quel dessein ont-ils agi ? Sans doute pour s'emparer de documents confidentiels concernant la vie privée du président Félix Faure ou plus probablement de papiers relatifs à l'affaire Dreyfus que le premier personnage de l'État, mort dans ses bras, lui aurait confiés. L'affaire est classée, car il n'existe aucune preuve tangible à l'encontre de Marguerite Steinheil. C'est elle qui, par ses maladresses, relance la recherche policière. Elle accuse en effet Rémy Couillard de posséder une perle que les quatre assaillants de la sanglante soirée lui ont dérobée. Ce dernier se disculpe aisément. Et pour cause, c'est Marguerite qui l'a glissée dans sa poche. Démasquée, elle accuse alors Alexandre Wolff, le fils de sa gouvernante. Mais ce dernier dispose d'un alibi incontournable. Comme elle ne cesse de se contredire, le juge d'instruction Leydet décide de la faire arrêter, le 4 novembre 1908, pour complicité de meurtre avec aide et assistance. Elle est alors incarcérée à la prison Saint-Lazare. Leydet est dessaisi du dossier au profit d'un nouveau juge, André. Et le procès s'ouvre le 3 novembre 1909, en présence d'un vaste public.

Triomphante aux assises

La cour d'assisses de Paris est présidée par M. de Vallès. Maîtres Aubin et Landowski défendent l'accusée. Mme Steinheil, superbe dans ses tenues noires de veuve éplorée, se défend bec et ongles, avec des reparties d'anthologie : *J'ai menti pour protéger ma vie de femme.*

Et encore, à la question du président s'enquérant de savoir si elle rencontrait ses amants à l'hôtel : *J'avais cette délicatesse.*

Le procès est follement médiatisé, et les journaux sont pleins des déclarations de Meg, qui livre ses amants en pâture. Elle sait séduire tout le personnel judiciaire et le convaincre de son innocence. Après sept heures de plaidoirie, le 14 novembre 1909, ses avocats obtiennent l'acquittement.

Mais que s'est-il donc passé la fameuse nuit du 30 au 31 mai 1908 ?

Il semble acquis aujourd'hui qu'un véritable drame s'est joué dans la maison du couple Steinheil. Courtisée par un grand-duc russe, Marguerite le reçoit chez elle en présence de son mari et de sa mère. Sans doute le grand-duc, après un dîner bien arrosé, emporté par sa passion et une brutale pulsion sexuelle, a-t-il voulu, comme un moujik en ses terres slaves, abuser de Marguerite… N'est pas grand seigneur qui veut ! Ce qui n'est pas du goût du mari. Ils se battent : le puissant Russe a le dessus et l'étrangle. Mme Japy assiste au drame, tente d'intervenir, est bousculée. Son pauvre cœur n'y résiste pas ! Le grand-duc, à présent assagi, contemple l'ampleur du désastre. Que faire ? Appeler la police ? l'ambassade russe ? les services français ? Avec Marguerite, il est convenu d'organiser une misérable mise en scène. Pour éviter qu'elle ne soit accusée, il l'entrave et la jette sur son lit. Mais les traces de ce qui s'est réellement passé demeurent flagrantes. Au nom de la raison d'État, priorité absolue est donnée au maintien de l'alliance franco-russe. L'ordre vient du sommet : il faut effacer les preuves et étouffer l'affaire. Et c'est bien ce qui advient, Marguerite continuant de mentir…

De Mme de Sérignac à Lady Abinger

En cette année 1909, en quittant libre la cour d'assisses de la Seine, Marguerite Steinheil avoue à peine la quarantaine. C'est encore une superbe créature. Il est temps pour elle de se faire oublier en France. Elle se retire en Angleterre et se fait désormais appeler Mme de Sérignac. Elle rédige ses *Mémoires,* un tissu d'inepties, d'histoires inventées, voire même d'insanités. Une seule édition anglaise paraîtra en 1912, à Londres, sous le titre *My Memoirs.*

En 1917, à quarante-huit ans, elle parvient à séduire le baron Abinger. Il l'épouse. La voilà Lady. Dix ans plus tard, elle devient veuve et hérite de la fortune du Lord. Elle achève sa vie à Hove, le 20 juillet 1954, à quatre-vingt-cinq ans. Une vie assurément bien remplie…

Marie Marvingt, l'inégalable casse-cou

Un palmarès ahurissant

En cette fin de XIXe siècle, Marie Marvingt apparaît comme la femme la plus émancipée de France, ne fixant aucune limite à ses exploits tant sportifs que militaires ou encore littéraires et artistiques, poussant même sa curiosité jusqu'à l'exploration du champ ésotérique, toujours avec un réel talent.

Née à Aurillac en février 1875, elle suit ses parents à Metz à l'âge de cinq ans avant de s'implanter à Nancy avec son père, en 1889, après le décès de sa mère. Très attachée à la Lorraine, Marie Marvingt est avant tout une sportive hors normes à qui son père a transmis sa passion.

À cinq ans, elle nage déjà en piscine et parcourt des distances de plusieurs milliers de mètres. À quinze ans, elle pagaie en canoë, parcourant avec aisance la distance de Nancy à Coblence, soit quatre cents kilomètres.

Elle n'en poursuit pas moins ses études, obtenant une licence de lettres (ce qui lui permet d'écrire comme journaliste dans la presse locale, par exemple dans *L'Éclair de l'Est*). Puis elle reprend son parcours inouï, jusqu'à sa mort, en 1963, à quatre-vingt-huit ans. Lequel débute par l'obtention d'un brevet de chauffeur d'automobile en 1899, à vingt-quatre ans.

Marie Marvingt est la femme la plus honorée du XXe siècle avec, à l'égal d'un maréchal soviétique, trente-quatre décorations. Et elle a détenu dix-sept records mondiaux, un exploit unique dans les annales mondiales. Parmi les décorations les plus réputées, retenons : les Palmes de premier tireur (1907), la Médaille d'or de l'Académie des sports pour l'ensemble de ses exploits sportifs (1910), la Croix de guerre avec palmes 1914-1918, la Médaille de la Paix du Maroc (1934), la Médaille de l'Aéronautique, les Palmes académiques, le rang de chevalier dans l'Ordre de la Santé publique (1937), la Légion d'honneur avec rang d'officier (1949), la Médaille de la ville de Nancy (1950), le prix Deutsch de la Meurthe de la Fédération nationale d'aéronautique (1954), la Médaille d'or de l'Éducation physique, la Médaille d'argent du Service de santé de l'air.

Quant à ses dix-sept records mondiaux, ils concernent des disciplines aussi différentes que le ski, le tir, l'alpinisme, le bobsleigh, l'aérostat, l'avion, l'hélicoptère, l'hydravion, le service sanitaire aérien, la bicyclette, la natation…

Car cette femme sait tout faire. Elle s'affirme brillante cavalière, manie poids et altères, pratique la boxe, le water-polo, la lutte, le jiu-jitsu, le judo, le karaté, le tennis, le golf, le billard, le polo, le hockey, le base-ball, le football, l'athlétisme (courses et sauts), l'escrime (les trois armes), le canot automobile. Elle pratique également les métiers du cirque qu'elle a appris petite à Rancy : elle jongle, dompte les fauves, fait du trapèze et sait tenir sur un fil comme une funambule professionnelle. Elle est, également, l'une des premières à aborder la spéléologie.

Elle parle sans doute sept langues, dont l'espéranto, et effectue des études paramédicales (sans les pousser à leur terme) d'assistante en chirurgie et d'infirmière. Son parcours homérique ne s'arrête pas là. Cette femme passionnée adore cuisiner (un prix salue son talent), tout en étudiant la tragédie, le chant, le dessin, la peinture et la sculpture. Elle sait fort bien danser. C'est, enfin, une passionnée d'ésotérisme : hypnotisme, chiromancie, graphologie, astrologie, phrénologie, tarots...

Pas étonnant qu'elle soit surnommée « la fiancée du danger », « la reine de l'air », « Marie casse-cou », « la femme la plus extraordinaire depuis Jeanne d'Arc », « la femme la plus décorée du monde ». Et que sa devise soit : *Savoir vouloir, c'est pouvoir.*

Multiples exploits

C'est en 1901 qu'elle commence véritablement une inimaginable carrière tous azimuts ponctuée d'innombrables records. Elle réalise alors sa première ascension en ballon, obtenant son brevet de pilote aérostier (en ballon libre). En 1903, elle effectue le trajet de Rouen à

Lamballe en ballon avec Blanchet, puis celui de Nancy à Grabennendort à bord de *L'Aiglon*.

En 1903, elle se tourne vers l'alpinisme, réalisant la difficile ascension de la dent du Géant avant de s'attaquer au massif du mont Blanc l'année suivante. Puis elle aborde le glacier de Trélaporte, les aiguilles du Grand-Charmoz et du Grépon dans le massif de Chamonix, en 1905. Elle est devenue l'une des meilleures alpinistes au monde et peut, à partir de 1906 et jusqu'en 1910, s'attaquer au mont du Buet (3 096 m), au col de Balme entre la France et la Suisse, enfin au col de Voza à proximité de Saint-Gervais.

Cette boulimique fait mille choses à la fois : elle apprend à piloter une locomotive puis un bateau à vapeur, termine en tête du concours de périssoire debout à Étretat et se lance dans le cyclisme. En 1904, elle parcourt à vélo la distance Nancy-Bordeaux, puis en 1905 Nancy-Naples (afin d'observer une éruption volcanique), enfin en 1906 Nancy-Toulouse. Dans le même temps elle crée la première école de ski français. Et revient, en 1906, à ses premières amours, la natation. Le 7 juillet, elle gagne, toute de rouge vêtue, la traversée de la Seine à Paris, un parcours de douze kilomètres et demi, en un peu plus de quatre heures, avec une avance de plus d'une heure sur la seconde, Miss Kellermann. La voilà surnommée « l'amphibie rouge » ! En 1908, elle reçoit le premier prix de la ville de Toulouse après avoir accompli un parcours de vingt kilomètres en mer. Bien entraînée, partie de Pallariza, elle rejoint à la nage les îles Borromées de nuit en deux heures et quarante-cinq minutes, puis effectue la traversée du lac de Gérardmer, et enfin celle, de seize kilomètres, du golfe de Naples.

C'est alors qu'elle décide de s'exercer au tir : en 1907, elle obtient le prix d'honneur au fusil de guerre à trois cents mètres, le prix d'honneur à la carabine Flobert et reçoit du ministre de la Guerre les Palmes de premier tireur.

Mais elle n'est nullement rassasiée : après une chasse au phoque en Arctique en 1908, elle se lance dans les sports d'hiver. À Chamonix, à Gérardmer, au ballon d'Alsace, elle domine toutes les épreuves de 1908 à 1910 : premiers prix de ski, de patinage, de saut, de bobsleigh et même de luge. En 1910, elle remporte la prestigieuse coupe internationale Léon Auscher en bobsleigh.

Et elle décide de reprendre le ballon mais cette fois seule à bord. Partie de Nancy, elle rejoint l'Allemagne en 1909. En octobre, elle parcourt avec son ballon, *L'Étoile filante*, une distance de deux mille quatre cents kilomètres, celle qui sépare le parc de la Pépinière à Nancy de Southwold dans le comté du Suffolk en Grande-Bretagne, comportant naturellement la traversée de la mer du Nord. En 1910, elle est la première femme à piloter un ballon au Critérium de l'Aéro-Club de France, puis accomplit un nouvel exploit en reliant Nancy à Neufchâteau en Belgique en quinze heures dans le cadre du concours, remporté, de l'Aéro-Club de l'Est. On pourrait la croire satisfaite. Pas du tout ! Elle décide d'effectuer son premier vol court sur avion monoplan avec Roger Sommer, depuis Nancy jusqu'à Jarville-la-Malgrange. Elle apprend à piloter avec Hubert Latham sur un monoplan *Antoinette* basé sur le terrain de Mourmelon. Le 8 novembre 1910, elle est la troisième femme dans le monde à recevoir son brevet de pilote d'avion, le numéro 281 de l'Aéro-Club de France. Mais elle est la seconde au monde sur monoplan, après Marthe Niel. Bien formée par Hubert Latham, elle accomplira neuf cents vols sans casser du bois. Aucune aviatrice n'a fait mieux dans le monde. Le 27 novembre suivant, elle gagne la coupe Femina, parcourant quarante-deux kilomètres en ayant tenu l'air cinquante-trois minutes. Mais ce record n'est pas homologué puisque seuls ceux des hommes sont alors comptabilisés. À l'évidence, l'aviation devient sa passion dominante. Elle n'abandonne pas l'aérostat pour autant, poursuivant les compétitions.

L'affaire de l'avion sanitaire

C'est en 1910 que Marie Marvingt crée le concept d'avion sanitaire, dont elle propose l'adoption à l'état-major. Elle s'efforce de faire réaliser un prototype d'un premier avion-ambulance français par l'ingénieur Béchereau (le remarquable concepteur du *SPAD*). Il s'agit d'un monoplan équipé d'un dispositif permettant d'emporter une civière sous le fuselage. Mais le fabricant d'aéroplanes, les établissements Deperdussin, à qui le projet de construction est confié, fait faillite. Marie Marvingt ne se décourage pas, multipliant les conférences à travers le pays en faveur de son projet. On dispose d'un dessin d'Émile Friant, datant de 1914, représentant Marie Marvingt avec le médecin militaire nancéen Georges Gille se penchant sur un blessé, avec en arrière-plan l'avion sanitaire, *Le Capitaine Echeman*, prêt à décoller. Malgré une souscription nationale lancée par Marie Marvingt et en raison du refus de financement de l'État, le prototype ne sera jamais réalisé.

En 1929, Marie Marvingt fonde la Société des amis de l'avion-ambulance avec Robert Charlet : elle en prend la vice-présidence. Et organise un congrès international sur le sujet. En 1931, elle lance le challenge Echeman, un capitaine tombé en service commandé, sur la meilleure façon de convertir un avion en avion sanitaire. En 1934, c'est au Maroc, où elle a voyagé dans les années vingt en compagnie du président de la République, Millerand, qu'elle fonde un service sanitaire aérien civil. Elle devient ainsi la première infirmière diplômée de cette nouvelle activité. Et obtient la Médaille de la Paix du Maroc. Elle a imaginé le ski métallique, qui permet l'atterrissage sur des surfaces sableuses. Et a fait tourner deux documentaires, *Sauvés par la Colombe* et *Les Ailes qui sauvent*, à Meknès au Maroc, qui rallient les autorités au projet. En 1935, elle est promue chevalier de la Légion d'honneur. Bien soutenue par le maréchal Franchet d'Esperey, la nouvelle infirmière de l'air s'envole aux États-Unis, prononçant des conférences sur l'avion sanitaire. Et voit son nom figurer sur une plaque de marbre près de la chapelle dédiée au patron des aviateurs, saint François d'Assise (Riverside, en Californie). Après sa nomination comme chevalier dans l'Ordre de la santé publique en raison de ses contributions à l'avion sanitaire, elle crée, en 1939, durant la drôle de guerre, « Le repos des ailes », un centre de convalescence pour les pilotes blessés. De simple infirmière, elle devient assistante en chirurgie et met au point un nouveau type de point de suture chirurgical. Et reçoit officiellement la première licence de secouriste de l'air.

Pour tout son dévouement à la cause de l'avion sanitaire, elle est élevée au grade d'officier de la Légion d'honneur (1949), reçoit le grand prix Deutsch de la Meurthe (1954), enfin est récompensée par les félicitations de la Fédération nationale d'aéronautique de France et d'Outre-Mer (1955), recevant une superbe statuette de la victoire de Samothrace. Enfin, elle achève le long combat en faveur de l'avion sanitaire en lançant, en 1956, l'aviation sanitaire mondiale, alors qu'elle demeure encore très vigoureuse malgré ses quatre-vingt-un ans.

Admirable attitude durant la Grande Guerre

Marie Marvingt n'a évidemment pas assisté en spectatrice à la Grande Guerre. Déguisée en homme, elle est intégrée au sein du 42e BCP (bataillon de chasseurs à pied). C'est comme poilu qu'elle se bat dans les tranchées, au front, avant d'être reconnue et rendue à la vie civile. Mais, en 1915, elle prend sa revanche et participe comme aviatrice, avec l'accord personnel du général Foch, à des missions de bombardement sur le territoire allemand. Elle reçoit la Croix de guerre à l'issue d'une mission de bombardement d'une caserne allemande de la ville de Metz. Elle sert ensuite dans le 3e RCA (régiment de chasseurs alpins) qui combat dans les Dolomites italiennes, les Italiens ayant rejoint les Alliés en 1915. Elle peut alors mettre en œuvre un avion sanitaire équipé de skis, qui participe à l'évacuation des blessés en montagne. Elle occupe également un poste d'infirmière de guerre puis une fonction d'aide chirurgicale de campagne dans le cadre des activités développées par la Croix-Rouge.

Elle demeure très admirée par le maréchal Foch qui, en 1928, écrit : *Prêcher et prêcher l'exemple, quelle éloquence, c'est ce que fait Mlle Marvingt.*

Nouveaux exploits sportifs

Nous avons laissé l'audacieuse Marie à la veille du premier conflit mondial. En 1913, à la mi-août, elle participe au concours de ballon à Châlons-sur-Marne. Avant de s'engager dans le conflit. Il faut attendre 1920 pour la voir reprendre l'alpinisme et réaliser plusieurs ascensions dans les Alpes-Maritimes, toutes des premières.

C'est alors qu'elle se lance le premier de ses trois défis mondiaux : un défi saharien, un défi américain et un défi littéraire.

Elle se souvient alors de son refus de capituler, en 1908, lorsque les organisateurs du Tour de France cycliste – on parle à l'époque de Grande Boucle – lui ont interdit de concourir en raison de son sexe. Elle n'en a pas moins, en décalé, réalisé le parcours de ces messieurs. Aussi entend-elle se lancer à la conquête du désert, un territoire également réservé aux hommes ! En 1923, elle est la première femme occidentale (devançant sa concurrente, Mme André Citroën) à pénétrer dans In-Salah, une oasis située dans la wilaya de Tamanrasset, au cœur du Sahara algérien, dans le Tidikelt. Cité célèbre pour sa forêt pétrifiée, elle est éloignée de quelque deux mille kilomètres de la côte.

En 1923, elle réalise un grand tour des États-Unis.

En 1948 et 1949, elle se permet d'être la lauréate du Women's Aeronautical Association of Los Angeles, avec la publication de ses deux ouvrages : *La Fiancée du danger* et *Ma traversée de la mer du Nord en ballon.*

En 1951, et jusqu'en 1953, elle parcourt inlassablement l'Afrique du Nord, sur environ soixante mille kilomètres.

Ultimes défis

Depuis toujours, Marie est une adepte des technologies les plus récentes. Déjà, en 1899, elle avait obtenu son permis de conduire automobile. Et c'est naturellement dans son domaine de prédilection qu'elle poursuit ses exploits. L'âge ne semble guère avoir de prise sur son enthousiasme. Le 20 février 1955, elle célèbre son quatre-vingtième anniversaire en franchissant le mur du son à bord d'un McDonnel F-101 Voodoo piloté par un as de l'USAF (United States Air Force). L'appareil décolle de la base aérienne de Toul-Rosières, alors utilisée par l'Otan. Et le 2 avril suivant, elle s'envole à bord d'un hélicoptère, un Djinn 1221, le seul hélicoptère à réaction du monde.

En 1950, nul ne s'étonne de la voir obtenir son diplôme de pilote d'hélicoptère puis de piloter un SNCASO SO 1221 à la Toussaint.

En 1961, à l'âge de quatre-vingt-six ans, elle reprend son vélo et parcourt la distance séparant Nancy de Paris. L'après-midi de son arrivée, elle survole la capitale à bord d'un Djinn.

Le 14 décembre 1963, elle meurt à Laxou, en Meurthe-et-Moselle. Elle est inhumée au cimetière de Préville, dans la banlieue de Nancy. La Poste française émet un timbre à son effigie. Le Grand Nancy, où elle a longuement vécu, honore sa mémoire en donnant son nom à plusieurs bâtiments publics : gymnases, écoles maternelle et primaire, et même lycée (à Tomblaine).

Marie Curie,
une force qui va

Sans aucun diplôme à vingt-quatre ans

C'est en novembre 1867, à Varsovie, dans un pays occupé par les Russes, que Marya Sklodowska grandit. La famille (cinq enfants) subsiste difficilement, surtout après la mort de la mère en 1878. Mais dans ce milieu d'enseignants, les études justifient tous les sacrifices. La sœur aînée, Bronia, est envoyée à Paris faire sa médecine, l'université polono-russe étant à cette époque interdite aux femmes. Marya trouve alors un emploi de préceptrice pour financer les études de sa sœur. C'est qu'elle est volontaire et débrouillarde, ayant appris à lire toute seule à quatre ans et achevé ses études secondaires à quinze ans. La famille s'étant saignée aux quatre veines, Marya se procure à son tour un billet de train pour la France. Elle débarque à Paris en 1891, dotée d'une petite bourse et d'une robe noire, à l'âge de vingt-quatre ans. Elle y est accueillie par sa sœur, alors mariée à Casimir Dulski, lui aussi médecin. En dix mois, la jeune Marie parvient à maîtriser le français. Étudiant avec acharnement dans une mansarde du Quartier latin, elle franchit tous les degrés universitaires avec une facilité exceptionnelle. Ainsi obtient-elle successivement les licences de science physique et de mathématiques. Plus tard, elle décroche une agrégation et un doctorat. Une bourse polonaise lui permet d'entrer dans un laboratoire, celui de Pierre Curie. C'est, à cette époque, une belle jeune femme aux cheveux blonds et aux yeux d'un gris intense, pleine de tempérament, qui ne passe nullement inaperçue.

Pierre Curie, né en 1859 et donc plus âgé de huit ans que Marie, est également exceptionnellement doué. À dix-huit ans, il est déjà licencié *ès* sciences. Il est vrai que son père, le Dr Eugène Curie, lui a servi d'instituteur et qu'un précepteur, Basile, a dirigé ses études secondaires. En 1895, lorsque Marie et Pierre se marient, Pierre est déjà un scientifique fort connu pour ses études sur le magnétisme et la cristallographie. Il a, en effet, affirmé que les éléments de symétrie des causes doivent se retrouver dans les effets, découvert le point (qui porte son nom) de température à partir de laquelle un corps ferromagnétique devient paramagnétique (aimantation beaucoup plus faible que celle du fer), inventé une balance scientifique ultrasensible, enfin, mis en évidence la piézoélectricité (mesure de faibles quantités d'électricité) sur des cristaux. Il est d'ailleurs l'auteur d'un livre reconnu : *Principe de symétrie.* C'est en 1894, après quinze années d'efforts intenses, qu'il devient salarié de l'État français, touchant, nous dit sa fille Ève, *trois cents francs par mois, à peu près ce que gagne dans une usine un ouvrier spécialisé.*

Quant à la rencontre de Marie et de Pierre, elle tient du plus grand des hasards. Au début de l'année 1894, Marie reçoit commande de la Société pour l'encouragement de l'industrie nationale d'une étude sur les propriétés magnétiques de divers aciers. Elle se met au travail dans le laboratoire du professeur Lippmann, mais il lui faut trouver une installation plus vaste pour pouvoir analyser les différents échantillons et les regrouper. Kowalski, un polonais professeur de physique à l'université de Fribourg, en déplacement à Paris, aide sa compatriote à entrer en contact avec Pierre Curie. La première rencontre se déroule autour d'une tasse de thé offerte par le professeur polonais dans la pension de famille où il loge avec sa femme. Marie n'a pas encore, il s'en faut de quelques mois, obtenu sa licence de physique. Soudain, c'est un véritable coup de foudre qui s'abat sur le savant âgé de trente-cinq ans, une tornade qui l'emporte pour tout le reste de sa vie.

Le mariage

Pierre Curie fait sa cour, pénètre dans l'intimité de Marie. Elle doit rentrer en Pologne pour l'été. Il la convainc de revenir en France avec un impitoyable : *Vous n'avez pas le droit d'abandonner les sciences.* En Pologne, elle y serait obligée, en effet. Ils s'écrivent. Elle revient à Paris. Il l'aime tant qu'il serait même prêt à aller travailler en Pologne. Il faut encore de longs mois pour qu'elle accepte la demande en mariage de Pierre. Ils se fiancent puis se marient. C'est la mère de Casimir Dulski, son beau-frère, qui lui coud sa robe de mariée. Le mariage se déroule à la mairie de Sceaux et il n'y a pas de cérémonie religieuse. La réception est organisée chez les parents de Pierre. Pas de voyage de noces, non plus, alors que tous les deux sont engagés dans leurs travaux, qu'ils conduisent désormais ensemble : la grande aventure du radium. Seules quelques escapades à la campagne permettent au couple de vivre de grands moments de bonheur. Ils s'installent au 24 rue de la Glacière, dans une petite maison de trois pièces pratiquement dépourvue de meubles. Mais ils n'en ont cure. Leur objectif est clair : faire de la recherche ensemble dans le laboratoire de la rue Lhomond.

En 1897, Marie donne naissance à une première fille, Irène, un futur prix Nobel. Après un second accouchement prématuré (l'enfant, une fille, ne vit que quelques heures), en 1904, une troisième fille, Ève, complète la famille. Comme ils n'ont pas beaucoup d'argent, Marie confectionne elle-même les vêtements de la petite Irène. Et son grand-père paternel s'occupe beaucoup d'Irène, qui voit peu ses parents entièrement absorbés par leurs recherches. Il lui apprend à lire et à écrire, lui récite des poèmes de Victor Hugo, son auteur préféré. Entre eux deux, une immense complicité s'installe.

Dans la maison voisine de la leur – elle est même mitoyenne – logent le Dr Jean Perrin, célèbre pour ses travaux sur les rayons cathodiques, et sa famille. Et en fin de semaine, lorsque le temps est beau, se réunissent dans le jardin les fidèles amis et collaborateurs des Curie : André Debierne, Georges Sagnac et Paul Langevin, un élève de Pierre Curie et de Jean Perrin. Les Perrin viennent les rejoindre avec leurs deux enfants, Aline et Francis, et parfois les Borel (le père, Émile, est un grand mathématicien et la mère, Marguerite, écrit des romans sous le pseudonyme de Camille Marbo). Il n'est guère difficile d'imaginer quels sont les thèmes uniques de leurs conversations : leurs travaux de recherche.

Recherches sur le radium et le polonium

Manipulant sans aucune précaution des tonnes de minerai radioactif, la pechblende (il faut traiter huit tonnes de pechblende pour obtenir un gramme de radium), travaillant dans des conditions difficiles (un hangar non chauffé leur tient lieu de laboratoire), Pierre le physicien et Marie la chimiste s'épuisent à la recherche du radium. De 1899 à 1904, ils vont publier trente-deux communications scientifiques, précise leur fille Ève dans l'ouvrage qu'elle a consacré en 1938 à sa mère Marie Curie.

Alors qu'Henri Becquerel a déjà obtenu des résultats appréciables avec l'impression d'une plaque photographique par les sels d'uranium, Pierre et Marie Curie découvrent, en 1898, que l'uranium, le radium et le polonium (ainsi nommé en hommage à la nationalité polonaise de Marya Sklodowska) émettent des rayonnements. Ce radium découvert par les Curie, une bien modeste poudre blanche à l'état de chlorure, possède des propriétés inouïes : son rayonnement est deux millions de fois plus puissant que celui de l'uranium. Et seul le plomb, en grande épaisseur, parvient à arrêter ses rayons.

Inconscient du danger, peut-être même indifférent à celui-ci, Pierre Curie expose son bras à l'action du radium. Il constate que le radium brûle les tissus organiques et le rapporte dans une note à l'Académie des sciences : *La peau est rouge sur une surface de six centimètres carrés. L'apparence est celle d'une brûlure, mais la peau n'est pas, ou à peine douloureuse. Au bout de quelque temps, la rougeur, sans s'étendre, se mit à augmenter d'intensité. Le vingtième jour, il se forma des croûtes, puis une plaie que l'on a soignée par des pansements. Le quarante-deuxième jour, l'épiderme a commencé à se reformer sur les bords, gagnant le centre, et, cinquante-deux jours après l'action des rayons, il reste encore à l'état de plaie une surface d'un centimètre carré qui prend un aspect grisâtre indiquant une mortification plus profonde.* Alors naît l'idée d'utiliser les tubes d'émanation du radium pour soigner les cancers, les tumeurs, les lupus. En procédant à des expérimentations sur les animaux, les professeurs Bouchard et Balthazard constatent que le radium détruit les cellules malades. C'est l'éclosion de la curiethérapie. Le Dr Doulos est sans doute le premier à appliquer le radium sur l'homme, à l'hôpital Saint-Louis, avec succès.

C'est sous la direction d'André Debierne que la Société centrale des produits chimiques commence à effectuer un traitement massif de la pechblende, alors que les Curie se voient accorder un crédit de vingt mille francs pour cette activité. Un industriel, Armet de Lisle, fonde une usine extrayant le radium et le fournit aux médecins traitant les tumeurs.

Le 25 juin 1903, Marie Curie se voit attribuer, à la Sorbonne, le titre de docteur *ès* sciences physiques, avec la mention très honorable, la plus élevée, par un jury composé de MM. Lippmann, Bouty et Moissan.

Le prix Nobel de physique partagé

En 1903, le prix Nobel de physique est attribué conjointement à Pierre et Marie Curie, ainsi qu'à Henri Becquerel, pour leurs travaux sur la radioactivité. C'est la troisième année que le prix est attribué. À Stockholm, Marie se fait toute petite : assise dans la salle, elle n'a pas osé monter sur la scène pour recevoir le prix. D'ailleurs, aucune chaise n'est prévue à son attention ! Et c'est Pierre qui présente seul leur découverte commune. Difficile expérience pour cette féministe convaincue ! Elle tiendra sa revanche en 1911.

L'attribution du prix Nobel attire l'attention tant des autorités politiques qu'universitaires sur les Curie. Une chaire est créée et attribuée à Pierre Curie à la Sorbonne, qui abandonne à son élève Paul Langevin sa place de professeur à l'École de physique et chimie de Paris. Un laboratoire est construit à son intention rue Cuvier, et il y travaille désormais avec une collaboratrice officielle, son épouse Marie. Laquelle est chargée de conférences et de travaux pratiques à l'École normale supérieure de Sèvres. Une première dans le pays : Marie Curie est, en effet, la première femme à enseigner dans cette école destinée à former les futurs professeurs.

Marie Curie a des journées de « vingt-cinq heures » entre le laboratoire, les cours et leurs deux filles. Cependant, les Curie ont pu, avec les soixante-dix mille francs du prix Nobel, améliorer leur quotidien. Avec générosité, ils ont d'abord aidé la famille polonaise de Marie, puis ont amélioré le mobilier dans leur appartement, 108 boulevard Kellermann.

Cependant, Pierre est tout aussi débordé que Marie : à ses cours et à ses recherches s'ajoute sa nomination à l'Académie des sciences. Pierre n'est pas âgé en 1905 – il a quarante-six ans –, mais il est déjà vieux, souffrant de ce qu'il appelle ses rhumatismes et qui sont, en réalité, de sévères atteintes dues au rayonnement du radium. Sa santé décline au point que Marie Curie occupe la position de chef de famille. C'est elle qui décide de tout et, notamment, de l'éducation des enfants. Peut-être Pierre est-il déjà inquiet des conséquences de ses découvertes. En Suède, lorsqu'il est allé chercher son Nobel, il a prononcé un discours prémonitoire plein d'inquiétudes : *On peut concevoir que dans des mains criminelles, le radium puisse devenir très dangereux, et ici, l'on peut se demander si l'humanité a avantage à connaître les secrets de la Nature ; si elle est mûre pour en profiter ou si cette connaissance ne lui est pas nuisible. L'exemple des découvertes de Nobel est caractéristique : les explosifs les plus puissants ont permis aux hommes de faire des travaux admirables. Ils sont aussi un moyen terrible de destruction entre les mains des grands criminels qui entraînent les peuples vers la guerre. Je suis de ceux qui pensent avec Nobel que l'humanité tirera plus de bien que de mal des découvertes nouvelles.*

Quant aux deux fillettes, âgées de huit et deux ans, elles sont très différentes. Jalouse de la relation très forte nouée entre sa mère et son aînée, Ève est capricieuse, obligeant, nous raconte Noëlle Loriot dans son ouvrage *Irène Joliot-Curie, sa mère à faire de longs trajets en hiver, pour lui apporter les bananes et les pommes de reinette dont elle consentait à se nourrir.*

Le terrible 19 avril 1906

Le jeudi 19 avril est bien maussade. Il pleut. Pierre Curie déjeune à l'Hôtel des Sociétés savantes dans le cadre des rencontres organisées par l'Association des professeurs de la faculté des sciences. Vers quatorze heures trente, il se retire et s'en va chez son éditeur Gauthier-Villars pour relire des épreuves. Mais il trouve porte close en raison d'une grève des ateliers. Il décide alors de se rendre à l'institut bien avant l'heure prévue. Descendant vers la Seine, gêné par son immense parapluie qu'il maintient difficilement en raison des bourrasques, il est perdu dans ses pensées. Arrivé au pont Neuf, il veut traverser sans regarder un camion qui s'avance tiré par deux chevaux. C'est alors qu'il lève les yeux et comprend qu'il va être écrasé. Dans un réflexe ultime, il tente de s'accrocher au poitrail du cheval, mais sa main glisse, ses pieds aussi, sur le sol de pavés glissants. Et le voilà à terre, tombé sous les pattes des lourds percherons. Par miracle, les sabots des chevaux ne le frappent point, et les deux roues avant du lourd véhicule l'évitent. Il se croit sauvé lorsque sa tête est percutée par la roue arrière gauche. Le crâne broyé, il meurt instantanément. Très rapidement, transporté au commissariat voisin, il est reconnu, car son visage a été miraculeusement épargné.

Les premiers, le professeur Jean Perrin et le doyen de la faculté des sciences, le professeur Paul Appell, se rendent au domicile des Curie. Le grand vieillard qu'est devenu le Dr Eugène Curie les accueille. Voyant leurs mines défaites, il comprend aussitôt que son fils est mort. Impossible de joindre Marie ! Vers dix-huit heures, elle rentre, joyeuse, les bras chargés de quelques courses. Elle écoute Paul Appell rapporter les faits. Statue de sel, brisée par l'émotion, elle ne bouge ni ne dit mot. Puis, après un long silence, rapporte Ève, elle prononce tout bas ces quelques mots : *Pierre est mort ?... Mort ?... Tout à fait mort ?*

Le bon André Debierne est allé chercher le corps de Pierre en ambulance. Il arrive boulevard Kellermann. Marie fait installer la dépouille de Pierre dans une pièce du bas. Puis s'enferme avec lui. Le lendemain, les plus hautes autorités du pays viennent saluer le grand scientifique. Le président de la République, Émile Loubet, le président du Sénat, les académiciens, les grands professeurs… tous se succèdent devant une Marie Curie figée de douleur.

Reprendre le flambeau

La bonne Bronia, la sœur bien-aimée de Marie, prend en main la famille Curie. Elle leur trouve une maison avec jardin à Sceaux, rassure les deux fillettes, engage une nouvelle gouvernante polonaise, car il n'est pas question que les deux petites n'apprennent pas la langue de Mickiewicz.

Marie Curie se voit attribuer la chaire occupée par Pierre. Le 5 novembre 1906, accompagnée d'Irène et de son beau-père, Marie Curie vient reprendre le cours interrompu à la Sorbonne. Et dans son éternelle robe noire, elle reprend le cours de Pierre à l'endroit exact où il s'était interrompu : *Lorsqu'on envisage les progrès qui ont été accomplis en physique après une dizaine d'années, on est surpris du mouvement qui s'est produit dans nos idées sur l'électricité et la matière...* La salle est comble : elle éclate aussitôt en applaudissements.

Au laboratoire, Marie assume le rôle de chef de file : avec Debierne, elle poursuit les recherches sur le radium, ses dérivés, ses rayonnements, mais aussi sur l'uranium et même sur l'actinium (n° 89 sur la table de Mendeleïev), spontanément radioactif, que son collaborateur préféré a découvert.

En novembre 1907, la famille fête le quarantième anniversaire de Marie Curie. Et soudain, tous les amis de Pierre, fidèles à sa volonté de voir Irène (et dans une moindre mesure Ève en raison de son âge) formée par les meilleurs, décident de créer ce qu'ils appellent aussitôt la « Coopérative ». Les deux enfants Perrin en bénéficient également. Cette extraordinaire Coopérative est l'association de talents exceptionnels pour former, à leur domicile, les deux jeunes filles. Alors débute une aventure à nulle autre pareille. Les meilleurs scientifiques de France, Jean Perrin, Paul Langevin, Henri Mouton et.... Marie Curie décident, durant deux années, de donner des cours à Irène et à Ève. Henriette Perrin, l'épouse de Jean, prend en charge ce que les scientifiques ne peuvent assumer, la littérature et l'histoire. Quant à Édouard Chavannes, professeur au Collège de France, il leur enseigne les langues. Irène veut apporter sa contribution au système. Elle traduit pour Henriette Perrin et Mme Chavannes, lorsqu'elles vont visiter ensemble les musées parisiens, durant le temps du trajet en train ou en tramway, *Quo vadis ?*, le livre qui a valu au Polonais Henryk Sienkiewicz le prix Nobel de littérature. Car Irène maîtrise, à présent, presque parfaitement la langue de sa mère.

Marie Curie parvient à mesurer le poids atomique du radium, après l'avoir totalement isolé. Elle ne le sait pas encore mais ce succès scientifique va lui valoir le prix Nobel de chimie en 1911, pour elle seule, cette fois.

La relation entre Marie Curie et sa fille Irène, alors âgée de onze ans, est proprement fusionnelle, ce qui n'est pas sans poser des difficultés à la petite Ève (quatre ans) quelque peu exclue de ce paradis, pour elle perdu. Car si Irène est passionnée par les sciences physiques et mathématiques comme sa mère, manifestant des dons admirables pour son jeune âge, Ève, au contraire, développe des dispositions artistiques évidentes pour la musique. Le décès de son grand-père paternel, Eugène

Curie, est une profonde déchirure pour Irène. Il est enterré au côté de son fils, au cimetière de Sceaux.

Cependant, Marie ne veut pas perdre tout lien avec sa Pologne natale : accompagnée de ses deux filles, elle accomplit un véritable pèlerinage, visitant sa terre et sa maison natales. Puis toutes les trois se rendent à Zakopane, dans les Hautes Tatras, où sa sœur Bronia dirige à présent un sanatorium, à neuf cents mètres d'altitude, avec son docteur de mari.

En cette année 1910, Marie Curie présente sa candidature à l'Académie des sciences. Grandes sont les jalousies dans un milieu totalement masculin vis-à-vis de cette réussite féminine. C'est le 23 janvier 1911 que se tient l'élection. Le résultat est des plus serrés. Au second tour, Édouard Branly, l'inventeur de la télégraphie sans fil, est élu à deux voix de majorité : trente contre vingt-huit.

La vestale du radium !

Le tempérament de Marie Curie demeure intact. À quarante-quatre ans, elle éprouve quelque difficulté à contrôler un corps qui n'est plus guère satisfait depuis la mort tragique de son mari. Les rumeurs courent sur ses aventures avec ses laborantins dans le centre de la rue Cuvier. Mais ce qui attire l'œil de ceux qui la connaissent, c'est sa brutale préoccupation de son apparence. Elle est devenue et de façon particulièrement inattendue tout à fait coquette. Avec ses robes, non plus noires mais blanches, elle cherche à séduire… un certain Paul Langevin, qu'elle connaît depuis longtemps et dont elle est tombée amoureuse. Un homme qui a travaillé tant avec son époux qu'avec son vieil ami Jean Perrin. Major de l'École de physique et chimie de Paris, diplômé de la rue d'Ulm (École normale supérieure), reçu premier à l'agrégation, élève du célèbre Cavendish Laboratory de Cambridge, Paul Langevin est presque l'égal d'Albert Einstein. Ce dernier estime qu'il est le seul à comprendre sa formule de la relativité, $E = mc^2$. Et qu'il n'est pas loin d'en être le co-concepteur. Paul Langevin n'a traversé qu'une grande épreuve dans sa vie : son mariage raté. Certes, son épouse lui a donné quatre enfants, mais elle le pousse à abandonner la recherche pour aller gagner plus dans l'industrie. Leurs disputes sont si fréquentes que Langevin la quitte et s'installe dans un petit local pour travailler en paix. Mais n'est-ce pas d'abord pour y recevoir celle qui encourage ses travaux, Marie Curie, et avoir des relations intimes avec elle ? Plusieurs journaux prétendent en détenir la preuve. Ils se sont en effet procuré les lettres de Marie Curie à Langevin (volées par la mère de Mme Langevin dans le tiroir fracturé du bureau de Paul) et entendent les publier. Le 4 novembre 1911, *Le Journal*, sous la plume de Fernand Hauser, fait sa une de l'affaire : *Une histoire d'amour : Madame Curie et le professeur Langevin. Les feux du radium viennent d'allumer un incendie dans le cœur d'un savant qui étudie leur action avec ténacité ; et la femme et les enfants de ce savant sont en pleurs.*

Ainsi Marie Curie, certes veuve, se voit-elle accusée d'avoir brisé le couple Langevin à une époque où l'on ne badine pas avec le mariage ! Cette allégation est certes totalement fausse, mais elle est relayée par *L'Action française* de Léon Daudet et *L'Œuvre* de Gustave Téry. Cependant, la grande savante n'en a cure : elle se rend à Bruxelles, au congrès organisé par Solvay sur les rayonnements, puis, à son retour, fait publier dans *Le Temps* (*Le Monde* de l'époque) un communiqué protestant contre *ces intrusions abominables dans sa vie privée.* Et elle précise qu'*elle entreprendra une action rigoureuse contre la publication d'écrits lui étant attribués. Et qu'en même temps, elle a le droit d'exiger en réparation des sommes importantes qui seront utilisées dans l'intérêt de la science.*

Le 8 novembre 1911, le prix Nobel de chimie est attribué à Marie Curie, seule, pour *son apport à l'avancement de la chimie par la découverte des éléments radium et polonium, la séparation du radium et l'étude de cet élément remarquable.* Pourtant, les attaques de la presse ne cessent pas. Le 24 novembre suivant, *L'Œuvre,* feuille antisémite et nationaliste, consacre son numéro à Marie Curie, la traînant plus bas que terre et la traitant de *Vestale du radium.* Quelques excités vont même jusqu'à manifester sous ses fenêtres et à vociférer des slogans comme « À mort l'étrangère » et « Voleuse de mari » ! Marie Curie doit déménager et trouver refuge chez les Borel.

Le doyen de l'Académie des sciences, Paul Appell, se laisse curieusement gagner par cette fureur haineuse et veut renvoyer Marie Curie. Émile Borel s'y oppose avec la dernière énergie. Mais que faire face à la volonté du ministre de l'Instruction publique qui souhaite la voir quitter la France et rejoindre la Pologne ? Heureusement, sa stupidité n'est nullement partagée au sein du gouvernement. Et lorsque, en compagnie de sa sœur Bronia et de sa fille Irène, Marie débarque à Stockholm, le 11 décembre 1911, pour recevoir le prix Nobel, c'est toute la France qui se réjouit d'une telle distinction.

Chez Hertha Ayrton

Marie Curie revient malade de Stockholm. À force de manipuler des tonnes de matières radioactives, ses mains sont gravement touchées. Elle est hospitalisée, le fidèle Debierne faisant fonctionner le laboratoire en son absence. Opérée, elle va se reposer à Brunoy sans ses filles, dont Debierne suit les études. Cependant, le grand Henryk Sienkiewicz vient lui proposer de rentrer en Pologne, se portant fort d'obtenir la construction, pour elle seule, d'un Institut du radium. Elle est tentée de répondre favorablement après l'affaire Langevin mais, dans l'intérêt de ses filles, finit par refuser.

Cependant, en cette année 1912, Irène est âgée d'une quinzaine d'années. Elle se sent toujours aussi proche de sa mère, s'occupe de sa sœur Ève, reçoit même à déjeuner Debierne et les Perrin. Elle est déjà entrée dans l'âge adulte ; elle lit beaucoup et parle parfaitement trois langues étrangères : le polonais, l'anglais et l'allemand.

C'est une physicienne, veuve d'un physicien anglais, Hertha Ayrton, une féministe très convaincue, qui va sortir Marie Curie de sa léthargie postopératoire. Marie a auparavant accepté de signer ses lettres de pétition et a été sensible, également, à l'échec subi par Hertha devant la *Royal Society* (tout comme elle-même face à l'Académie). Aussi accepte-t-elle l'invitation d'Hertha à venir lui rendre visite dans son méridional Hampshire. Ève et Irène l'accompagnent. La femme aux yeux verts et aux cheveux sombres comme la nuit fait leur conquête. Des liens très amicaux les lient bientôt.

À son retour à Paris, la famille Curie déménage de Sceaux à l'île Saint-Louis, sur le quai de Béthune. Et passe désormais ses vacances en Bretagne, près de Paimpol, dans un petit village de bord de mer, L'Arcouest, dans lequel vivent deux grands intellectuels du pays, l'historien Charles Seignebos et l'ingénieur (en optique) et peintre Charles Lapicque.

En 1912, Marie Curie obtient l'autorisation de faire construire un Institut du radium. Elle reçoit solennellement le titre de docteur *honoris causa* de l'université de Birmingham, vêtue d'une splendide robe rouge à revers verts. Et Irène obtient son baccalauréat, du moins la première partie.

Infatigable radiologue durant la Grande Guerre

Lorsque, fin août 1914, la bataille des Frontières tourne en faveur des Allemands et que Paris se trouve menacé, Marie Curie se replie sur Bordeaux avec son gramme de radium enfermé dans un caisson de vingt kilos de plomb. Il faut à tout prix sauver cette source unique de rayonnements. Plus tard, en 1918, elle le rapatrie des coffres d'une banque où il a trouvé refuge. À Paris, Marie Curie se trouve pratiquement seule dans son laboratoire, le tout neuf Institut du radium, tous les hommes ayant été mobilisés. Elle n'est pas longue à constater que la plupart des hôpitaux français sont dépourvus d'installations dotées de rayons X et décide de créer un service de radiologie aux armées. Elle réussit à soustraire les appareils existants aux universités et se voit officiellement nommée responsable de cette activité au sein de la Croix-Rouge. Outre les postes fixes en hôpital, elle installe un appareil Roentgen dans une voiture, auquel le courant est fourni par une dynamo branchée sur le moteur. Ainsi est-il possible d'accueillir et de traiter les blessés graves le plus près possible du front. Dès la bataille de la Marne, en septembre 1914, cette ambulance radiologique circule. Il faut absolument en équiper d'autres. Marie Curie parvient à obtenir une vingtaine de voitures de généreuses donatrices. Elle les fait aménager intérieurement et équiper d'appareils à rayons X. Puis elle enrôle Irène comme assistante lorsqu'elle le peut, car la jeune fille prépare sa seconde partie du bac. Les voilà toutes les deux radiologues, fortement exposées aux rayons X, car elles n'ont nullement le temps de se protéger, soucieuses de traiter le plus grand nombre de blessés.

Dans chaque hôpital, alors qu'affluent les blessés, Marie Curie choisit une pièce comme salle de radiologie. Il faut monter l'appareil, le relier à la dynamo de la voiture par un câble, vérifier l'intensité du courant. Alors seulement débute avec le chirurgien l'examen des blessés après avoir fait l'obscurité en plaçant des rideaux noirs sur les fenêtres. Marie met des gants et des lunettes de protection, et saisit son stylo spécial pour marquer les repères. Avec le chirurgien, elle règle l'appareil et le défilement des soldats, souvent gravement touchés, débute. Des clichés sur plaque sont pris, repérant l'éclat d'obus ou la balle au beau milieu des os qui apparaissent à l'égal de silhouettes. Suivant la gravité de la blessure, le chirurgien opère et extrait immédiatement, sous le rayon, avançant sûrement sa pince parmi les chairs. Ou bien attend le développement du cliché effectué dans une pièce attenante après trempage dans des bains pour intervenir. Le repérage par rayons X permet de localiser avec précision balles et éclats de métal, de les extraire précisément et rapidement, évitant ainsi bien des triturations approximatives dans des chairs à vif.

Les journées de Marie sont longues et se déroulent dans l'obscurité tant le nombre des blessés est considérable. Elle en traite parfois plus de cent par jour. Et avant de repartir avec son ambulance radiologique, elle prend le temps d'étudier l'implantation d'un poste fixe permanent dans l'hôpital…

Après son bac, Irène débute sa licence de science, alternant cours et action caritative comme infirmière radiologue au front. Marie Curie décide d'utiliser ses locaux de l'Institut du radium pour y préparer des manipulatrices en radiologie. Elle en forme une vingtaine puis appelle Irène en renfort. Pendant ce temps, son ami Paul Langevin, repéré par le ministre Paul Painlevé (futur président du Conseil en 1917), se consacre à la mise au point du sonar permettant de dépister les sous-marins allemands. En effet, c'est grâce à la découverte de Pierre Curie sur la piézoélectricité, que Paul Langevin met au point son sondeur sous-marin. Grande âme, reconnaissant les mérites de Pierre Curie, il envoie une partie des droits perçus à Marie et à ses deux filles.

Marie Curie est devenue une héroïne nationale, mais elle est épuisée. Ses postes radiologiques ont secouru plus d'un million de blessés durant la seule période 1917-1918. Mais le gouvernement se montre peu reconnaissant, n'attribuant pas même la Légion d'honneur à cette immense bienfaitrice. Seule Irène reçoit la Médaille militaire.

Marie et Irène

Après la guerre, Irène vient rejoindre sa mère à l'Institut du radium. Si ses deux filles préfèrent les séjours à L'Arcouest, Marie choisit de se retirer à Cavalaire avec son amie Marthe Klein qui l'a aidée à former des manipulatrices pendant la guerre. Elle y écrit un ouvrage sur ses activités durant le grand conflit et la radiologie.

En 1921, la journaliste américaine Marie Matingley Meloney, rédactrice en chef du magazine féminin *Delineator*, souhaite effectuer une interview de Marie Curie. Elle la convainc finalement de venir aux États-Unis pour y recevoir un second gramme de radium, soit un don de l'ordre de cent mille dollars de l'époque. Marie y emmène ses deux filles. Irène parle aux journalistes alors qu'Ève (elle a dix-sept ans), ravissante, élégante, séduit tous ceux qu'elle rencontre. À Washington, Marie reçoit bien un gramme de radium des mains du président Warren Harding, avant d'être élevée à une double distinction, celle de membre *honoris causa* de l'université de Columbia à New York puis de celle de Chicago. En sus du gramme de radium, Marie Curie parvient à réunir des sommes d'argent lui permettant de poursuivre ses recherches. Mais elle constate qu'elle est en train de perdre la vue.

C'est désormais la main dans la main que Marie et Irène travaillent à l'Institut du radium. Irène doit tout préparer pour que sa mère puisse travailler malgré sa vue déficiente. Mais Marie n'en souffre pas, car elle sait qu'Irène assumera la suite… Et elle ne doute pas qu'elle obtiendra un prix Nobel. Quant à Ève, qui joue remarquablement du piano, elle se lance également dans la critique musicale et le journalisme. C'est une artiste, fort différente de sa sœur, mais tout aussi attachée à sa mère.

En 1922, Marie Curie doit subir une opération, et Ève la prend en charge, l'aidant dans sa vie quotidienne, de la marche accompagnée à la lecture de la presse.

En 1925, à vingt-huit ans, Irène est reçue docteur *ès* sciences.

Jean-Frédéric Joliot

Beau garçon, spécialiste des instruments à vent (en particulier du cor de chasse), sous-lieutenant, Jean-Frédéric Joliot vient travailler comme assistant à l'Institut du radium. Et suscite un vif sentiment chez Irène, dont le cursus est pourtant tellement supérieur au sien. Marie se laisse séduire par ce garçon dynamique et brillant, et pense en elle-même qu'il jouera auprès d'Irène le rôle tenu par son mari Pierre auprès d'elle. Ils travailleront ensemble, assurant la continuité de la dynastie Curie… Quand elle apprend qu'il n'a pas son bachot, Marie exige qu'il le passe. Puis vient la licence, enfin le doctorat. Jean-Frédéric n'éprouve aucune difficulté à franchir toutes ces étapes. Il se met au travail, obtenant ainsi l'autorisation d'épouser Irène. Une Irène radieuse le jour du mariage, le 9 octobre 1926. Il n'y a guère d'invités, en dehors des deux familles proches, si ce n'est l'inévitable André Debierne (témoin d'Irène) et le témoin du marié. Après un déjeuner simple préparé par Ève (qui devient peu à peu la confidente de Marie), chacun retourne au laboratoire, et la nuit de noces voit chacun des nouveaux mariés dormir chez ses parents respectifs…

Les Joliot-Curie vont rapidement s'installer rue Froidevaux, à proximité de Marie Curie, des Perrin, des Borel et des Lapicque.

Les dernières années

Marie s'efforce de faciliter la réussite du couple Joliot-Curie. Elle leur procure le polonium nécessaire à leurs recherches. En 1927, Irène accouche d'une première fille, Hélène.

Quant à Marie Curie, devenue une vedette planétaire, elle multiplie les conférences dans l'Europe entière et les rencontres avec les plus grands savants contemporains de sa spécialité. Elle entreprend un second voyage à New York pour chercher un nouveau gramme de radium aux États-Unis, gramme qu'elle offre à l'Institut de Varsovie.

Jean-Frédéric a remplacé Marie auprès d'Irène, au laboratoire, alors qu'à la maison, Ève s'est substituée à Irène auprès de sa mère.

Les honneurs succèdent aux distinctions. En 1928, pour le vingtième anniversaire de la découverte du radium, le gouvernement français accorde une pension annuelle de quarante mille francs à Marie (réversible à ses deux filles). Et une réception officielle est organisée à la Sorbonne en présence du président de la République, Alexandre Millerand, pour célébrer la découverte des corps radioactifs. Et lorsque Marie constate que la rue Pierre-Curie qui borde l'Institut du radium est trop fréquentée par les automobiles et les voitures à cheval, déréglant ses instruments de précision, elle obtient du préfet de police que le trafic soit détourné.

Marie Curie poursuit ses travaux de recherche malgré sa santé déclinante, sans pour autant abandonner ses tournées à l'étranger. Alors qu'Irène et Jean-Frédéric parviennent à extraire le polonium chimiquement, leur permettant d'obtenir une poudre particulièrement pure.

En 1932, un second enfant, Pierre, comble de joie le jeune couple. Avant qu'ils ne découvrent la radioactivité artificielle en 1934.

Alors qu'Irène et Jean-Frédéric s'engagent en politique contre le fascisme et pour la paix, Marie Curie est atteinte d'une fièvre tenace qui témoigne de la gravité d'une leucémie due à l'exposition aux rayons radioactifs. Victime du radium, elle meurt en 1934, refusant par avance toutes funérailles nationales.

Le troisième prix Nobel de la famille

En novembre 1935, le prix Nobel de chimie est attribué au couple Joliot-Curie. Lors du discours de remise du prix en Suède, Jean-Frédéric a des paroles prémonitoires. Il estime que *des chercheurs brisant ou construisant des atomes à volonté sauront réaliser des réactions nucléaires en chaîne explosives. Si de telles transmutations arrivent à se propager dans la matière, on peut concevoir l'énorme énergie nucléaire qui serait alors libérée.*

Mais comme elle avait déjà agi envers sa mère, l'Académie des sciences refuse d'ouvrir ses portes à Irène.

Sans doute sa position en faveur du parti communiste lui fait-elle perdre quelques voix…

En 1936, Léon Blum la nomme sous-secrétaire d'État à la Recherche scientifique dans le cadre du gouvernement constitué par le Front populaire. Directrice de l'Institut du radium en 1946, elle contribue également à la fondation du Commissariat à l'énergie atomique, dont Jean-Frédéric devient le haut-commissaire. Elle meurt, comme sa mère, en 1956, des suites d'une maladie de sang, provoquée par les matières radioactives qu'elle n'a cessé de manipuler. Jean-Frédéric Joliot-Curie meurt en 1958, après avoir été écarté de la tête du CEA, en 1950, en raison de ses prises de position politiques.

Hélène, la fille d'Irène et de Jean-Frédéric, épouse un Langevin et maintient la tradition familiale en devenant directrice de recherche en physique nucléaire au CNRS.

Colette, une femme très émancipée

Saint-Sauveur-en-Puisaye, au pays bien-aimé

Sidonie-Gabrielle Colette est née le 28 janvier 1873 à Saint-Sauveur-en-Puisaye, dans la belle région boisée et vallonnée de l'Yonne qui borde la Bourgogne. Son père, Jules Colette, militaire de carrière, blessé en Crimée sur l'Alma, est capitaine lors de la campagne d'Italie de 1859. De nouveau blessé, amputé de la jambe gauche, il est mis à la retraite alors qu'il n'a que trente ans. Nommé percepteur à Saint-Sauveur, il y rencontre Sido, la femme d'un propriétaire terrien local, Jules Robineau-Desclos. Et en tombe amoureux. Mais peut-être n'attend-il pas la mort du mari pour lui faire un enfant, le petit Achille ? Peut-être même provoque-t-il sa mort par empoisonnement ? On ne le saura jamais. L'année même de la mort de son époux, Sido (Sidonie Landoy) convole avec le percepteur. En 1866, dix mois plus tard, naît un fils, Léopold. Avant d'être rejoint par une fille, Gabrielle, adulée par ses parents.

Une nourrice fournit au bébé un lait plein de vigueur. Et c'est une superbe enfant qui s'éveille à la vie, d'abord lors des veillées remplies d'histoires paysannes, puis au contact du chien et du chat domestiques, enfin dans les jardins de ses parents, où les fruitiers le disputent au potager et aux fleurs. La petite va à la communale, bien qu'elle soit la fille du premier fonctionnaire de la commune, Monsieur le percepteur. Très tôt passionnée par la lecture qu'elle a rapidement maîtrisée, Gabrielle dévore Daudet, Hugo et Balzac dès l'âge de six ans. Ses deux frères, Achille et Léopold, sont des pianistes accomplis, et toute la famille chante avec eux. La petite se joint également au concert…

C'est en 1880 que Jules prend sa retraite puis tente de se faire élire au Conseil général et à la mairie. Mais, par deux fois, il est battu. Quant à Gabrielle Colette, après sa première communion, elle comprend bien vite que le monde n'a rien d'innocent. Juliette, la fille de Sido et Robineau-Desclos, réclame son dû et l'obtient, pour un tiers, en 1884. Mais c'est tout le village de Saint-Sauveur qui prend en haine la malheureuse Sido, parce qu'elle s'est remariée trop rapidement. Colette en reste marquée à vie et prend sa revanche en écrivant *Claudine à l'école* (1900) et *La Maison de Claudine* (1922), ce dernier roman étant conçu plus de trente-huit ans après les faits.

Car si la maison qui compte le plus dans la vie de Colette est celle de Saint-Sauveur, la personne qui la marque à jamais (même si elle adore ses deux frères) est Sido. Elle trône au sommet de son panthéon familial. Colette ne cesse de rendre hommage à son amour, à sa faculté d'émerveillement si bien transmise, à son immense capacité de compréhension si bien reçue. Et elle lui dédiera trois ouvrages : outre *La Maison de Claudine* déjà cité, *Sido* bien sûr et *La Naissance du jour*.

Colette est une bonne élève qui obtient sans difficulté son certificat d'études à douze ans puis, quatre ans plus tard, son brevet élémentaire à Auxerre.

Belle, ayant de l'esprit et déjà une jolie plume, Colette est une solitaire qui se complaît dans son jardin, dans les vagabondages campagnards, dans le recueillement des lectures souvent recommencées. En 1891, la famille quitte Saint-Sauveur pour rejoindre le fils, Achille, qui s'installe comme médecin à Châtillon-Coligny, en Loiret. Même Léopold, qui deviendra clerc de notaire, rejoint le clan.

Le séduisant Willy

La maison Gauthier-Villars est fort ancienne et développe une double activité d'édition et de librairie. Au milieu des polytechniciens (le père, le fils, le gendre), Henry ou Willy (son nom de plume) détonne. Il préfère la musique, les cafés, certes la littérature mais aussi les femmes. Il a d'ailleurs épousé une divorcée, qui meurt brutalement en 1891. Or, Willy est à cette époque en relation tant avec Achille qu'avec le capitaine Colette : il est reçu dans les deux familles. Le petit jeu de la séduction s'ébauche puis s'amplifie entre notre Colette et un Willy touché par son deuil récent. Et Sido pousse au mariage, espérant ainsi que sa fille deviendra riche. Mais un Gauthier-Villars épouse-t-il une fille sans dot ? Pour pouvoir épouser selon sa volonté, Willy doit renoncer à ses parts dans l'affaire familiale. Il devra vivre de sa plume. Aussi Colette et Willy se fiancent-ils en 1892.

Le 15 mai 1892, ils se marient à Châtillon en l'absence de la famille Gauthier-Villars. Elle a vingt ans, il en avoue trente-quatre. Brutalement, Colette découvre le plaisir sexuel, apprenant bien vite les leçons de son maître de mari.

À Paris, le couple loge dans la garçonnière de Willy aux murs tout encombrés de représentations coquines. Rapidement, toutefois, ils emménagent dans un appartement rue Jacob. Son mari la présente à tous ces écrivains qu'elle connaît bien pour les avoir lus : Jules Renard, Anatole France, Pierre Louÿs, Pierre Loti, Georges Courteline, Marcel Schwob… Et Colette ne laisse personne indifférent : sa beauté, ses réparties et même son accent bourguignon qui détonne dans la capitale, tout concourt à sa réputation. D'ailleurs Willy s'épanche sur ses qualités d'épistolière. Lui connaît le Tout-Paris : elle pénètre ainsi dans les cercles successifs de la musique (où elle rencontre Messager, Charpentier et Debussy) et de la politique (Jean Jaurès). En ces occasions, le subtil Willy l'entend narrer ses souvenirs bourguignons avec un rare talent. Une idée pointe déjà dans son esprit : ne pourrait-elle écrire ce qu'elle raconte ? Après tout, il peut bien poursuivre avec son épouse ce qu'il fait depuis longtemps : signer les livres des autres. D'autant que sa situation financière est devenue des plus délicates.

Si Colette est désormais bien admise dans la famille Gauthier-Villars, elle souffre infiniment des lettres anonymes reçues dénonçant les infidélités de son époux.

Elle décide d'en avoir le cœur net et surprend Willy en compagnie de Charlotte Kinceler. Cette dernière se donne en spectacle à Montmartre. Malgré la sympathie dont Charlotte fait preuve envers Colette, celle-ci ne supporte pas la trahison de Willy. Elle tombe malade, et si gravement qu'il faut la venue de Sido pour lui permettre de retrouver la santé. Désireux de se faire pardonner, Willy emmène sa jeune épouse à Belle-Île durant l'été 1894. Les sens de la jeune femme sont pleinement satisfaits : au lit avec Willy (et même sur la plage où ils sont surpris par quelques autochtones ravis de l'aubaine), dans d'interminables promenades le long de la côte sauvage. À la Bourgogne s'ajoute désormais un second éden : la Bretagne. Viendra, plus tard, le temps de Roz-Ven.

C'est à son retour à Paris que Colette rencontre Marguerite Moreno (qui vit alors, avant d'épouser Marcel Schwob, avec Catulle Mendès, ami de son mari), la grande comédienne. Une amitié de cinquante ans s'esquisse puis se confirme, non sans que la rumeur court que les deux femmes – et la chose est assez probable – aient exploré ensemble les rives des passions homosexuelles.

Le cynique Willy

Cependant, Willy a repris ses habitudes volages. Et, en 1895, il décide de mettre sa Colette au travail. C'est un bon négrier qui prononce ces mots souvent rapportés : *Vous devriez jeter sur le papier des souvenirs d'école primaire. N'ayez pas peur des détails piquants, je pourrai peut-être en tirer quelque chose... Les fonds sont bas...*

Obéissante, Colette noircit des cahiers d'écolier. Pour raviver ses souvenirs, Willy l'emmène même à Saint-Sauveur. Au printemps 1896, Colette achève son premier ouvrage. Willy ne le trouve pas bon et le rejette en déclarant : *Je m'étais trompé, cela ne peut servir à rien. Je ne savais pas que j'avais épousé la dernière lyrique.*

En 1897, Colette et Willy passent leurs vacances dans le Jura de Champagnole et de Lons-le-Saulnier, ville à proximité de laquelle les Gauthier-Villars possèdent un chalet. Après l'Yonne et la Bretagne, un troisième morceau de France s'ajoute à la carte du Tendre bucolique de Colette. De nouveau parisienne, sa vie sans but ne lui plaît pas. Certes, elle se lie avec la chanteuse Polaire, une femme libérée, et débute une correspondance avec le génial Francis Jammes, un homme marqué par son terroir basque. Ne sont-ils pas, chacun à leur manière, les deux modèles de vie auxquels Colette aspire : la liberté avec Polaire et la plongée dans la nature avec Jammes ?

C'est vers la fin de l'année 1899 que Willy, retrouvant le dernier manuscrit de Colette, décide de le proposer aux éditions Delagrave. C'est finalement l'éditeur Ollendorff qui publie *Claudine à l'école,* roman libertin ! Un roman dont Willy se dit l'auteur…

Pourtant, très vite, le *Mercure de France* émet des doutes sur la paternité du livre, alors que le premier des *Claudine* rencontre un franc succès auprès du public, se vendant à quarante mille exemplaires. Habile homme,

Willy consent à révéler que Colette lui a conté bien des histoires sur son temps scolaire dont il s'est inspiré.

En 1900, pour écrire la suite, Colette exige le calme. Et les Willy deviennent propriétaires d'un domaine à proximité de Besançon, les Monts-Boucons, doté d'un vaste parc. Colette commence alors l'écriture de *Claudine à Paris.* Et c'est elle-même qui s'enferme dans son bureau... Le deuxième *Claudine* sort à l'automne 1901. Le succès de *Claudine à Paris* ne le concède en rien au premier tome de la série. Cette ambiance saphique est à la mode alors que Liane de Pougy, la scandaleuse, vient de publier *Idylle saphique,* un titre qui ne trompe pas son lectorat. Coïncidence ou pas, chacun se fera son opinion, Colette tombe amoureuse de l'Américaine Georgie Raoul-Duval, une riche héritière, et elle ne s'en cache pas, provoquant l'opinion et prenant ainsi sa revanche sur les infidélités répétées de Willy. Mal lui en prend, car la belle Américaine est insatiable : elle met le grappin sur Willy et les voilà, au plus grand dépit de Colette, en ménage à trois. Finalement, le couple réagit, se sépare de Georgie et cherche une revanche dans la publication d'un troisième tome de *Claudine, Claudine amoureuse.* Mais l'Américaine, spécialement dénoncée dans le roman, achète la totalité du tirage et le détruit. Un nouveau *Claudine, Claudine en ménage,* moins accusateur, après quelques rectifications convenues avec Georgie, vient le remplacer en 1902.

La situation financière de Willy et de Colette s'est considérablement améliorée : ils déménagent rue de

Courcelles en 1901 avant de s'installer dans un hôtel particulier un peu plus loin dans la même avenue. Elle dispose d'une salle de gymnastique en son appartement et mène grand train, y compris à cheval. L'argent afflue depuis que *Claudine* est porté au théâtre en 1902. Le succès de Polaire dans le rôle principal est assourdissant.

Colette se remet au travail, écrivant le quatrième tome, *Claudine s'en va,* au titre prémonitoire. Ayant coupé ses longues tresses, s'étant efforcée de se distinguer du personnage de Claudine avec laquelle le public l'assimile, Colette aspire à la liberté. Elle prépare d'autres ouvrages plus personnels qu'elle cache à Willy : *Minne, Quatre dialogues de bêtes.* Et ne quitte plus son Jura tant apprécié et les grands espaces des Monts-Boucons. Willy fait des apparitions pour vérifier l'avancement de l'écriture du dernier *Claudine.* Seuls des animaux familiers tiennent alors compagnie à Colette : une chatte, un chien, un cheval, quelques oiseaux… C'est sans doute à cette époque, de retour à Paris en cette fin d'année 1904, que Colette établit une nouvelle relation amoureuse avec une autre Américaine, Natalie Barney qu'elle surnomme Flossie dans l'intimité et pour leurs échanges épistolaires.

En 1904, c'est sous son nom de Colette Willy que notre héroïne publie pour la première fois un ouvrage sous sa signature : *Quatre dialogues de bêtes.* Le livre reçoit un excellent accueil et un hommage unanime de la critique. Hélas, Willy fait de la résistance : il publie à son compte *Minne,* puis *Les Égarements de Minne.* Colette sait bien que le nom de Willy, beaucoup plus connu que le sien, est encore un facteur clé de succès pour son œuvre littéraire. Mais comment échapper aux griffes de Willy alors que leur couple s'est totalement fragmenté ?

En 1905, Willy et Colette se séparent de biens et… de fait. Alors que Willy s'épuise à satisfaire une jeune donzelle de vingt ans, Marguerite Maniez, Colette lie connaissance avec la comtesse de Belbeuf, Mathilde de Morny, dite Missy, fille du duc de Morny et de la comtesse Troubetzkoy. Cette Missy, séparée de son mari, préfère les rivages de Lesbos. C'est une femme très distinguée auprès de qui Colette trouve réconfort et protection.

L'année 1905 est parsemée de drames : Willy est décidé à vendre la propriété des Monts-Boucons que Colette apprécie tant alors que le capitaine Colette meurt brutalement, ne laissant aucun héritage. Depuis qu'elle est séparée de biens avec Willy, Colette commence à manquer de ressources, ce qui la perturbe.

La séparation

Début 1906, Colette décide de tenter sa chance dans la pantomime, alors très à la mode. Et débute, déguisée en faune, cachant fort peu son anatomie, dans un drame intitulé *Le Désir, l'Amour et la Chimère.* Grâce à ce premier succès, elle poursuit sa carrière avec une pièce écrite par Willy, *Aux innocents les mains pleines.* On la voit, déguisée en jeune homme en complet veston, donner un long baiser à l'actrice qu'elle vient de séduire. Ce baiser entre femmes assure le succès de cette pièce en un acte. Lors des grandes vacances passées au Crotoy, les deux couples formés par Colette et Missy d'une part, Marguerite Maniez (dite Meg) et Willy de l'autre, font scandale. À la rentrée, Colette se produit à l'Olympia dans un drame, *La Romanichelle*, se présentant sur scène, totalement nue sous ses haillons, ayant abandonné l'habituel collant couleur chair. La pièce attire naturellement un large public. En fin d'année, Willy et Colette se séparent officiellement de corps.

Colette s'est installée, seule, dans une ancienne maison proche du bois de Boulogne, avec pour voisine Missy, mais également Renée Vivien avec qui elle entretient une relation amoureuse passionnée. Elle poursuit sa carrière scénique, d'abord avec *Pan* au théâtre Marigny, où elle exhibe un sexe à peine dissimulé par quelques peaux de bête, puis en 1907, avec *Rêve d'Égypte*, au Moulin Rouge. Elle y a pour partenaire Yssim. Chacun comprend bien qu'il s'agit de Missy ! La première, qui a lieu le 3 janvier 1907, fait salle comble. Missy, déguisée en archéologue, rend la vie à une momie, celle de Colette, en déroulant ses bandelettes. Puis, l'ayant totalement dénudée, l'étreint avec passion. Une formidable bronca s'élève. Le scandale est immense ; il faut interrompre la représentation. La préfecture de police interdit aussitôt le spectacle. Willy, qui a écrit le drame, est chassé de son journal puis contraint de divorcer, en février 1907. Contrairement à ce qui s'écrit bien souvent, Colette est presque désespérée de voir ainsi Willy s'éloigner définitivement. Alors qu'elle atteint trente-quatre ans, il est temps pour Colette de réfléchir à sa destinée et d'abandonner les pseudo-rôles scandaleux du mime de boulevard. Sido le lui affirme très clairement. Elle sait, à présent, qu'elle peut conquérir sa liberté par la littérature mais n'y est pas vraiment préparée.

La délivrance

C'est avec la publication au Mercure de France du roman autobiographique *La Retraite sentimentale,* signé Colette Willy, que Colette vante le plaisir de la vie à la campagne en compagnie d'animaux domestiques. Mais elle n'oublie pas de se venger de ses critiques, en particulier dans *Les Vrilles de la vigne* (1908), où elle revendique son droit à danser nue, puis dans *Nuit blanche,* la même année, où elle affiche sa préférence pour les femmes. À l'inverse du rossignol endormi qui s'est laissé capturer par les vrilles de la vigne, Colette s'est délivrée de l'emprise de Willy. Pourtant, rien ne se déroule comme prévu. Colette, qui vit avec Missy qui la couvre de cadeaux, est toujours amoureuse de Willy. Ils envisagent même de reprendre la vie ensemble à condition que Meg décampe. Laquelle Meg semble avoir trouvé quelque consolation dans les bras de Missy… Bref, la liberté des mœurs est extrême. À la fin, c'est Colette elle-même qui, constatant le triste état financier de Willy, maintient les choses en l'état.

Pendant six années, reculant toujours les vraies échéances de sa vie, Colette décide, sous la direction d'un véritable professeur, Georges Wague, de s'investir dans le mime et le théâtre. Elle débute fin 1907 dans *La Chair* à l'Appolo, à Paris. Son sein nu ne fait plus vraiment scandale. Elle poursuit ses travaux d'écriture et donne des conférences : aussi ne manque-t-elle plus de ressources. Et en 1908, elle reprend le rôle de Claudine, interprété autrefois par la chanteuse Polaire. Puis écrit pour elle-même un rôle sur mesure dans *En camarades.* Là encore, l'inspiration est fortement autobiographique.

La rupture définitive avec Willy intervient en 1909, lorsque ce dernier cède à Ollendorff et au Mercure de France les droits des quatre *Claudine.* Furieuse, Colette obtient que ces deux éditeurs y rajoutent son nom puis contraint Willy à reconnaître qu'il n'en est pas l'auteur.

Colette doit à présent participer aux tournées provinciales de Georges Wague pour honorer son contrat. C'est durant l'été 1909 qu'elle rencontre au Crotoy l'héritier des magasins du Louvre, Auguste Hériot, un homme fort riche, qui tombe amoureux d'elle. Il sera son modèle pour *Chéri.* La parution de *L'Ingénue libertine* (fin 1909) démontre combien Colette est devenue experte dans les choses de l'amour. Elle est, en cet instant précis, comblée par les caresses que lui procurent tant sa chère Missy que son délicieux Auguste. Et les tournées se poursuivent.

Avec *La Vagabonde,* en 1911, elle accepte de se livrer, au-delà de bas règlements de compte avec Willy, à une lucide analyse d'elle-même et des raisons de ses échecs. C'est l'année où Missy l'invite en sa propriété de Roz-Ven, située sur la commune de Saint-Coulomb, à proximité de Saint-Malo. Quatrième émerveillement de Colette qui décrit *son anse de mer verte, les rochers compliqués, le petit bois, les arbres neufs, et les anciens, la terrasse chaude, les rosiers, ma chambre jaune et la plage où la marée apporte des trésors.* Missy lui offre la propriété l'année suivante.

À la rentrée, Colette entre au *Matin*, recrutée par Maurice Buneau-Varilla en personne, et donne des textes plusieurs fois par mois. Elle y rencontre Henry de Jouvenel des Ursins, baron de son état et rédacteur en chef du journal.

Le mariage et Bel-Gazou

À trente-huit ans, Colette aspire véritablement à une pause. Elle se sépare d'Auguste Hériot, qu'elle juge trop oisif, et commence à poser un regard appuyé sur Henry de Jouvenel, qui a déjà été marié deux fois : avec Claire Boas dont il a eu un fils, Bertrand, puis avec Isabelle de Comminges qui lui a donné un petit Renaud. Henry est à peu près de son âge, un peu plus jeune, et très en vue dans les sphères politiques. Brusquement, Colette se décide, brisant la relation avec Missy qui, mortifiée, refuse de la revoir. Hériot se console dans les bras de la Comminges… La route est libre pour celle qui entend épouser Henry et son merveilleux et mystérieux château de Castel-Novel en Limousin. Encore un admirable coin de France qu'elle ne connaissait pas et qu'elle dévore de tous ses sens. Elle retrouve ainsi un équilibre sentimental, perdu depuis bien longtemps.

Désormais installée dans un chalet rue Cortambert, elle vit des mois d'amour intense avec le nouvel élu de son cœur. Elle poursuit néanmoins, pour leur apport financier, ses rôles dans des partitions de music-hall jouées chez Georges Wague comme *L'Oiseau de nuit*, puis joue *La Chatte amoureuse*, un rôle sur mesure. Mais le journalisme l'accapare de plus en plus : elle collabore de manière intensive au *Matin*, écrivant contes, chroniques, comptes rendus… Son métier de journaliste la passionne. En septembre 1912, la mort de sa mère, Sido, constitue un gros choc même si elle n'assiste pas à l'enterrement, en raison de sa peur panique de la mort. Deux mois plus tard, Colette épouse Henry de Jouvenel à la mairie du XVIe arrondissement à Paris. Le 3 juillet 1913, c'est une mère de quarante ans qui met au monde, difficilement, une petite Colette Renée, dite Bel-Gazou. L'instinct maternel de Colette est peu développé : une nourrice s'occupe du bébé, quelque peu délaissé, à Castel-Novel. Colette n'est pas une mère habituelle. Elle l'est d'une manière animale avec jalousie et férocité, avec joie et passion durant toute la gestation. Puis perd tout enthousiasme envers sa petite après l'accouchement. Sans doute est-ce là l'une des explications de son amour pour les animaux et de son talent à les décrire. Elle possède quelque chose en commun avec eux. Son nouveau livre, *L'Entrave*, reçoit un accueil presque trop délirant. C'est qu'elle est devenue l'une des plumes réputées du *Matin* et la femme d'un homme bien en vue.

Dès la déclaration de guerre, Henry doit rejoindre son régiment d'artillerie comme sous-lieutenant. En décembre 1914, n'y tenant plus, elle part rejoindre son époux, qu'elle n'a plus revu depuis cinq mois. Elle le retrouve à Verdun et y reste plusieurs semaines. En mai 1916, elle y revient, continuant d'assumer ses rubriques pour *Le Matin.* Le journal exige de plus en plus d'articles et des chroniques de guerre, tant il les juge talentueux. Elle court partout, sur tous les fronts, jusqu'en Italie, où elle doit repousser les assauts de Gabriele d'Annunzio. En 1916, elle publie *La Paix chez les bêtes,* triste allusion à la guerre chez les hommes. Elle est inquiète pour Henry alors que la bataille de Verdun bat son plein.

Dieu merci, en 1917, Anatole de Monzies, secrétaire d'État à la Marine marchande, appelle Henry à occuper la fonction de chef de cabinet. Mais il n'est pas reconduit par Clemenceau, et Henry est renvoyé au front. Colette poursuit ses publications : *Les Heures longues* (celles de la Grande Guerre), *Mitsou.*

Colette a considérablement grossi pendant le Grande Guerre en raison des séjours redoutables à Castel-Novel, où l'abondante cuisine de Miss Draper – la gouvernante à demeure de Bel-Gazou – et de Pauline Vérine, la femme de service parisienne, produit ses néfastes effets. À son retour de la guerre, Henry prend maîtresse plus attirante en la personne de Germaine Patat. Colette laisse faire. Nommée directrice littéraire du *Matin,* elle s'efforce de dégager du temps pour écrire *Chéri,* l'inégalable amant. Il paraît en 1920, un vrai roman, comportant des analyses de caractère. La critique applaudit. Et Colette peut aller se reposer en son cher Roz-Ven durant l'été.

Roz-Ven, haut lieu du péché

Colette est devenue l'épouse d'un homme politique dont la carrière se développe brillamment et dont l'infidélité s'accroît. À Roz-Ven, Colette vit en tribu : avec Henry bien sûr, mais également ses fils, Bertrand et Renaud, et même Robert, le frère d'Henry. Certes, elle est devenue rondelette (elle doit bien peser soixante-quinze à quatre-vingts kilos) et se promène en maillot de bain sur la plage, se roule dans le sable, adore le jardinage, court les antiquaires malouins… Quant à Bertrand de Jouvenel, un intellectuel pur jus, âgé de dix-sept ans, il n'a pas encore goûté aux plaisirs sensuels. À quarante-sept ans, Colette n'hésite pas et s'offre au jeune homme, qui en tombe amoureux. Elle devient l'initiatrice, inversant le rôle qu'elle a bien connu au démarrage de sa relation avec Willy. Jean Chalon dans son inoubliable *Colette, l'éternelle apprentie,* la surnomme désormais « la Phèdre de Roz-Ven », ce qui n'est que justice puisque c'est son beau-fils qu'elle détourne ainsi. Rappelons que la majorité masculine n'est acquise qu'à vingt et un ans en 1920. Nul ne parle autour d'elle, et elle peut accéder en toute sérénité au rang de chevalier de la Légion d'honneur, à la rentrée, au mois de septembre…

La parution de *La Chambre éclairée* est-elle censée démontrer que les rumeurs sur son absence d'instinct maternel sont erronées ? Ainsi plusieurs des textes de ce livre composite (qui n'est que l'assemblage de plusieurs écrits déjà parus dans la presse) sont-ils consacrés à son amour pour Bel-Gazou, qu'elle ne voit guère pourtant.

Couple parisien très en vue, Colette et Henry voient leur notoriété renforcée avec l'élection début 1921 de Jouvenel au Sénat. Quant à Bertrand, il ne quitte plus Colette, passant ses vacances d'été avec elle en 1921, toujours à Roz-Ven, puis celles de fin d'année à Castel-Novel, encore avec elle. Alors que le lancement de *Chéri* au théâtre s'est révélé un succès, l'écrivaine publie *Le Voyage égoïste*. Un voyage égoïste qu'elle poursuit avec Bertrand, tant dans un rez-de-chaussée de l'immeuble de la rue d'Alleray, où demeure sa grande amie Hélène Picard, qu'en Algérie, où ils découvrent côte à côte le désert. Un cinquième *Claudine*, *La Maison de Claudine*, clôt la série la plus célèbre de Colette. Elle s'attache à y décrire sa famille, dont tous les membres nous deviennent ainsi familiers. Le succès est énorme. Cependant, Henry est de plus en plus souvent à Genève où il a été nommé délégué de la France à la SDN (Société des Nations), un poste d'influence qui lui fait connaître les grands du monde entier. Colette ne se cache plus : elle transcrit dans un ouvrage, l'un de ses plus célèbres, *Le Blé en herbe*, son aventure amoureuse avec Bertrand de Jouvenel. Le roman se déroule à Roz-Ven et dans les environs, un site exceptionnel en bord de mer, comme on le constate livre à la main, un privilège que j'ai pu vivre bien souvent, ma belle-famille étant devenue le nouveau propriétaire de la retraite bretonne de Colette.

Tout est codé dans l'ouvrage, depuis le jeune héros Phil, alias Bertrand, et la Dame en blanc, l'initiatrice, Mme Dalleray, alias Colette. Dalleray n'est, en effet, que la transcription de la rue parisienne d'Alleray, où Colette et Bertrand se rencontrent.

En 1923, Colette commence à constater que ses amours interdites avec Bertrand ne sentent pas seulement le soufre mais se répandent aussi dans le Tout-Paris. Elle n'en continue pas moins à défier le temps et joue même dans *Chéri*. Elle multiplie les conférences et les dédicaces, ravie de sa célébrité incontestable. Henry s'est pris d'une passion nouvelle pour la princesse Marthe Bibesco et abandonne Colette, engageant même une procédure en divorce à la fin de l'année 1923. Sans doute a-t-il brutalement réagi en apprenant les aventures de son fils. Voilà Colette de nouveau seule à cinquante ans !

Maurice

Colette se rend à Gstaad, en Suisse, pour réfléchir, toujours accompagnée de Bertrand… Mais elle perd son poste au *Matin* et les avantages qui l'accompagnent. C'est une battante : elle porte ses chroniques à la concurrence et écrit deux ouvrages coup sur coup, dont *La Femme cachée*. Elle finit par constater que Bertrand de Jouvenel se détache très progressivement d'elle, passionné par la politique et l'écriture. C'est alors qu'elle rencontre Maurice Goudeket, un courtier hollandais en perles et pierres précieuses.

En 1925, Colette écrit le livret de *L'Enfant et les Sortilèges* de Ravel et va l'écouter à Monaco en mars 1925. Maurice Goudeket est présent. Ils rentrent ensemble en voiture à Paris. Âgé de trente-six ans, Maurice va remplacer Bertrand. Grand lecteur de Colette, homme courageux, blessé durant la Grande Guerre, il compose également des poèmes. Colette, à cinquante-deux ans, le conquiert en six mois, l'arrachant aux bras de son amante en titre, Mme Bloch-Levallois. Et, de façon aussi inattendue que brutale, elle retrouve une paix intérieure, un équilibre social, approuvée par toutes ses amies (Anna de Noailles, Winnie de Polignac…), unanimes sur les qualités de cœur de Maurice. Après Willy, Henry et Bertrand, voici, enfin, Maurice le bien bronzé, amateur de Provence, qu'il fait découvrir à Colette. En décembre 1925, Colette achève *La Fin de Chéri* et se permet d'interpréter en personne le rôle de Léa dans *Chéri,* à Marseille, en compagnie de Marguerite Moreno et d'un débutant qui va devenir célèbre, Pierre Fresnay. Elle surmonte, sans trop de tristesse, l'annonce du mariage de Bertrand de Jouvenel avec Marcelle Prat.

Avec l'année 1926 vient l'heure de la maturité satisfaite : c'est Flammarion qui publie *La Fin de Chéri* au premier trimestre. Chéri choisit la mort, car tout son monde a disparu. Bien qu'elle prétende n'être nullement effrayée par un tête-à-tête avec la mort, Colette est bien loin de se trouver dans cette situation ! Elle possède Maurice avec qui elle parcourt le Maroc, celui de Marrakech et de Fez, puis se repose en la villa qu'elle vient d'acquérir à Saint-Tropez, *La Treille Muscate.* Une villa modeste, dépourvue de confort, mais entourée de deux hectares de vignes, de figuiers, d'oliviers, d'orangers, avec un potager et, sur la terrasse, une magnifique glycine. Même sa fille, Bel-Gazou, vient la rejoindre au bord de cette Méditerranée qu'elle chérit désormais.

Maturité

Tout comme elle a mis de l'ordre dans sa vie privée, Colette tente, en 1927, de se séparer des lieux qu'elle ne fréquente plus et qui lui rappellent le passé révolu des de Jouvenel. Elle y parvient tant pour Roz-Ven, qu'achète mon beau-père, que pour l'hôtel qu'elle possède dans le quartier d'Auteuil, boulevard Suchet. Et elle loue au Palais-Royal un entresol, décrit comme *une tanière blottie sous les arcades, écrasée entre l'étage noble et la boutique.* C'est en 1928 qu'est publié *La Naissance du jour.* Un ouvrage qui est un hymne aux joies de ce monde (par exemple l'installation de l'électricité à *La Treille Muscate,* la fréquentation des bêtes, la jouissance de la nature…) plutôt qu'à l'amour humain. Pourtant, pour la première fois de sa vie, elle est fidèle à un homme, Maurice, qui a totalement envahi son existence. Elle regrette de ne pas le voir assez en raison de ses déplacements professionnels indispensables et fréquents.

En 1929, outre la publication de *La Seconde* (la seconde épouse qui vient derrière l'officielle, un sujet dont Colette est une spécialiste), un voyage en Belgique avec Maurice et une magnifique vendange à *La Treille Muscate* (elle boit son vin avec délice…) occupent son emploi du temps. Et en 1930, lorsque Maurice achète une propriété à proximité de Paris, à Montfort-l'Amaury, *La Gerbière,* elle s'y réfugie pour écrire au milieu des arbres, des fleurs et du pépiement des oiseaux.

C'est fin 1930 que paraissent *Sido* et *Douze dialogues de bêtes.* Le style de *Sido,* qui célèbre la mère éternelle, fait l'admiration de toute la critique pour sa parfaite maîtrise. En cette plénitude, elle se réconcilie même avec son passé, en tombant dans les bras de Missy de Morny. Cependant, elle souffre des bronches et décide de quitter son entresol du Palais-Royal. Elle loge désormais au Claridge, alors qu'elle apprend sans émotion, du moins manifestée, la mort de Willy. Elle est fort occupée par une vie mondaine des plus actives. Hélas, les affaires de Maurice tournent mal, la perle japonaise ayant envahi le marché. Il faut vendre *La Gerbière* à Coco Chanel…

En cette année 1932, alors que sévit la plus grave des crises économiques mondiales du XXe siècle, pour aider Maurice, Colette songe à se lancer dans un commerce de parfums et de produits de beauté. Malgré des déplacements rendus difficiles (elle s'est fracturé la jambe et marche avec une canne), elle multiplie les séances de signature couplées à des séances de maquillage dans la France entière. Mais elle ne parvient pas à dégager de profit. Bien vite, ce sont des lourdes pertes qui apparaissent…

Aussi poursuit-elle ses travaux d'écriture, au moins un livre par an, avec *Ces plaisirs* et *Prisons et paradis,* série de portraits de personnalités contemporaines appartenant à tous les horizons de la société française. Avec *La Chatte* en 1933, au succès remarquable, Colette ne parvient pourtant pas à combler ses pertes financières. Aussi faut-il, en 1935, quitter le Claridge, trop dispendieux. Et en avril, Colette célèbre son troisième mariage avec Maurice Goudeket à la mairie du VIIIe arrondissement de la capitale. Le « voyage de noces » se déroule sur le paquebot *Normandie,* dont c'est le voyage inaugural. La découverte de New York est une immense surprise. À son retour, tant le mariage de sa fille (qui ne dure que quelques mois) que le décès d'Henry de Jouvenel la laissent sans grande émotion. C'est désormais sa carrière littéraire qui l'emporte sur tout le reste : elle publie, en 1935, *Mes apprentissages,* un livre très personnel. Alors que l'Académie royale belge l'a couronnée, mais non l'Académie française, elle est tout de même promue commandeur de la Légion d'honneur en 1937.

Après *Bella-Vista,* en 1938, Colette revient au Palais-Royal pour occuper l'appartement de maître qui dominait son entresol, celui qu'elle souhaitait obtenir depuis tant d'années. La voilà reine en son petit quartier. Tout en collaborant à plusieurs journaux (*Le Journal, Paris-Soir*), elle se lie de plus en plus avec la jeune Renée Hamon, puis vend *La Treille Muscate* et rachète à proximité de Montfort-l'Amaury une autre propriété, *Le Parc.* Comment Colette se passerait-elle de nature ? Elle aime toujours autant Maurice, qui n'est pas non plus économe de ses sentiments.

La guerre

Maurice, en septembre 1939, n'est pas mobilisé. Ce héros de la Grande Guerre est juif ce qui inquiète Colette, bien au courant du sort qui leur est réservé en Allemagne nazie. Malgré son grave problème de hanche et sa bronchite devenue chronique, Colette va retrouver sa fille à Nice au début de l'année 1940. À son retour, elle séjourne au *Parc*. Le 12 juin, devant l'avancée allemande, il faut fuir. Elle se réfugie auprès de sa fille à Curemonte, puis descend vers Lyon, au mois d'août, avant de regagner la place du Palais-Royal en septembre. Les premières mesures antijuives d'octobre 1940 frappent Maurice, désormais interdit de radio, de presse, de théâtre et de cinéma. Il tente de développer une activité de commerce de livres rares. Et c'est à Fayard que Colette apporte son manuscrit de *Chambre d'hôtel*. Impossible d'aller à Montfort-l'Amaury ! Colette se voit écartée du *Petit Parisien* après le renvoi de Pierre Dupuy par les Allemands. Car c'est un collaborationniste ardent, André Algarron, qui vient en prendre la rédaction en chef en 1941. Colette continue de publier, toujours chez Fayard, *Journal à rebours*, puis *Le Pur et l'Impur*.

Maurice est l'époux d'un des plus grands écrivains de l'époque. Il ne passe pas inaperçu. Le 12 décembre 1941, il est arrêté. Enfermé au camp de Compiègne, il est en grand danger. Colette remue ciel et terre, rencontre Sacha Guitry. Le 6 février 1942, Maurice est libéré. Il a beaucoup maigri. La même année, Colette publie *Trois, six, neuf…* puis *De ma fenêtre.* Et Maurice doit porter l'étoile jaune rendue obligatoire par les Allemands fin mai 1942. Il ne peut plus travailler : aussi Colette multiplie-t-elle ses activités, contribuant à des revues favorables à la collaboration comme *La Gerbe* d'Alphonse de Châteaubriant. Maurice parvient à fuir, se réfugiant en zone libre, à Saint-Tropez. Colette fréquente peu de monde, à l'exception de quelques amies. Alors que Maurice a tenté de se fondre dans la nature en se réfugiant chez les Lecerf à l'Isle-sur-Tarn. Pour Colette, il est impossible de demeurer plus longtemps sans Maurice. Celui-ci accepte de revenir à Paris, et ils passent Noël ensemble.

En 1943, *Gigi,* qui évoque l'époque des grandes scandaleuses, paraît en feuilleton. Maurice demeure à Paris, mais il est très prudent. Avec, en 1944, *Enfant malade,* Colette ouvre les portes de l'espoir. En 1945 vient *Belles saisons.*

Académicienne Goncourt

Le 2 mai 1945, Colette est élue à l'unanimité à l'académie Goncourt, remplaçant le douteux Jean de La Varende, qui a démissionné sous la pression. À soixante-douze ans, elle est fortement diminuée par sa paralysie. Maurice la trompe parfois mais avec une discrétion totale. Et Colette peut encore aller rejoindre Simone Berriau sur son domaine de Mauvanne, à Salins-d'Hyères. Dans la droite veine des deux *Chéri,* elle s'attache désormais à analyser les caractères de ses héros, tant dans *L'Étoile*

Vesper, paru en 1946, que dans *Le Fanal bleu* de 1949. Son immobilité la conduit vers un travail approfondi et une perfection littéraire. Elle parvient, en 1946, à se rendre en Suisse, trouvant l'inspiration dans la nature prolixe des montagnes et le bleu des gentianes. Elle peut, enfin, manger à sa faim. Mais ses cures, tant à Uriage qu'à Genève, n'améliorent pas sa santé.

La pétrifiée du Palais-Royal

À la fin de l'été 1947, elle tente un ultime voyage en Beaujolais et assiste, une dernière fois, aux vendanges. *Pour un herbier,* paru en 1947, est un livre charmant, un hymne aux fleurs et aux plantes qu'elle sait si bien décrire.

Désormais, Colette est devenue la vedette du Palais-Royal : journalistes, écrivains, photographes, tous veulent l'approcher. Trônant dans un fauteuil avant d'être clouée à un lit, elle contemple le dernier jardin à sa disposition depuis sa fenêtre et se régale des repas du Grand Véfour dirigé d'une main sûre par Raymond Olivier, dont elle est une habituée. *Le Fanal bleu* marque la fin des grandes œuvres. Mais, en 1949, elle publie deux autres livres : *En pays connu* et *Autres bêtes.* Sa pièce *Chéri* triomphe de nouveau au théâtre, comme *Julie de Carneilhan* au cinéma, avec les plus grands acteurs : Feuillère, Brasseur, Marais, Tessier…

Une dernière tentative pour la guérir se déroule à Monaco en 1949, sans grand résultat.

Attentive à toutes les formes d'art, Colette est l'une des fondatrices de l'Académie du disque en 1951. Recluse, alitée, elle séjourne encore à Monaco, persuadée que le temps clément de la Côte d'Azur lui est bénéfique. Elle retrouve Jean Cocteau et Pierre de Monaco, le prince des lieux, tout en subissant ses traitements. Si Colette cesse d'écrire des romans, c'est qu'elle se consacre à un genre où elle excelle : la correspondance. Notre inimitable épistolière écrit à sa fille, à ses amies, Germaine Beaumont, Natalie Barney, à d'autres encore.

En 1952, Colette n'est plus capable de se déplacer sans l'aide de Maurice. Elle consacre du temps à l'académie Goncourt, avant d'atteindre sa quatre-vingtième année, le 28 janvier 1953. Percluse d'arthrose aux deux jambes, paralysée du bassin, elle se voit honorée par un numéro spécial du *Figaro littéraire* et une promotion au grade de grand officier de la Légion d'honneur.

Début 1954, Colette assiste à la première du *Blé en herbe,* un film réalisé par Claude Autant-Lara, avec une resplendissante Edwige Feuillère dans le rôle de la Dame en blanc. Elle ne peut bientôt plus écrire et meurt le 3 août en son cher appartement du Palais-Royal. La République lui organise des obsèques nationales, mais l'Église lui refuse les obsèques religieuses, en raison de son refus de vivre selon les engagements de son baptême. Nul ne peut convaincre Mgr Feltin de changer d'opinion…

L'héritage

Sans doute, dans l'œuvre de Colette, convient-il de distinguer deux aspects primordiaux. Mieux que tout autre, elle sait glisser une grande sensualité dans ses récits, ses reportages, ses romans, avec un style maîtrisé et savoureux, élégant et plein de grâce, utilisant un vocabulaire d'une infinie richesse. Elle cuisine ses mots, et l'on goûte avec intensité ce qu'elle a mijoté.

Mais c'est également une exigeante, tendue vers la nouveauté du récit, l'analyse des personnages, la composition interne de l'œuvre. Assurément, elle ouvre la voie au Nouveau roman.

En synthèse, malgré une vie par beaucoup d'aspects scandaleuse, Colette est une grande humaniste.

Peut-être laissera-t-on le soin à Jean Cocteau de conclure sur la vie de Colette : *C'est en faisant l'école buissonnière qu'elle a conquis la gloire et charmé toutes les écoles. C'est la seule personne au monde qui sache faire des bulles de savon avec de la boue.*

Les extravagantes sœurs Mitford

Une sacrée famille

Comme le rapporte si bien le talentueux Robert Arnaud, grand producteur d'émissions radiophoniques sur France Inter, immense connaisseur de l'Afrique et romancier-conteur si doué, c'est aux alentours de l'année 1933 que l'honorable Lord Redesdale, alias David Mitford, déclare avec un humour que seuls les Britanniques parviennent à goûter : *Ma femme est normale, je suis normal, et nos filles sont toutes plus folles les unes que les autres.* Une affirmation quelque peu excessive car, parmi ses sept enfants – six filles et un garçon –, il n'existe que quatre cas pathologiques à des degrés divers. Sans doute l'excentricité et l'extravagance sont-elles fort répandues parmi la *gentry* britannique, au moins autant que le snobisme. Le baron Redesdale, gravement blessé durant la guerre des Boers en Afrique du Sud, a épousé une certaine Sydney Bowles, laquelle se montre d'une égalité parfaite de caractère, faisant d'autant plus ressortir les brutales colères de son Lord d'époux. Peut-être ce déséquilibre du caractère paternel explique-t-il la conduite fort originale de la plupart de ses filles ? C'est en 1914 que naît la première, Nancy, puis viennent Pamela en 1907, leur fils Thomas en 1909, Diana en 1910, Unity en 1914, Jessica en 1917 et enfin Deborah en 1920. Très pittoresque, Lord Redesdale l'est assurément, puisqu'élevé par un précepteur français, il éprouve des difficultés à écrire parfaitement sa langue maternelle. Quant à Lady Redesdale, elle interdit à ses enfants de consommer de la viande de porc, une prise de position assurément malveillante dans un pays où le bacon et la saucisse sont aussi sacrés que l'institution monarchique... Élevés à la campagne, les enfants Redesdale connaissent une grande liberté, chassent à courre et critiquent un père qu'ils jugent archaïque parce qu'il s'oppose à l'entrée des femmes à la Chambre des Lords, dont il est membre. La raison en serait que ces messieurs ne veulent pas partager l'unique lieu d'aisance qui existe à la Chambre !

Parmi les six filles, Nancy se rend célèbre par son travail littéraire et historique, trois autres, Diana, Unity et Jessica, en prenant le parti de l'Allemagne nazie ou du régime communiste soviétique.

Sans doute l'appartenance à une aristocratie trop sûre d'elle-même, ruinée par la Grande Guerre et contrainte de faire visiter ses châteaux pour équilibrer les fins de mois porte-t-elle nos jeunes filles à se tourner vers une Allemagne qui s'est effondrée avant de proposer, dans les années trente, un modèle de développement, sous la direction du parti national-socialiste. C'est en effet le 30 janvier 1933 que le président Hindenburg nomme Hitler chancelier de l'Allemagne. Dès juin, Hitler déclare le NSDAP nazi parti unique et interdit la reconstitution de partis concurrents. Très vite, après la mort d'Hindenburg en 1934, Hitler fait approuver par plébiscite sa nomination comme président et chancelier du Reich. Il est désormais le Führer. Mais l'Allemagne, désarmée par le traité de Versailles, ne représente encore aucune menace militaire, et son poids politique en Europe apparaît bien inférieur à celui de la France ou de l'Angleterre. Même Mussolini n'en a pas peur et protège l'indépendance de l'Autriche…

À son arrivée au pouvoir, Hitler est habile : après avoir quitté en octobre 1933 la conférence européenne du désarmement et être sorti de la SDN (Société des Nations), il propose au mois de novembre suivant un plan de désarmement, un pacte de non-agression pour dix ans, une renonciation à la guerre chimique et bactériologique, ainsi qu'une limitation du dimensionnement de l'armée allemande à trois cent mille hommes. L'échec n'est pas de son fait, c'est le président Doumergue qui refuse.

En vérité, Hitler poursuit quatre objectifs : rendre à l'Allemagne sa puissance militaire, rattacher à l'Allemagne tous les territoires européens peuplés de Germains, acquérir un *Lebensraum* (espace vital) à l'Est pour assurer approvisionnements et terres de peuplement, et enfin, éliminer les Juifs, désignés comme premiers responsables des souffrances allemandes.

Un seul homme, Winston Churchill, retiré à Chartwell, ne doute pas un instant de la duplicité allemande. Et il prédit les pires catastrophes, refusant toute politique de la main tendue aux Allemands. Certes, les souverains qui gouvernent l'Angleterre depuis plus de deux siècles sont des Hanovre et des Saxe-Cobourg-Gotha ; certes, l'empereur Guillaume est le petit-fils de la reine Victoria… Il n'empêche, en 1917, George V a rompu tout lien en adoptant le nom de Windsor. Mais le parti favorable à une alliance allemande, au moins à une relation pacifique avec Berlin, est encore puissant à Londres, tenant le Foreign Office autour du ministre des Affaires étrangères, le duc de Hamilton.

Les filles Mitford entre elles

Lord Redesdale est le cousin germain de Lady Churchill, et les deux familles se rencontrent. Thomas est d'ailleurs très lié avec Randolf, le fils unique de Churchill, alors que Diana est intime avec leur fille qui porte le même prénom.

Les clichés de l'époque montrent que les trois filles Mitford, surtout Diana et Unity, sont fort belles. Le portrait que trace d'elles Friedelind Wagner est très convaincant : *Unity était une jeune fille séduisante, à la chevelure cendrée, aux yeux gris, qui ressemblait beaucoup à un Botticelli. Mais il ne fallait pas la voir sourire car elle exhibait alors la plus déplorable denture que j'ai jamais vue. Sa sœur Diana était réellement belle, de cette froide beauté aux yeux bleus particulière aux Anglaises.*

Diana, plutôt mal mariée avec un héritıer Guinness, n'aspire plus qu'à une chose : rencontrer le chancelier Hitler, qui sait montrer un chemin au peuple allemand.

Quant à Unity, elle est une fanatique du nazisme et a tapissé sa chambre de croix nazies. Mais elle n'est pas trop regardante et fait une place à Mussolini, dont les portraits le disputent aux swastikas. Jessica n'est pas non plus sans parti pris mais en totale opposition avec ses deux autres sœurs : c'est Lénine qui rassemble tous ses suffrages. Les trois sœurs se répandent en propos outranciers dans les salons et les dîners. Mais elles réservent leurs meilleurs affrontements à l'intimité familiale.

C'est Unity qui démarre la première : *Moi ce que j'aime, c'est choquer. Je suis une révoltée, une rebelle. Je me moque de la religion. Je suis athée. Et je rêve de me produire en public. Actrice ! Voilà ce que je veux être !*

Diana, à moins que ce ne soit Jessica, lui répond : *Tu veux surtout te faire remarquer, au mépris des autres. Quand tu t'es promenée au bal de Buckingham, le jour de mes dix-huit ans, avec ton rat blanc sur l'épaule, tu n'as pas craint de me gâcher la soirée.*

Et les échanges se poursuivent, rapides et moqueurs :

– *Ne vaut-il pas mieux garder sa fierté et vivre dans la pauvreté ?* avance Jessica.
– *Oui, dans un kolkhoze.*
– *Vive le Petit père des peuples !* hurle Jessica.
– Heil *Hitler !* s'époumone en écho Unity, le bras tendu.
– *Cessez vos enfantillages !* les coupe Diana, excédée.

Une chose est sûre, Diana n'est pas heureuse en ménage avec son roi de la bière. Aussi se rapproche-t-elle de Mosley, un personnage séduisant et sulfureux qui n'a cessé de changer de parti, passant des libéraux aux conservateurs avant de rejoindre les travaillistes. Pour finalement fonder son propre parti, l'UFB (Union des fascistes britanniques), correspondant au NSDAP allemand, le parti nazi anglais. Alors que son épouse vient de se suicider, laissant la place libre, il s'affiche partout avec Diana.

Pourtant, les lois nazies sont bien éloignées de l'*habeas corpus* : le 26 juillet 1933, Hitler fait voter une loi soumettant à la stérilisation toutes les personnes atteintes d'idiotie, de schizophrénie, de manie dépressive, d'épilepsie, de cécité, de surdité… afin « d'améliorer la qualité de la race ». En septembre, l'affaire de l'incendie provoqué par les nazis au Reichstag montre le peu de cas que ceux-ci accordent à la démocratie. Et l'ignoble massacre de la nuit des Longs Couteaux, le 30 juin 1934, démontre que les loups sont si féroces qu'ils se dévorent entre eux de la plus ignoble façon. Enfin, le 25 juillet 1934, le tyran nazi fait assassiner le courageux chancelier autrichien Dollfuss. Pas de quoi séduire une aristocrate anglaise ! Et pourtant…

Monsieur l'attaché de presse Ernst Hanfstaengl

Ernst Hanfstaengl est un grand bourgeois, cultivé, proche d'Hitler sans être membre du parti. Le Führer aime écouter en sa compagnie sa femme Hélène et sa sœur Erna jouer du piano à quatre mains. Hitler n'est pas insensible aux femmes, contrairement à des affirmations trop répandues. C'est dès 1929 qu'il est tombé amoureux de Geli Raubal, une belle jeune fille de vingt et un ans dotée d'une poitrine généreuse et de superbes cheveux noirs, qui n'est autre que sa demi-nièce, la fille de sa demi-sœur Paula. La malheureuse sera retrouvée tuée d'une balle dans la tête le 18 septembre 1931, le revolver d'Hitler à la main. Comme elle n'a jamais tenu d'arme, il faut bien imaginer une exécution malgré l'absence d'Hitler, alors en déplacement à Nuremberg. Mais les soupçons les plus sévères pèsent bien sur Hitler, qui était devenu d'une jalousie féroce envers Geli.

La vie amoureuse d'Hitler est mal connue, et les pires bruits courent, non pas sur son impuissance ou son homosexualité (encore que beaucoup prétendent qu'il ait eu des relations avec Hess, Strasser ou encore Baldur von Schirach), mais plutôt sur ses pratiques dépravées. Plusieurs témoignages féminins, plus ou moins certifiés, dont celui de l'actrice Renate Müller, parlent du fouet qu'il faut utiliser pour lui procurer du plaisir. Eva Braun, rencontrée en 1929, devenue par la suite sa maîtresse officielle, fut-elle une femme d'apparat ou se donna-t-elle à lui ? Il est tout de même probable que, ses seuls atouts étant d'une part une forte propension à la discrétion et d'autre part un corps agréable qu'elle aimait exhiber, elle ait cherché à satisfaire l'appétit sexuel du Führer.

C'est donc lors d'un de ses déplacements à Londres que l'attaché de presse d'Hitler, le fringant Ernst, est présenté à Diana et Unity Mitford. Sa prestance et plus encore sa proximité avec le Führer séduisent les deux jeunes femmes. Elles lui font savoir combien elles souhaiteraient être présentées à Hitler. Ernst ne les décourage nullement. Au mois de septembre 1933, à l'occasion du congrès national-socialiste organisé à Nuremberg, elles reçoivent des billets pour la tribune officielle et même des réservations pour une chambre d'hôtel.

La cérémonie, presque irréelle, est grandiose, avec les vagues d'acclamations, les défilés paramilitaires, le mouvement des drapeaux, les chants hurlés par des dizaines de milliers de voix, les retraites aux flambeaux… Et surtout Hitler, avec sa voix gutturale, qui s'empare de la foule, l'enflamme, la captive, l'ensorcelle, l'envoûte, l'hypnotise, la préparant au combat politique futur. Un discours auquel la foule répond, tantôt gémissante tantôt fulminante, s'époumonant par des *Heil ! Heil !* mille fois répétés. Les sœurs Mitford sont réellement fascinées mais, ce jour-là, elles ne sont pas présentées à Hitler. C'est donc en partie déçues qu'elles retraversent le *Channel*.

Ayant pris le pouvoir après le décès d'Hindenburg, Hitler s'empare de tous les leviers, exigeant même, le 4 août 1934, un serment d'obéissance inconditionnelle du peuple allemand. Sorti de la SDN l'année précédente, le Führer a naturellement mis fin aux réparations datant de la Grande Guerre que le moratoire Hoover avait d'ailleurs déjà annulées dès 1932…

Orageuses discussions de famille

Cependant, le 18 septembre 1934, Jessica exulte en apprenant l'entrée de l'URSS à la SDN. Unity ne se laisse pas démonter :

– *Parfait, l'Allemagne en est sortie il y a un an ! Ta Société des Nations est une société de séniles et de pétochards ! Ils tremblent devant Hitler. Hitler, l'unique rempart contre le bolchevisme !*
– *Tu es ridicule !* avance posément Jessica. *Admirer à ce point ce type qui supprime les partis politiques et les syndicats, un type qui proclame des lois antijuives et bafoue la démocratie.*
– *La démocratie conduit au chaos,* lui retourne Unity.
– *Tu dis n'importe quoi pour te rendre intéressante,* rétorque Jessica. *Va donc voir ton Hitler !*
– *Parfaitement, je retournerai à Berlin !* affirme Unity…

Le malheureux David Mitford est fatigué de ces disputes incessantes qui rendent le manoir invivable et perturbent la lecture paisible du *Times.* Il intervient, demandant un armistice. Il ne peut plus lire les nouvelles… *Des nouvelles fraîches, vous en voulez, père ? Diana Mitford va épouser Mosley !* rétorque du tac au tac Jessica. Lord Redesdale, abaissant avec lenteur son quotidien, risque une remarque de bon sens : *Tu veux divorcer, Diana ? C'est ton affaire. Mais tu es un peu jeune pour te mettre tout le monde à dos.* Unity, ironique, se tournant vers son père : *Notre père et notre mère seront atterrés. Comment réussiront-ils à marier les cinq filles qui leur restent avec cette éclaboussure dans la famille ?* Le père, reprenant sa lecture, ne peut s'empêcher de lâcher : *Vous savez ce qui vous ferait le plus grand bien à toutes les trois ? C'est de changer d'air. Partir. Voyager.*

C'est en Allemagne que souhaitent se rendre Diana et Unity, avec Mosley, affirment-elles. Cette fois, Lord Redesdale ne peut retenir sa question : *Est-il exact, Diana, que tu vois Mosley régulièrement ?* Mais c'est Jessica qui répond : *Elle le voit tous les jours. Ils passent des après-midi dans sa garçonnière.* Lord Redesdale manifeste son inquiétude : *Sais-tu au moins que c'est un homme à femmes ? Pour lui, tu n'es qu'une conquête de plus. Et pour toi, qui est-il ? C'est l'homme de ma vie !* décrète Diana.

Veni, vidi…

C'est seule que Diana se rend à Munich, avec l'ambition d'apprendre l'allemand, du moins officiellement. En réalité, Mosley lui a confié une mission d'observation des événements politiques en Allemagne. Elle propose à sa sœur Unity de la rejoindre pour le congrès de Nuremberg du mois de septembre 1934. Cette fois, il n'est pas question pour elles de manquer une première rencontre avec Hitler. Et elles préparent avec soin l'événement, obtenant une recommandation d'Otto von Bismarck, le petit-fils de feu le « chancelier de fer ». À leur grand désespoir, elles ne sont pas présentées au chef de l'État.

En Allemagne, le référendum en Sarre du 13 janvier 1935 permet son rattachement au Reich. Et c'est le 9 février, à

Munich, alors que Unity déjeune à la brasserie Bavaria, qu'Hitler y pénètre, entouré d'une suite nombreuse. Hitler a sans doute prémédité la rencontre. Il sait fort bien que son père siège à la Chambre des Lords et que les Redesdale sont liés à un homme qui lui a inspiré son *Mein Kampf*, l'écrivain allemand (d'ailleurs d'origine britannique) Houston Stewart Chamberlain. Il a notamment écrit les *Fondements du XIXe siècle,* parus en 1899, ouvrage qui expose une théorie raciste et pangermanique, et fait de Chamberlain le précurseur direct du national-socialisme. Aussi Hitler se lève-t-il puis, se dirigeant vers Unity, lui serre la main et la présente à ceux qui l'accompagnent. Il la fait asseoir à côté de lui. À la fin, elle lui propose de venir en Angleterre. Hitler sourit et se contente de répondre : *Il y aurait une révolution si je venais.* Ils parlent de nombreux sujets : le cinéma, Bayreuth, la construction des autoroutes, et décident de se revoir. Vers la mi-février, elle est auprès de lui au salon de thé Carlton. Le 2 mars, Hitler lui présente Goebbels, le ministre de la Propagande. Le 11 mars 1935, accourue, Diana fait la connaissance d'Hitler.

Unity, qui voit de plus en plus fréquemment le Führer, en est littéralement possédée. Et l'on peut se demander pourquoi Hitler s'entiche ainsi d'une Anglaise dont les avis lui sont indifférents, sans même la toucher, comme le démontrent les nombreux témoignages disponibles. Elle est toujours accompagnée lorsqu'elle se rend dans son appartement de la Prinzregentenstrasse, et il est à peu près certain qu'elle ne devient jamais sa maîtresse. Dans sa biographie d'Hitler, John Toland risque une explication : Hitler n'avait jamais rencontré quelqu'un de semblable. Elle représentait une nouvelle et rafraîchissante expérience. Elle était également, avec ses cheveux blonds et ses yeux bleus, le type même de la race qu'Hitler rêvait d'imposer en Allemagne. Enfin, sans doute, par ses réflexions, ses critiques, ses potins tant munichois qu'anglais, lui apporte-t-elle une sorte de pause récréative dans un emploi du temps intense et pesant.

Hitler ne se contente plus de l'inviter en privé, il la place à la tribune officielle lors des grandes manifestations du régime. Elle se trouve parfois à côté d'une Eva Braun inquiète des progrès de celle qu'elle commence à considérer comme sa rivale. La jeune Allemande, qui a déjà tenté de se suicider en 1932 en se tirant une balle dans le cou, avale cette fois des barbituriques, espérant forcer le choix d'Hitler. Elle a tort de s'inquiéter, car le Führer a plus besoin d'elle que de Unity.

En avril 1935, les relations entre Hitler et Unity sont toujours au beau fixe : le 25 elle est invitée avec Mosley, mais également les Goebbels et la fille de Guillaume II, la duchesse de Brunswick. Hitler développe son discours pacifiste et trompeur à la fois, tout spécialement destiné à l'Angleterre. C'est François Delpla (*Les Tentatrices du diable*) qui le rapporte : *Si l'Allemagne et l'Angleterre se battaient, ce serait comme deux beaux jeunes hommes luttant l'un contre l'autre jusqu'au moment où ils tombent à terre, épuisés et sanglants, tandis que les chacals monteraient triomphants sur leurs corps.* C'est exact qu'Hitler n'a jamais véritablement souhaité affronter Londres à qui il fera des ouvertures après la capitulation de la France fin juin 1940. Sans doute faut-il y voir la peur d'un double front, lourd handicap et risque permanent pour la grande ambition du régime, l'expansion vers les territoires de l'Est…

Le régime nazi se révèle dans toute son horreur

Après le discours lénifiant du 21 mai 1935, Hitler annonce le réarmement de l'Allemagne, tout en réaffirmant *le désir de paix de l'Allemagne nationale-socialiste en raison de ses convictions profondes ; mais aussi parce qu'elle a compris une vérité simple et essentielle : nulle guerre n'apporterait un remède véritable à la détresse de l'Europe.*

Cependant, à l'été 1935, les mesures de privation des libertés élémentaires s'accélèrent au sein du Reich : dissolution des loges maçonniques et privation de leurs biens, interdiction des mariages entre Aryens et non-Aryens, loi sur la citoyenneté allemande excluant les Juifs de toute participation à la vie politique. À partir de 1936 s'affirment les premières ambitions territoriales en Europe : dénonciation du pacte de Locarno de garantie des frontières européennes, pénétration de la Wehrmacht en Rhénanie démilitarisée.

L'année 1936 voit le triomphe de l'Allemagne aux Jeux olympiques de Berlin, auxquels Unity assiste. Elle ne manque sans doute ni Bayreuth ni le congrès annuel de Nuremberg. Tant Unity que Diana se répandent en paroles apaisantes et louangeuses sur le grand homme qu'elles admirent tant. Et la nomination d'un nouvel ambassadeur d'Allemagne en Grande-Bretagne, en août 1936, pour tenter d'élaborer un accord avec l'Angleterre, les voit pleines d'espoirs. Mais von Ribbentrop est plus mondain – il connaît bien les élites britanniques – que politique. Et malgré l'appui de Mosley et de Diana, il échoue. Cependant, le 4 septembre 1936, David Lloyd George, ancien Premier ministre britannique de la Grande Guerre, est fort bien reçu au Berghof par Adolf Hitler. Le Britannique, abusé, est persuadé de la volonté pacifique de l'Allemagne. Il voit même en Hitler *un grand leader,* expression qu'il emploie dans un article paru dans le *Daily Express.*

Diana s'engage

C'est le 6 octobre 1936 que Diana épouse Mosley en la villa des Goebbels. Hitler assiste au mariage, tenant son discours convenu sur l'entente germano-anglaise. Mosley a besoin d'argent pour financer l'UFB. Il obtient l'accord d'Hitler pour la création d'une grande station de radio.

L'année 1937 s'engage sous les pires auspices alors qu'Allemands et Italiens interviennent directement dans la guerre civile espagnole. Depuis le 24 octobre précédent, le comte Ciano, gendre et ministre des Affaires étrangères de Mussolini, a signé un pacte d'alliance anti-bolchevique avec Hitler, à la suite des sanctions votées par la SDN contre l'Italie (qui a envahi l'Éthiopie). En novembre 1937, l'Italie confirme son engagement en faveur d'Hitler, en adhérant au pacte anti-Komintern et accepte, par avance, la réalisation de l'Anschluss avec l'Autriche.

Chez les sœurs Mitford, l'accélération des événements diplomatiques et militaires déchire la famille. Nancy, l'aînée, qui a épousé un agitateur prorépublicain, Peter Rodd, songe à rejoindre les Brigades internationales en Espagne pour combattre Franco. Jessica, pour une fois soutenue, hurle *En Espagne !* No pasaran ! dans tous les couloirs, assurant qu'elle va aller *se battre contre les fascistes, avec les républicains.*

Diana et Unity sont en train d'accrocher un portrait d'Hitler dans le salon lorsque Jessica surgit, le buste de Lénine dans les bras. Bref, l'ambiance n'a pas changé chez les Mitford !

Il ne faut pas attendre longtemps avant qu'un nouveau drame, britannique celui-là, survienne : l'abdication d'Édouard VII pour les beaux yeux d'une Américaine divorcée, Wallis Simpson.

– *C'est honteux !* s'élève Unity. *C'est la première fois depuis cinq cent trente sept ans qu'un souverain britannique abdique !*
– *Profitons-en pour instaurer le communisme*, la coupe aussitôt Jessica.

Le discours du 20 février 1938

Cette fois, Hitler annonce ses objectifs à une Europe des démocraties naïve et stupéfaite : *Plus de dix millions d'Allemands vivent dans deux des États qui ont une frontière commune avec nous... C'est au Reich allemand de protéger les peuples germaniques qui ne sont pas en mesure d'assurer, par leur propre effort, le long de nos frontières, leur liberté politique et spirituelle.*

Sont ainsi désignés les sept millions d'Autrichiens et les trois millions d'Allemands des Sudètes, en Tchécoslovaquie.

Unity, enthousiaste, se rend à Vienne et attache le drapeau à croix gammée à son balcon. Le vendredi 11 mars 1938, alors que l'ambassadeur allemand von Ribbentrop déjeune à Londres en compagnie d'Arthur Neville Chamberlain, Premier ministre anglais, l'invasion de l'Autriche est annoncée. Le 12 mars au matin, elle se concrétise par l'entrée des troupes allemandes sur le territoire autrichien. Deux jours plus tard, Hitler fait une entrée triomphale à Vienne. Peut-être Unity est-elle présente à la tribune officielle ? De façon avérée, elle est plusieurs fois reçue par Hitler dans les semaines qui suivent.

La tentative de suicide de Unity

En août 1939, à Bayreuth, Hitler déjeune plusieurs fois avec Unity et Diana. Et c'est alors, que dans le cadre d'une conversation très détendue, il leur révèle la grande nouvelle d'une guerre européenne prochaine. *L'Allemagne a un impérieux besoin du couloir de Dantzig, mais la Pologne, la France et l'Angleterre en font un* casus belli. *La guerre est inévitable*, assène-t-il. Diana ne réagit guère. Mais Unity accuse le coup. De retour à son appartement, elle annonce par écrit à ses parents sa décision de se donner la mort, car elle ne supporte pas la perspective d'un conflit armé entre l'Angleterre et l'Allemagne, une machination destinée à la séparer de son Hitler qu'elle admirait tant. Elle ne se contente pas d'avertir la famille ; elle écrit au Führer en personne. Puis, s'emparant de son petit revolver à crosse nacrée, l'exaltée se rend au jardin, et c'est assise sur un banc qu'elle se tire une balle dans la tête.

Hélas pour elle, Unity survit. Elle se trouve dans le coma, le projectile ayant traversé le cerveau et s'étant arrêté à la base du crâne. Nul ne saurait l'opérer. Hitler, averti, n'abandonne pas la jeune femme. Il décide de prendre en charge tous les frais d'hospitalisation. Mais il ne se sent pas coupable : c'est l'Angleterre qui lui a déclaré la guerre. Toute allusion au geste de Unity est cependant interdite dans la presse allemande.

Après plusieurs semaines, un miracle se produit : Unity revient à un état de conscience et se met à parler. Toutefois, ses propos demeurent incohérents, car le cerveau a été en partie détruit. En raison de la rupture des relations diplomatiques entre les deux pays, la famille Mitford n'est pas informée du drame qui a frappé Unity.

Hitler décide toutefois de faire évacuer la jeune femme vers l'Angleterre en la faisant transférer en Suisse. Quelque part, l'abnégation et la pureté de la jeune Unity ont touché Hitler, aussi invraisemblable que cela paraisse. Elle n'a certainement pas été sa maîtresse mais elle a incarné l'un des espoirs principaux du maître du Reich, celui de l'entente anglo-allemande. En songeant au sacrifice de Unity, il ne peut pas ne pas penser qu'il s'agit un peu du sien. Peut-il encore l'emporter en combattant à fronts renversés, pris en tenaille ? D'une certaine façon, le martyre de Unity anticipe celui qui l'attend. Et il en est ému ! Mais lancé dans la guerre, avec un chemin tracé qu'il sent déjà trop ambitieux, il ne peut revenir en arrière…

Unity est ensuite victime d'un abcès au cerveau. Rapatriée en Angleterre, elle décède en 1948, à trente-trois ans. Elle n'a guère eu son compte de vie.

Diana, mal engagée

Le 10 mai 1940, Winston Churchill est devenu Premier ministre du Royaume-Uni. Certes, les Mitford sont des cousins, mais comment éviter l'arrestation des chefs du parti nazi anglais ? Le 23 mai, Churchill, à contrecœur, se résout à faire arrêter Diana et son mari Mosley. Ne sont-ils pas soupçonnés de lien avec l'ennemi ? Toute la population soutient cette difficile décision.

En octobre 1940, Diana est interrogée par le comité chargé d'examiner le cas des personnes en détention provisoire. Le dialogue entre le président et Diana est sans fioriture, la jeune femme n'abandonnant nullement ses positions proallemandes. Les questions se succèdent.

– *Pourquoi, en octobre 1935, à Hyde Park, avez-vous fait le salut nazi alors que l'on jouait l'hymne britannique ?*
– *Les orateurs voulaient le boycott des marchandises allemandes, et cela me semblait l'idée la plus ridicule que j'aie jamais entendue,* répond Diana.
– *Pourquoi avez-vous épousé Mosley à Berlin ?*
– *Pour que notre mariage demeure secret,* rétorque Diana.
– *Pourquoi Hitler était-il présent ?*
– *Parce qu'il est un ami,* réplique Diana.
– *Est-il toujours votre ami maintenant qu'il bombarde Londres ?*
– *C'est précisément la raison pour laquelle j'étais pour la paix, pour éviter ces bombardements,* déclare Diana.

Et le dialogue se poursuit dans l'incompréhension la plus totale…

Enfin, le président pose une dernière question sur la politique antisémite de l'Allemagne :

– *Approuvez-vous la politique nazie envers les Juifs ?*
– *En partie, oui. Je n'aime pas particulièrement les Juifs,* ose Diana.

Quant à Thomas Mitford, l'unique frère, qui a rencontré Hitler grâce à ses sœurs en mars 1935, il se sent rejeté en Angleterre. Il décide de s'engager dans l'armée britannique et trouve une mort glorieuse en Malaisie, en 1944.

Seule Nancy, l'aînée, participe à l'effort de guerre national. Comme elle ne sait rien faire, on l'affecte à la conduite automobile : la voilà chauffeur à l'hôpital. Elle devient un écrivain célèbre de romans, plutôt joyeux, qu'Harold Nicolson jugera quelque peu vulgaires. Elle meurt en 1973, à l'âge de soixante-treize ans.

Jessica se remarie pendant la guerre avec l'avocat Robert Treuhaft, toujours aussi engagée en politique en faveur du parti communiste américain, y ajoutant une dévotion totale à la cause des Noirs. Elle quitte ce monde, âgée de soixante-dix-huit ans, résidant toujours aux États-Unis, qu'elle n'a pas quittés.

Quant à Diana, elle préfère s'installer en France après la guerre, occupant une folie près d'Orsay, celle que le général Moreau avait fait construire après son magnifique succès sur les Autrichiens à Hohenlinden, en décembre 1800. Elle meurt en 2003, ayant dépassé quatre-vingt-douze ans.

Ainsi en est-il du destin très particulier d'une fort ancienne famille d'Angleterre. Et sans doute faut-il laisser à Jessica le mot de conclusion quant aux rapports entre sœurs : *Je pense que les sœurs sont les circonstances difficiles de la vie.*

Coco Chanel, l'irrégulière

Orphelinat, grosse laine et petite couture

Gabrielle Chanel est fille d'un couple de marchands forains cévenols. Établis à Saumur où naît la petite, en 1883, ils vendent sur les marchés. C'est à l'âge de douze ans qu'un jour de février 1895, poussant la porte de la chambre de sa mère, elle la découvre morte, épuisée par les grossesses, la tuberculose, le travail dans le froid glacial. Le père en profite pour fuir ses responsabilités, abandonnant toute sa famille : Gabrielle, Julia-Berthe et Antoinette, ses deux sœurs, Alphonse et Lucien, ses deux frères. Ces derniers sont placés par l'Assistance publique comme garçons à tout faire dans une ferme. Quant aux filles, elles sont confiées à l'orphelinat de l'abbaye cistercienne d'Aubazine, en Corrèze. Gabrielle y vit une existence austère et très rigoureuse jusqu'en 1901. Les religieuses habillent différemment les jeunes filles qui n'ont aucune famille et ne peuvent donc contribuer au coût d'achat de l'uniforme. À elles seules sont réservées la cape de grosse laine et les bottines usagées. Quant aux autres, celles dont les parents versent une contribution, elles portent des robes d'uniforme, rouge grenat, achetées par leurs familles. Sa cousine Adrienne porte une robe grenat et l'invite parfois chez elle durant la période des vacances. Six années de vie religieuse marquent à jamais Gabrielle. Architecture épurée, harmonie des formes géométriques, couleurs neutres comme le noir et le blanc, entrelacs des vitraux, tout concourt, en ces lieux où domine la règle, à former les goûts rigoureux de la jeune fille.

À dix-huit ans, ne voulant pas devenir religieuse, Gabrielle est confiée aux dames chanoinesses du collège Notre-Dame de Moulins. Elles lui trouvent un travail à la boutique Sainte-Marie, un atelier de couture de nappes, de draps, de broderies et de vêtements. Adrienne est avec elle. Elles travaillent beaucoup, cousant le soir dans leur chambrette pour des clientes directes, et peuvent ainsi disposer d'un pécule suffisant pour se rendre au salon de thé de Moulins et son café-concert, *La Retonde.* Cette *Retonde* est fréquentée par les soldats et les gradés du 10e régiment de chasseurs à cheval en cantonnement dans la ville mais également par les fils de la bourgeoisie locale. Bien qu'à l'inverse des chanteuses de l'époque, toujours bien en chair, Gabrielle soit aussi plate devant que derrière, elle décide de monter sur scène pour pousser la chansonnette. Et rencontre un succès certain, la salle reprenant en chœur ses refrains *Kokoriko* et *Qui qu'a vu Coco dans l'Trocadéro ?* sur des paroles de Baumaine et Blondelet, et une musique de Deransart.

Étienne Balsan lui fait découvrir le beau monde

Coco ! Coco, encore ! hurle la salle. Elle attire du monde, et *La Retonde* lui propose un contrat d'une année. Elle accepte car la boutique Sainte-Marie l'a renvoyée, lui reprochant ses exhibitions scéniques. Après un court passage à Vichy, où elle espère un public plus trié et plus nombreux, elle retourne à Moulins. Et c'est un militaire, un officier en garnison, Étienne Balsan, qui lui vient en aide. Il est tombé amoureux d'elle en l'écoutant chanter. S'il n'est guère séduisant, il a le mérite de posséder château et fortune. Gabrielle règne désormais sur le domaine de Royallieu, au parc magnifique, en compagnie d'Étienne qui, ayant quitté l'armée, peut se consacrer à l'élevage de ses chevaux. Elle fréquente désormais la meilleure société de Compiègne, la ville la plus proche du domaine. Et passe une partie de sa vie sur les champs de course : Auteuil, Saint-Cloud, Longchamp, Vincennes mais aussi Deauville en Normandie, Pau dans les Pyrénées, Nice au bord de la Méditerranée… Toutefois, le conte de fées ne dure guère : elle n'aime plus son Étienne, qui la tient à l'écart des tribunes officielles sur les champs de course et lui interdit les repas protocolaires au château. Il n'ose pas s'exhiber avec une fille du peuple, avec laquelle il n'est pas marié devant la haute société… Pour sa part, elle multiplie les provocations, montant à cheval non pas en amazone mais en pantalon, avec chemise d'homme et cravate. Gabrielle s'ennuie terriblement et ne peut plus supporter les conversations exclusivement chevalines d'Étienne et de ses amis. Elle songe à son avenir : un jour Balsan se lassera d'elle, et elle se retrouvera totalement dépourvue.

Boy lui ouvre les chemins de la fortune

Par bonheur, Étienne connaît beaucoup de monde. Lorsque Arthur Capel, Boy pour ses amis, lui est présenté, elle sait qu'elle aime pour la première fois. Boy est anglais et excellent cavalier. On murmure que c'est un fils naturel des banquiers Pereire. Il a de qui tenir : il fera fortune dans le fret charbonnier durant la Grande Guerre. Non seulement c'est un homme de cheval – il possède une équipe de polo –, mais il est aussi curieux de tout. Boy aime Coco durant une dizaine d'années. Étienne se révèle bon garçon : il n'en veut pas à Gabrielle. Au contraire, il lui offre un petit pécule pour s'installer comme modiste rue Malesherbes, à Paris. Elle confectionne, après avoir eu la chance d'être formée par l'inimitable Lucienne Rebaté, de petits chapeaux posés très bas sur le front. Des chapeaux dont les formes achetées dans les grands magasins sont garnies par Gabrielle. Elle en vend tant aux petites amies qui fréquentent Boy et Étienne qu'elle doit s'agrandir, appelant au secours sa sœur Antoinette et sa cousine Adrienne pour faire face aux commandes. Cependant, Étienne refuse d'avancer la somme nécessaire à son développement, car il ne croit pas au succès commercial d'une boutique de chapeaux. Boy Capel se substitue à son ami et ouvre un compte en banque à Gabrielle. En 1910, elle peut payer une patente et lancer un véritable salon de modiste dans une boutique qu'elle nomme *Chanel Modes*, 21 rue Cambon, à deux pas du prestigieux hôtel Ritz. La fréquentation de la boutique connaît une vive progression : on s'y bouscule presque.

La voilà chef d'entreprise

Gabrielle sort partout avec Boy et fréquente l'ensemble des milieux artistiques. Mais sa boutique n'est pas rentable, elle dépense beaucoup trop pour ses plaisirs. Plus question de continuer ainsi et de dépendre de Capel : elle ne veut plus être soumise à quiconque. En cette année 1911 ou 1912, elle reprend la direction de l'affaire d'une main très ferme.

À partir de 1913, elle commence à ouvrir de nouvelles boutiques dans des stations balnéaires fréquentées par une clientèle fortunée. Malgré la guerre, celle-ci existe et dispose de moyens. Gabrielle se positionne d'abord à Deauville en 1913, puis à Biarritz en 1915. C'est alors qu'élargissant sa gamme à la mode, elle conduit une première révolution. Elle imagine des vêtements légers, des robes simples, des jupes longues tricotées, des petits cols ronds marins, des pantalons, des pull-overs. Foin du corset (déjà supprimé par Poiret peu avant), place au confort, à la fluidité, à l'aisance du mouvement, à l'élégance des couleurs peu voyantes. En un mot, elle libère le corps de la femme tout en lui proposant l'élégance d'un vêtement simple.

Dans les stations balnéaires, malgré la guerre, le succès est rapide, car comment se tremper les pieds en jupon et en lourde robe, portant rubans, broderies, volants, le visage recouvert d'une voilette ? En permettant aux femmes de bouger et de partager les loisirs des hommes, en vendant cher pour ne pas déprécier des vêtements si créatifs, elle triomphe. À Paris, Gabrielle doit s'adapter. Les riches ne peuvent faire étalage de leurs élégances dans une capitale exsangue. Il faut pouvoir courir se mettre à l'abri lorsque les zeppelins et les Taube viennent bombarder ou que la Grosse Bertha et les Pariser Kanonen font pleuvoir des obus sur la capitale. Il faut soi-même se baisser pour faire le ménage, car les soubrettes sont mobilisées dans les usines d'armement ou de couture d'uniformes. Bref, le vêtement doit devenir discret, léger, souple : c'est exactement ce que sait faire Coco Chanel. Alors que les tissus manquent, elle a l'idée incroyable de se replier sur un tissu bon marché, le jersey de chez Rodier. Pensez donc, un tissu dont on fait les maillots des garçons d'écurie, des vêtements de corps ! Adrienne est devenue son mannequin vedette : Coco la regarde avec sa veste longue en jersey tombant sur une jupe sans pli : la taille a disparu, et même la forme du corps. C'est la silhouette Chanel. Vive la femme libre et active aux cheveux courts, pense-t-elle un court instant. Ce mannequin androgyne, membre de sa famille, va faire sa fortune. Ses manteaux de caoutchouc à grandes poches destinés aux jours de pluie bien utiles pour faire les courses (comment tenir un parapluie les bras chargés de victuailles ?) s'arrachent également…

En 1918, alors que cesse le terrible conflit mondial, Gabrielle est à la tête d'une entreprise employant trois cents personnes. Elle se permet de rembourser Boy, qui décide de prendre femme de son rang dans l'aristocratie anglaise. Elle accepte cette humiliation, sans contrôler tout à fait le sentiment très réel qu'elle continue d'éprouver pour Capel. Elle est très profondément affectée par la mort de Boy, dans un accident automobile, le 22 décembre 1919. Mais son cœur est devenu dur et le restera. La perte de sa petite sœur, sa très chère Antoinette, avec qui elle travaille depuis dix ans, la touche infiniment la même année. C'est en travaillant comme une forcenée, tout en vivant recluse dans sa maison de Garches dont les volets, signe des malheurs qui se sont abattus, sont peints en noir, qu'elle parvient à préserver son équilibre.

Misia Sert, l'amie préférée

Très vite, Coco Chanel déménage et vient s'installer comme locataire dans l'hôtel Pillet-Will, au 29 de la rue du Faubourg-Saint-Honoré, l'ancien hôtel de la duchesse de Rohan-Montbazon édifié sous la Régence. Le bail lui interdisant de repeindre les boiseries, elle les recouvre de glaces. Ce sont les décorateurs et peintres José-Maria et Misia Sert qui sont chargés de meubler et décorer les pièces en style baroque. Une grande amitié naît entre les deux femmes, qui ne s'éteindra point. Misia, sa Polonaise, d'une très grande beauté, tient salon et reçoit peintres et musiciens les plus connus. Elle lui fait rencontrer Paul Morand et Jean Cocteau mais aussi le poète Pierre Reverdy, lui présente Maurice Ravel, Éric Satie, Igor Stravinsky, puis l'emmène découvrir Venise. Élève de Gabriel Fauré, Misia est une grande pianiste. Coco possède désormais sa propre chambre à l'hôtel Pillet-Will.

La grande aventure du *N° 5*

Mlle Chanel a annexé les numéros 27, 29 et 31 de la rue Cambon, complétant son installation initiale du 21.

Et elle dispose désormais de ses propres fabriques de tissus en Normandie. Alors qu'elle est devenue la plus célèbre maison de couture parisienne, elle décide de se lancer dans une aventure nouvelle, celle du parfum. En 1921, elle fait travailler un chimiste, Ernest Beaux, sur des échantillons de jus. Il les numérote. Coco Chanel choisit le n° 5, un parfum totalement novateur puisque ses senteurs n'existent pas dans la nature. Il s'agit de mélanges obtenus chimiquement. Dès lors, on ne sait de quelle fleur provient le parfum. L'odeur n'a jamais existé. À cette première révolution, Gabrielle en ajoute une seconde : elle appelle son parfum par un numéro : le *N° 5* de chez Chanel. Un flacon carré, une étiquette noire et blanche, une sobriété qui ne fait pas rêver, telle est la troisième option révolutionnaire choisie par Mademoiselle ! Et chacun de prévoir l'échec d'un parfum au nom si sec et à la présentation si stricte. Le pari se révèle excellent. La boutique de la rue Cambon est submergée, interdisant toute diffusion à l'étranger. Alors Gabrielle décide de s'associer avec les frères Pierre et Paul Wertheimer, les propriétaires des produits de maquillage Bourjois, pour assurer la production et la diffusion mondiale du *N° 5*. Un parfum qui va faire la fortune de Coco Chanel. Dès 1924, les Wertheimer détiennent 70 % des parfums Chanel.

Amours

Avec la montée en puissance de son affaire, Mlle Chanel est devenue un parti recherché. Elle entretient plusieurs liaisons successives. D'abord avec le jeune grand-duc

Dimitri Pavlovich de Russie, cousin du dernier tsar Nicolas II, tout à fait ruiné, mais qui sait lui inspirer plusieurs idées clés, rapporte-t-on avec plus ou moins d'approximation. Les robes à motifs slaves et la forme du flacon du *N° 5*, semblable à la flasque de vodka du soldat russe, lui seraient dues. Elle devient, si l'on en croit Misia Sert, la maîtresse du poète Pierre Reverdy, retiré dès 1926 à l'abbaye de Solesmes. Et son nouvel amant, sans doute à partir de 1924-1925, Hugh Richard Arthur Grosvenor, second duc de Westminster, cousin de Sa Royale Majesté, un grand blond bronzé à la fortune considérable, a le bon goût de lui inspirer une panoplie de créations vestimentaires féminines. Il s'habille en effet de la meilleure façon, avec des vestes en tweed. Quelle belle matière ! pense-t-elle. Et ne porte-t-il pas le béret de marin, le chandail, le vêtement de chasse, le pull-over... ? Que de belles formes vestimentaires chez son homme ! songe-t-elle. L'idylle dure cinq ans : désormais accueillie au château d'Eaton Hall, elle peut se croire appelée à devenir la future duchesse de Westminster. Mais il finit par la tromper. Ils se quittent tout en restant amis. Elle jette tout de même à la mer les bijoux qu'il lui avait offerts...

Elle rencontre alors Paul Iribe, un caricaturiste, dirigeant du périodique *Le Témoin* et créateur de l'affiche emblématique des Vins Nicolas. Il est également décorateur et créateur de bijoux, de meubles, de décors. Elle passe cinq années avec lui, jusqu'en 1935 (il meurt d'une crise cardiaque).

Un vaste cercle d'artistes

Coco Chanel accueille désormais les meilleurs artistes, chez elle ou au sein du salon de Misia. Sans doute son plus grand ami, avec lequel elle partagera son exil après-guerre, est-il Paul Morand. Dès 1922, Cocteau lui demande de créer les costumes des princesses Antigone et Ismène pour sa pièce *Antigone,* dont les décors sont peints par Picasso. Elle récidive avec *Orphée.* En 1924, elle réalise les costumes du *Train bleu,* un ballet de Nijinska sur livret de Cocteau et partition du grand Darius Milhaud, créé dans le cadre des Ballets russes de Serge de Diaghilev. Plus tard, en 1939, elle conçoit les costumes de *La Règle du jeu* de Jean Renoir.

Dans le milieu de la danse et du ballet, elle fréquente également Serge Lifar. Elle reçoit de nombreux peintres : Pierre Bonnard, Henri de Toulouse-Lautrec, Odilon Redon, Auguste Renoir. Mais aussi bien des écrivains, comme Marcel Proust, Stéphane Mallarmé, Max Jacob…

Elle soutient, avec discrétion, des artistes comme Diaghilev, Nidjinska ou Stravinsky, les subventionnant. Et c'est même elle qui règle les frais de funérailles de Serge de Diaghilev à San Michele de Venise, en 1929.

La grande maison Chanel

Gabrielle Chanel est à présent à la tête d'un véritable empire. Dans le domaine du parfum, elle poursuit son effort de création, lançant successivement sur le marché

N° 22 en 1922, *Gardénia* en 1925, *Bois des îles* et *Cuir de Russie* en 1926… Elle aborde également le marché de la bijouterie dès 1924. Celle qui porte toujours des perles décide d'ouvrir un atelier de fabrication de bijoux fantaisie mélangeant pierres semi-précieuses, fausses perles et strass. Grande professionnelle en tout ce qu'elle aborde, elle s'entoure des meilleurs : Étienne de Beaumont puis, à partir de 1929, le duc Fulco di Verdura. Ils créent des bracelets ornés de motifs en forme de croix de Malte, des broches à la byzantine et trouvent leur inspiration dans les décors animaliers et floraux. En 1932, trois ans après la crise de 1929 qui n'a atteint la France que fin 1930, elle élargit son offre, créant Bijoux de diamant à la demande de la Guilde internationale du diamant. Sa collection de haute joaillerie a pour point d'orgue des diamants montés sur platine.

Bien sûr, Coco Chanel porte l'essentiel de son effort sur la haute couture parisienne. Elle poursuit dans la veine qu'elle a ouverte : pyjama, pantalon, jupe courte, tailleur orné de poches, chapeau en cloche. En 1925, elle imagine la veste cardigan en maille jersey, puis des robes de soirée s'arrêtant au-dessus du genou. En 1925, elle crée la fameuse petite robe noire toute simple, droite, à la mode « garçonne », effaçant les formes. Et impose désormais d'autant mieux sa loi que ses modèles ne se démodent pas.

Disposant de moyens personnels très importants, elle se fait construire à Roquebrune-Cap-Martin une maison,

La Pausa, dont la réalisation est confiée à l'architecte Robert Streitz.

La grève de juin 1936

En 1936, Mlle Chanel est à la tête d'une entreprise employant quatre mille personnes. Elle n'en croit pas ses yeux lorsqu'en arrivant, en juin, devant ses boutiques de la rue Cambon, elle constate que ses vendeuses sont rassemblées sur le trottoir. Et annoncent, pancartes à l'appui, qu'elles font grève. C'est que la France entière est touchée par une vague considérable d'arrêts de travail à la suite du triomphe du Front populaire. Coco Chanel vit dans un autre monde : c'est son entreprise et non celle de ses employés, elle l'a créée et elle la porte financièrement depuis le début. La grève avec occupation est un non-sens ! Comment discuter et de quoi ? De l'augmentation des salaires, de la semaine de quarante heures, des quinze jours de congés payés, du droit de créer des comités d'entreprise ?

Mlle Chanel n'a nul intérêt pour ces « contingences » : son métier est de créer des modèles, des parfums, des bijoux... Tournant le dos à ses employées, elle s'en retourne à l'hôtel Ritz, où elle demeure. Le travail reprendra bien un jour !

Mais elle n'est pas vraiment tranquille depuis qu'une Italienne, une Romaine, s'est installée à Paris en 1922. Certes, elle domine encore le paysage de la haute couture parisienne, mais il faut se méfier de l'ascension de l'Autre. Car Elsa Schiaparelli a défié Chanel, prédisant aimablement sa fin. Elle lance le sweater en tricot orné d'un faux nœud de cravate, puis se diversifie jusqu'à la conception d'une gamme complète de tenues, des plus sportives aux vêtements de ville et de soirée. Sa réputation de créatrice inspirée repose d'abord sur l'emploi de matériaux originaux : métal, plastique et même porcelaine. Elle parvient à habiller les plus grandes célébrités, de Greta Garbo à la duchesse de Windsor. Elle travaille également avec Salvador Dalí et Jean Cocteau. Si elle cherche surtout à choquer, elle sait bien gérer ses affaires, imposant des défilés à thème, cédant des licences, constituant un véritable répertoire de ses créations.

L'opprobre de l'Occupation

Après avoir présenté une ultime collection en 1939, qualifiée de « bleu-blanc-rouge », Coco ferme brutalement la maison Chanel, licenciant ses quatre mille ouvrières. Elle ne maintient que son activité de parfums, sa boutique demeurant ouverte. Veut-elle ainsi se venger des grèves de 1936 ? Tout est possible avec ce caractère d'acier. Il paraît peu probable qu'à cinquante-six ans, elle ait eu envie de prendre sa retraite. Encore moins de quitter la place face à l'offensive d'Elsa Schiaparelli.

L'attitude de Mlle Chanel a été extrêmement critiquée, non sans raison. Elle vit, durant quatre années, toujours à l'hôtel Ritz, en compagnie d'un officier allemand, Hans Gunther von Dincklage, baron Spatz, ancien attaché d'ambassade, peut-être lié aux services de l'Abwehr (espionnage). À moins qu'il s'agisse, selon la thèse de sa principale biographe, Edmonde Charles-Roux, d'un agent d'influence mondain favorable à la collaboration et probablement proche de l'ambassadeur allemand Otto Abetz. Il faut également apporter à la connaissance du lecteur que la relation amicale avec le baron Spatz date de bien avant la guerre.

Durant la période de l'Occupation, Coco Chanel s'efforce, espérant en l'amitié entretenue avec Winston Churchill (qui remonte à ses séjours en Angleterre auprès du duc de Westminster), de favoriser la conclusion d'une paix séparée entre le Reich et la Grande-Bretagne. Pure illusion qui démontre sa méconnaissance des réalités du temps et à laquelle seront mêlés Walter Schellenberg (du RSHA, l'Office central de sécurité du Reich) et Vera Bate Lombardi (de la famille Windsor).

Le journaliste Hal Vaughan (*Sleeping with the Enemy* : *Coco Chanel'Secret War,* paru en 2011 chez Knopf) prétend que, selon les archives allemandes et celle du MI6, Coco Chanel aurait été recrutée comme espionne pour le compte de l'Abwehr par le baron Louis de Vaufreland, un ancien de la Gestapo au Maroc. Mais cette affirmation demeure douteuse, car on en comprend mal les motivations. En effet, durant la guerre, elle n'a que faire des résistants, des pétainistes, des gaullistes, des Allemands. Elle n'éprouve aucune empathie envers le genre humain, comme le démontrent ses réactions tant en 1936 qu'en 1939, lorsque le sort des quatre mille emplois de son entreprise est en jeu. Elle n'aidera jamais que les artistes qui ont su conquérir, non pas son cœur rendu aride par son enfance difficile, mais son intelligence et son goût pour le beau.

Moins acceptable encore est son attitude envers les Wertheimer. S'appuyant sur la politique d'aryanisation des biens juifs mise en place par le régime de Vichy sous la direction de Xavier Vallat, elle souligne aux autorités que la société Bourjois qui protège leurs intérêts, alors qu'ils se sont réfugiés aux États-Unis, y a échappé. Elle espère ainsi récupérer la marque du parfum *N° 5* et les Parfums Chanel, dont elle ne détient plus que 10 %, au détriment des Wertheimer. Mais ceux-ci savent faire circuler, avec habileté, le capital entre les mains de prête-noms successifs, dont leur grand ami Félix Amiot. Il serait sans doute erroné de tirer de cette affaire des conclusions trop rapides : Coco Chanel ne semble pas plus antisémite que beaucoup de Français de l'époque. Elle cherche d'abord à défendre ses intérêts. Les Wertheimer auront, nous le verrons, la mémoire courte concernant Gabrielle Chanel.

À la Libération, Mlle Chanel est arrêtée le 10 septembre 1944 et interrogée par les FFI (Forces françaises de l'intérieur), puis très rapidement relâchée. On raconte que Winston Churchill serait intervenu en sa faveur, sans aucune certitude.

La Suisse en Rolls-Royce

Prudente, constatant la détestable réputation qui l'accompagne désormais, Coco Chanel monte dans sa Rolls-Royce et décide d'émigrer en Suisse, à Lausanne, au bord du lac Léman. Ayant ouvert de nombreux comptes dans la Confédération helvétique, elle y dispose d'une véritable fortune. Elle y vit pendant dix années, rejointe de temps à autre par Hans Gunther, souvent très seule, se déplaçant de palace en palace. Elle revient parfois dans un Paris qu'elle ne reconnaît plus et qui ne l'attend pas. Pensez donc : on y voit triompher Christian Dior, qui remet en vogue la taille fine soulignée par un corset ou une guêpière soulignant des seins pigeonnants. Vouloir exposer des femmes sexy, c'est tout le contraire de son combat d'avant-guerre.

En 1953, après quatorze années de vie oisive, elle s'ennuie tant que, malgré ses soixante-dix ans, elle retourne au pays natal. Les Wertheimer, bien indulgents, ont beaucoup insisté. Ils estiment qu'elle seule est capable de relancer la vente de parfums.

Le retour

Ayant réembauché d'anciennes couturières, elle rouvre le 31 de la rue Cambon et prépare une collection. Le 5 février 1954, elle la présente. C'est un échec, car elle a choisi d'aller à contre-courant de Christian Dior, imposant des robes près du corps, sobres et raffinées alors que Marilyn Monroe et Gina Lollobrigida étalent leurs formes généreuses.

Malgré l'insuccès, dure avec elle-même, Gabrielle ne se décourage pas, d'autant qu'en Amérique, le style Chanel triomphe. Elle conçoit alors, comme à son habitude, le vêtement directement sur le mannequin, avec de grands ciseaux et des épingles. Son dernier né est un tailleur composé d'une veste ouverte de tweed à quatre poches décorée de boutons-bijoux, ornée d'une ganse de couleur, et d'une jupe longue jusqu'aux genoux. Une blouse de soie confectionnée dans un tissu identique à celui de la doublure, des chaussures bicolores et un sac matelassé à chaîne dorée complètent l'ensemble de base. La nouvelle silhouette Chanel vient d'être conçue en ce mois de janvier 1955. Le tailleur Chanel est destiné aux femmes actives. La bataille est féroce. Désormais, le monde féminin se partage entre celles qui peuvent s'acheter le petit tailleur Chanel et celles qui, par manque de moyens, ne peuvent acquérir que des copies. Romy Schneider, Delphine Seyrig et Jeanne Moreau sont les ambassadrices les plus engagées du tailleur Chanel. En 1957, Mlle Chanel reçoit un oscar de la mode à Dallas. D'ailleurs, Jackie Kennedy porte un tailleur Chanel rose le jour de l'attentat de Dallas, en novembre 1963.

Gabrielle relance également l'activité de parfums. Avec Henri Robert, le nouveau nez du groupe, elle crée *Pour Monsieur* en 1955, *N° 19* en 1970 et *Cristalle* en 1974. Quant aux bijoux, c'est Robert Goossens qui les réactive en 1954.

Mlle Chanel retourne au Ritz et y séjourne jusqu'à sa mort. Très seule, détestant les couturiers concurrents, elle critique sévèrement André Courrèges, qui montre les genoux (fort laids) avec la minijupe. Hors Jacques Chazot et Lilou Marquand, ils ne sont plus très nombreux à fréquenter Coco Chanel. Enfermée dans une sorte de paranoïa, devenue sèche et rageuse, elle n'est plus qu'une dame de fer qui passe l'essentiel de sa vie à travailler.

Mais, ironie du destin, c'est un dimanche, jour du Seigneur, qu'elle meurt de vieillesse à l'hôtel Ritz, à quatre-vingt-sept ans, sans avoir jamais interrompu sa tâche. Elle est enterrée à Lausanne. Ainsi meurt dans la solitude celle qui a toujours déclaré : *Je ne fais pas la mode, je suis la mode.*

Depuis 1983, Karl Lagerfeld a repris le flambeau de la maison Chanel.

Bibliographie

Diane de Poitiers, la « reine de cœur »

Arnoux Pascal, *Favorites et Dames de cœur*, Éditions du Rocher, 2005.

Castelot André, *Diane, Henri, Catherine, le triangle royal*, Perrin, 1997.

Cloulas Ivan, *Henri II*, Fayard, 1985.

Cloulas Ivan, *Diane de Poitiers*, Fayard, 1997.

Craveri Benedetta, *Reines et favorites, le pouvoir des femmes*, Gallimard, 2007.

Erlanger Philippe, *Diane de Poitiers*, Gallimard, 1955.

Mariéjol Jean-H., *Catherine de Médicis*, Tallandier, 2005.

Valode Philippe, *Rois, reines et favorites de l'histoire de France*, L'Archipel, 2002.

Marion de Lorme, la courtisane de la place Royale

Desnoiresterres Gustave, *Les Cours galantes*, Slatkine, 1971.

Dormoy Marie, *La Vraie Marion de Lorme*, Sfelt 1934.

Mongrédien Georges, *Marion de Lorme et ses amours*, Hachette, 1940.

Piat Colette, *Marion de Lorme, chroniques impertinentes*, Grasset, 1987.

Pigaillem Henri, *Marion de Lorme, la reine du Marais*, Les 3 Orangers, 2004.

Tallemant des Réaux Gédéon, *Historiettes*, Gallimard, La Pléiade, 1998.

Anne d'Autriche, de la roche Tarpéienne au Capitole

Bertière Simone, *Les Deux Régentes*, Éditions de Fallois, 1996.

Chevallier Pierre, *Louis XIII*, Fayard, 1979.

Dulong Claude, *Anne d'Autriche*, Hachette, 1980.

Erlanger Philippe, *Le Duc de Buckingham*, Perrin, 2005.

Goubert Pierre, *Mazarin*, Fayard, 1990.

Kleinman Ruth, *Anne d'Autriche*, Fayard, 1993.

La Porte de, *Mémoires de M. de La Porte, premier valet de chambre de Louis XIV*, Volland, Paris 1791.

La Varende Jean de, *Anne d'Autriche, femme de Louis XIII*, Les Éditions de France, 1938.

Lejeune Paule, *Vies des reines célèbres*, Kiron, Philippe Lebaud, 2002.

Motteville Mme de, *Mémoires de Mme de Motteville sur Anne d'Autriche*, Charpentier, 4 vol, 1855.

Petitfils Jean-Christian, *Louis XIII*, Perrin, 2008.

Ninon de Lenclos, la galante philosophe

Debriffe Martial, *Ninon de Lenclos, la belle insoumise*, France-Empire, 2002.

Duchêne Roger, *Ninon de Lenclos*, Fayard, 1984.

Magne Émile, *Ninon de Lenclos*, Éditions Émile-Paul Frères, 1948.

Ninon de Lenclos, *Lettres au marquis de Sévigné*, L'Harmattan.

Vergé-Franceschi Michel, *Ninon de Lenclos, libertine du Grand Siècle*, Payot, 2014.

Mme de Maintenon, une bien curieuse dévote

Bailly Auguste, *Madame de Maintenon*, Les Éditions de France, 1942.

Bluche François, *Louis XIV*, Fayard, 1986.

Desprat Jean-Paul, *Madame de Maintenon, le prix de la réputation*, Perrin, 2003.

Leroy Pierre-E. et Loyau Marcel, *Madame de Maintenon, Madame de Caylus et Madame de Dangeau, L'estime et la tendresse, Correspondances intimes réunies et présentées*, Albin Michel, 1998.

Petitfils Jean-Christian, *Louis XIV*, Tallandier, 2006.

Petitfils Jean-Christian, *L'Affaire des Poisons, alchimistes et sorciers sous Louis XIV,* Albin Michel, 1997.

Quétel Claude, *Une ombre sur le Roi Soleil,* Larousse, 2007.

Scarron Paul, *Poésies diverses,* Paris, 1962.

Sévigné marquise de, *Correspondances,* Gallimard, La Pléiade, 3 tomes, 1972-1978.

Valode Philippe, *Elles ont fait la France,* L'Archipel, 2006.

Mme du Barry, prostituée et « reine »

Baulez Christian, *Madame du Barry, de Versailles à Louveciennes,* Flammarion, 1992.

Chiappe Jean-François, *Louis XV,* Perrin, 1996.

Croix de Castries René de la, *Madame du Barry,* Hachette, 1967.

Huas Jeanine, *Madame du Barry,* Tallandier, 2011.

Ligne Charles-Joseph de, *Fragments de l'histoire de ma vie,* 2 vol., Champion, 2001 2002.

Reboux Paul, *La Vie amoureuse de Madame du Barry,* Ernest Flammarion, 1925.

Ruggieri Ève, *Le Rêve de Zamor,* Éditions Ferryane, 2004.

Saint-Victor Jacques de, *Madame du Barry, un nom de scandale,* Perrin, 2002.

Vatel Charles, *Histoire de Mme du Barry*, L. Bernard libraire-éditeur, 1883.

Vigée-Lebrun Louise-Élisabeth, *Souvenirs*, 2 vol., Éditions des Femmes, Paris, 1984.

Hortense Schneider, « le passage des princes »

Bonami Jean-Paul, *La Diva d'Offenbach, Hortense Schneider (1833-1920)*, Romillat, 2004.

Chevé Joëlle, *Les Grandes Courtisanes*, First, 2012.

Claudin Gustave, *Mes souvenirs, les boulevards de 1840-1870*, Calmann-Lévy, 1884.

Dufresne Claude, *Hortense Schneider, la divine scandaleuse*, Perrin, 1993.

Vautrin Denyse, *Mimi Bamboche ou la jeunesse d'Hortense Schneider*, Denoël, 1979.

Yvon Jean-Claude, *Jacques Offenbach*, Gallimard, 2000.

La Castiglione, sacrifiée à l'unité italienne

Decaux Alain, *La Castiglione*, Perrin, 1999.

Fleischmann Hector, *Napoléon III et les femmes*, La Bibliothèque des Curieux, 1913.

Hermant Abel, *La Castiglione*, Le Passé vivant, Hachette, 1938.

Loliée Frédéric, *Le Roman d'une favorite la comtesse de Castiglione*, Émile Paul Éditeur, 1912.

Milza Pierre, *Napoléon III*, Perrin, 2004.

Montesquiou Robert de, *La Divine Comtesse*, Goupil, 1913.

Viel Castel Horace de, *Mémoires sur le règne de Napoléon III ,1851-1864*, Robert Laffont, Coll. Bouquins, 2005.

Mme Steinheil, la veuve noire

Braibant Charles, *Félix Faure à l'Élysée*, Hachette, 1963.

Darmon Pierre, *Marguerite Steinheil, ingénue criminelle ?*, Perrin, 1996.

Decaux Alain, *Les Assassins*, Perrin, 1986.

Lanoux Armand, *Madame Steinheil ou la connaissance du président*, Grasset, 1983.

Marie Marvingt, l'inégalable casse-cou

Barion Boilley, *Marie Marvingt, à l'aventure du sport*, L'Harmattan, 2013.

Cordier Marcel et Maggio Rosalie, *Marie Marvingt, la femme d'un siècle*, Sarreguemines Pierron, 1991.

Marie Curie, une force qui va

Curie Ève, *Madame Curie*, Gallimard, 1938.

Gidel Henri, *Marie Curie*, Flammarion, 2008.

Giroud Françoise, *Une femme honorable*, Livre de poche, 2003.

Jacquemond Louis-Pascal, *Irène Curie*, Odile Jacob, 2014.

Labbé Brigitte et Puech Michel, *Marie Curie*, Milan Jeunesse, 2011.

Laurent-Petit Xavier, *Marie Curie*, École des Loisirs 2005.

Loriot Noëlle, *Irène Joliot-Curie*, Presses de la Renaissance, 1991.

Quinn Susan, *Marie Curie*, Éditions Odile Jacob, 1996.

Valode Philippe, *Histoire des prix Nobel français*, HC Éditions, 2006.

Valode Philippe, *Les Femmes de l'histoire de France*, Éditions de Vecchi, 2005.

Colette, une femme très émancipée

Castillo Michel del, *Colette, une certaine France*, Stock, 1999.

Chalon Jean, *Colette, l'éternelle apprentie*, Flammarion, 1997.

Dormann Geneviève, *Amoureuse Colette*, Albin Michel, 1985.

Dufour Hortense, *Colette, la vagabonde assise*, Éditions du Rocher, 2000.

Lazard Madeleine, *Colette*, Gallimard, 2008.

Lottman Herbert, *Colette,* Fayard, 1990.

Les extravagantes sœurs Mitford

Arnaut Robert et Valode Philippe, *Les Dossiers oubliés de la Seconde Guerre mondiale,* First, 2012.

Courcy Anne de, *Diana Mosley née Mitford,* Éditions du Rocher, 2006.

Delpla François, *Les Tentatrices du diable,* L'Archipel, 2004.

Guikovaty Émile, *Les Extravagantes sœurs Mitford,* Grasset, 1983.

Le Floc'hmoan Annick, *Ces extravagantes sœurs Mitford,* Fayard, 2002.

Shirer William, *La Montée du nazisme,* Stock, 1960.

Valode Philippe, *Hitler et les sociétés secrètes,* Nouveau Monde Éditions, 2009.

Coco Chanel, l'irrégulière

Charles-Roux Edmonde, *L'Irrégulière ou mon itinéraire Chanel,* Grasset, 1974.

Charles-Roux Edmonde, *Le Temps Chanel,* Éditions du Chêne, 1979.

Eder Cyril, *Les Comtesses de la Gestapo,* Grasset, 2007.

Fiemeyer Isabelle, *Chanel intime,* Flammarion, 2011.

Fiemeyer Isabelle, *Coco Chanel, un parfum de mystère*, Payot et Rivages, 1999.

Labbé Brigitte et Puech Michel, *Coco Chanel*, Milan Jeunesse, 2005.

Marquand Lilou, *Chanel m'a dit*, Jean-Claude Lattès, 1990.

Morand Paul, *L'Allure Chanel*, Hermann, 1976.

Vilmorin Louise de, *Mémoires de Coco*, Gallimard, 1999.

Cet ouvrage a été imprimé
en décembre 2014 par

CPI
FIRMIN-DIDOT

27650 Mesnil-sur-l'Estrée
N° d'impression : 125887